中国人的文化自信（典藏本）

李 军 ◎ 策划
赵宇飞 ◎ 主编

孔學堂書局

图书在版编目（CIP）数据

中国人的文化自信：典藏本 / 赵宇飞主编. -- 贵阳：孔学堂书局，2020.3
ISBN 978-7-80770-138-5

Ⅰ.①中… Ⅱ.①赵… Ⅲ.①中国特色社会主义—文化事业—建设—研究 Ⅳ.①G12

中国版本图书馆CIP数据核字（2019）第287371号

中国人的文化自信（典藏本）　李　军／策划　赵宇飞／主编
ZHONGGUOREN DE WENHUA ZIXIN（DIANCANGBEN）

出品人：邓国超　李　筑
责任编辑：蒋红涛　丁　羽
责任校对：陈　真　黄　艳
责任印制：张　莹

出　　品：贵州日报当代融媒体集团
出版发行：孔学堂书局
地　　址：贵阳市云岩区宝山北路372号
　　　　　贵阳市花溪区孔学堂中华文化国际研修园1号楼
印　　制：北京温林源印刷有限公司
开　　本：889mm×1194mm　1/16
字　　数：218千字
印　　张：19.5
版　　次：2020年3月第1版
印　　次：2020年3月第1次
书　　号：ISBN 978-7-80770-138-5
定　　价：48.00元

版权所有·翻印必究

树立文化自信创造中华文化新辉煌
——深入学习贯彻习近平同志关于弘扬中华优秀传统文化的重要论述
（代序）

文 | 李 军

[作者系中共贵州省委原副书记，贵阳孔学堂创始人，研究员。本文选自《学习与研究》，2014年第4期，收入本书时作者作了个别文字修改]

党的十八大以来，习近平同志对中华文化的深刻内涵、突出优势、独特价值及其与中国特色社会主义的内在关系作了精辟阐述，对树立文化自信，创造中华文化新的辉煌发出了强有力号召，立意高远，思想深邃，内涵丰富，为我们深入理解和大力弘扬中华优秀传统文化提供了根本指南。我们一定要认真学习领会，切实全面贯彻。

中华文化是中国特色社会主义扎根的沃土

习近平同志指出，"独特的文化传统，独特的历史命运，独特的基本国情，注定了我们必然要走适合自己特点的发展道路"，"中国特色社会主义根植于中华文化沃土、反映中国人民意愿、适应中国和时代发展进步要求，有着深厚的历史渊源和现实基础"。这些重要论述，把对中华文化与中国特色社会主义关系的认识升华到新的高度，是一个重大的理论突破。

中国共产党人和中国人民靠什么思想武器取得了民族独立的伟大胜利和社会主义现代化事业的巨大成就？靠的是与中国实际和中国历史文化相结合的

马克思主义。正如习近平同志所指出:"任何科学的理论和制度,必须本土化才能真正起到作用。马克思主义也好,社会主义也好,能够在中国取得胜利,关键就是我们不断推进其中国化,紧密结合中国实际加以运用。"马克思主义中国化、本土化,如何实现?很重要的就是与中华文化相结合。马克思主义中国化、本土化,产生过两大理论成果,都包含着许多中华文化的精髓,闪耀着中华文化的光辉。第一大理论成果是毛泽东思想。毛泽东同志在中国革命和建设的实践中,对中华文化的理解和运用可谓出神入化。毛泽东思想的很多重要内容,都直接来源于优秀传统文化的人生智慧、政治智慧,具有明显的"中国作风""中国气派"。最典型的就是"实事求是"这个词,最早出自《汉书》,毛泽东对其加以马克思主义的解释,成为我们党的思想路线。第二大理论成果就是中国特色社会主义。如何理解中国特色社会主义中的"特色"?很重要的,"特"就"特"在马克思主义关于科学社会主义的先进理论与中华优秀文化的深度结合。中国特色社会主义,从道路、理论体系到制度,从总依据、总布局到总任务,很多地方都可以看到中华优秀文化深厚的历史渊源。比如,建设小康社会的提法来源于《诗经》《礼记》等古代典籍,"小康"与"大同"相应,恰如我们现在阐释的现实目标和远大思想;比如,在政治建设和文化建设方面,依法治国和以德治国相结合的方略,可以说是儒家思想和法家思想的延伸与融合;比如,在社会建设方面,以人为本的理念跟"民为邦本、本固邦宁""民贵君轻"等朴素的民本思想,和谐社会的构想与"和为贵""协和万邦"等论述,都是一脉相承的;比如,在生态文明建设方面,汲取了"天人合一""道法自然""休养生息"等传统思想智慧。中国特色社会主义核心价值体系的大多数内容,如"富强、文明、和谐、公正、爱国、敬业、诚信、友善"等,其思想也来源于中华优秀传统文化的核心价值观念。实践表明,中国共产党人既是马克思主义的传承者和弘扬者,也是中华优秀传统文化的传承者和弘扬者。

可见，从中华文化的角度去理解中国特色社会主义，就能理解得更深刻，道路自信、理论自信、制度自信和文化自信就更坚定；在建设中国特色社会主义的实践中发扬中华文化的优势，就能赋予中华文化更加显著的时代精神和实践价值。我们一定要在传承和弘扬中华文化中坚定不移地建设中国特色社会主义，在建设中国特色社会主义中进一步发扬光大中华文化。

中华文化包含着中华民族最根本的精神基因，代表着独特的精神标识

习近平同志深刻指出，"中华文化积淀着中华民族最深沉的精神追求，包含着中华民族最根本的精神基因，代表着中华民族独特的精神标识，是中华民族生生不息、发展壮大的丰厚滋养"。这一重要论断，是我们党的领导人第一次指出中华文化之于中华民族的价值所在，体现了深邃的历史视野和敏锐的时空洞察，为我们领悟中华文化提供了"金钥匙"。

"基因"和"标识"是一对关联词，基因是内在成因，是根脉；标识是外在特征，是形体。正如人长得像自己的父母是因为有遗传基因，一个国家、一个民族也有自己独特的精神基因，从而形成不同于其他国、其他民族的人文性格和文化习惯，也就是精神标识。那么，中华民族的精神基因、思想根脉在哪里？必须从中华文化中去找。千百年来，中华文化中凝聚、积淀、总结了许许多多优秀、精辟、独特的思想精华，已经融入中华民族的文化血脉之中，为一代又一代中华儿女所敬仰、认知、学习、传承。比如，"诚意、正心、修身、齐家、治国、平天下"的人生理想，"穷则独善其身，达则兼济天下"的精神境界，"为天地立心，为生民立命，为往圣继绝学，为万世开太平"的道义担当，"见贤思齐""知行合一""己所不欲，勿施于人""三省吾身""君子慎独"的修身之方，"孝悌忠信""百善孝为先""家和万事兴"的齐家之略，"水能载舟，亦能覆舟""治国之道，必先富民"的理政之道，"天下为公""世界大同""致中和"的经世方略，以及"天下兴亡，匹夫有责""先忧后乐""舍生取义"的爱国情怀，"富贵不能淫，贫贱不能移，威武不能屈"的凛然正气，"仁义礼智信"的为人操守，"君子以自强不息""不坠青云之志"的奋进态度等。中华民族之所以能历经磨难而生生不息、朝气蓬勃，并不断发展壮大，始终巍然屹立在世界的东方，就是因为有这些强大的精神基因。对这些精神基因以及由此形成的精神标识，我们要引以为豪、倍加珍惜、始终秉持，保持足够的敬畏，任何时候不能抛弃。如果把精神基因、精神标识比作身份证的话，丢掉了这些东西，我们在人类的精神世界里就是"黑户口"，成了没爹没妈的孩子；就是"流浪汉"，没有自己的灵魂栖息地。

中华优秀传统文化是中华民族的突出优势，是最深厚的文化软实力

习近平同志说，"中华优秀传统文化是中华民族的突出优势，是中华民族自强不息、团结奋进的重要精神支撑，是我们最深厚的文化软实力"，"我们要坚持道路自信、理论自信、制度自信，最根本的还有一个文化自信"。这充分体现了五千多年文明古国所具有的高度文化自觉、文化自信。

人们常常问，什么是中国的文化优势，如何打造中国的文化软实力？实际上，越是民族的就越是世界的。中国的文化优势，最突出的就是优秀传统文化；提升文化软实力，最大的潜力也在于弘扬优秀传统文化。

从特色来说，中华传统文化具有自身特定的价值系统、思维方式、社会心理和审美情趣，对此很多学者进行过概括、归纳，包括天人合一的整体观念、刚健有为的自强精神、内圣外王的人格理想、贵和尚中的和谐追求等。我认为，中华文化最大的特质是其浓郁的人文精神。西方文化总体上是建立在犹太教、基督教等宗教信仰基础上的，具有浓厚的神学色彩，而中华传统文化主要建立在对现实世界和人生思考的基础上，致力于从哲学的高度揭示

宇宙、社会、人生的本质和规律，也就是历来讲的格物、穷理、致知。中华民族使用的汉字也很独特，可以说是世界上独一无二的音形义相结合的文字，每个汉字从产生到演变都承载着历史、人文乃至众多的信息，而国外的文字绝大多数是表音文字，形式和内涵相对单调。这些人无我有的文化现象就是特色、就是个性，也就是优势、就是竞争力。

　　从影响力来说，以儒学为代表的中华传统文化，在世界文化体系中具有很重要的地位，极大地丰富了人类多元文化的内涵。东亚、东南亚可以说是一个儒家文化圈。今天，在日本、韩国、新加坡、越南和其他很多相邻、相近的国家，从建筑民居、婚姻家庭、生活习俗等方面都可以看到中华传统文化所产生的巨大影响。被尊为"万世师表"的孔子，即便是以西方的视角和标准，在历次"世界上最有影响力的思想家"国际评议中，每次都名列"十大人物"之一。目前，全球105个国家和地区开设有400多所孔子学院，深受各国人民欢迎。2013年9月21日，联合国教科文组织举办了一场大型儒家文化合唱交响曲《人文颂》专场音乐会，五个华彩乐章分别以"仁""义""礼""智""信"为主题，用音乐向世界娓娓诉说儒家思想的要义，反响十分强烈。该组织的负责人说："儒家思想所传递的价值让我们看到中国如何在五千多年文明中形成这些思想，又是如何将这些思想不断发扬传承的。"所有这些，都是中华传统文化魅力非凡的鲜活例证。

　　足可以见，中华优秀传统文化具有强大的生命张力，跨越了数千年时空，实现了古今异时共存、中外异地共赏，是人类文化宝库里的精品、珍品，每个中华民族成员都应引以为豪。当今世界，各种思想文化交流、交融、交锋日益频繁，文化软实力在综合国力竞争中的地位和作用日益凸显，许多国家都把增强文化软实力作为重大战略。我们要有坚定的文化自信，把中华传统文化中的优秀因子进一步发掘、弘扬、光大，形成新的竞争优势，打造新的文化软实力。

中华优秀传统文化是建设当代中国人精神家园的良种，是解决思想道德领域突出问题的良方

习近平同志强调过，优秀传统文化可以说是中华民族永远不能离别的精神家园。2013年9月26日，习近平同志在会见第四届全国道德模范及提名奖获得者时，对他们所践行的或充满爱心、助人为乐，或见义勇为、舍生忘死，或诚实守信、坚守正道，或敬业奉献、虔诚勤勉，或孝老爱亲、血脉情深的中华民族传统美德给予了高度评价。这告诉我们，中华民族传统美德是推进改革开放和社会主义现代化建设的强大精神力量。我们要深入挖掘中华优秀传统文化中的道德内涵，把中华民族的精神家园建设得生机勃勃、欣欣向荣。

这些年来，我国思想道德建设取得了显著成效，干部群众道德荣誉感和道德自觉性得到增强，公民文明素质和社会文明程度不断提高。层出不穷、灿若星辰的先进典型和道德模范，就是道德建设成果的生动缩影，是社会文明进步的精彩写照。同时要清醒地看到，由于种种原因，道德缺失、价值观扭曲的问题也还较为突出，社会反映强烈、群众期待解决。比如日常生活中人与人之间互不信任、相互防范，见义不为、见危不扶甚至见死不救等行为时有发生；比如商业道德和商业诚信缺失，惟利是图、见利忘义，坑蒙拐骗、假冒伪劣等现象经常出现；比如社会风尚中奢侈浪费、拜金主义、享乐主义、极端个人主义滋长，不文明行为屡禁不止；比如公共服务中以权谋私、权钱交易，以及少数干部品德败坏、腐化堕落等。这些问题虽不是主流，但屡屡出现，深层次原因是什么呢？很重要的一个方面是失去了优秀传统文化的滋养与支撑，没有精神寄托、没有法纪意识、没有传统美德的价值遵守，是非、善恶、美丑界限混淆。解决这些问题，当然需要外在约束，比如法律法规完善、社会管理加强、惩治力度加大，等等，但绝对离不开内心修养的加强，包括通过传承优秀传统文化来净化心灵、提升境界、规范言行。要把感恩、行善、仁爱、谦让、孝道、诚信、勤俭、清廉、敬畏、禁忌等传统文化中的优秀种子，在老百姓的精神家园里广为播撒、精心培育，使其枝繁叶茂、滋养丰厚，从而使人性归于向善的、向上的道德规范、价值取向，使社会归于良好的运转秩序、文明风尚。

传承中华优秀传统文化不是要食古不化，而是要经世致用

2011年5月9日，习近平同志在贵州考察时说过，学习国学的目的，不是为了把它当作古董摆设，也不是食古不化、作茧自缚，而是要变成内心的源泉动力，做到格物穷理、知行合一、经世致用。他多次强调，对我国传统文化，要古为今用、去粗取精、去伪存真。这充分体现了实事求是、辩证取用的态度。

儒学具有经世致用的传统，高度关注社会现实，积极参与治理社会、构建秩序、维护稳定，以期达到国治民安的效果，并由此形成了中国知识分子勇于担当社会责任的精神传统。这已经是被历史证明了的事实，也是被事实证明了的历史。当前，大力传承和弘扬以儒学为代表的中华优秀传统文化，决不是要简单地回到从前，天天穿唐装、行拱手礼、死记硬背四书五经，也不是为了"整理国故""发思古之幽情"。而是要通过传习儒学精髓，赋予其时代精神，使其焕发出新的风采，创造出适应新时代的文化形态，并运用到经济生活、政治生活、社会生活、文化生活的方方面面。客观上，儒家学说本身也并非一成不变，而是随着社会发展和时代潮流在不断发展之中。从孔孟为代表的先秦儒学到董仲舒为代表的汉代儒学，再到程朱陆王为代表的宋明理学，乃至于到康有为为代表的新儒学，都是在与时俱进中力图革故鼎新，用力求完善的内容与形式为现实服务。当前，传统儒学也必须立足当代中国和世界的现实，吸取包括马克思主义在内的世界先进文化，与时俱进，进行自我革命，弘扬其积极内容，转换为当代的新形态，才能获得新的活力与现代价值，更好地为中国特色社会主义伟大事业服务，成为中国特色社会主义文化的有机组成部分。

概言之，弘扬中华优秀传统文化，不是为了复古而是为了复兴。我们党需要尽快构建一整套执政文化体系，并且努力成熟和定型。特别是在当前，中央号召全党全国人民为实现中华民族伟大复兴的中国梦而奋斗。伟大梦想的实现，需要伟大精神力量的支撑。我们既要从优秀传统文化中汲取力量为实现中国梦服务，又要在实现中国梦中体现优秀传统文化的历史使命和时代价值。

树立文化自信、弘扬中华文化，不能闭上眼睛不看世界

习近平同志要求积极借鉴人类文明创造的有益成果，强调不能闭上眼睛不看世界。我们要认真领会，运用辩证唯物主义和历史唯物主义的观点和方法，对国外的文化坚持西为中用、科学扬弃，使其"本土化"。

不同国家、不同民族在数百年甚至数千年的历史变迁中，经过岁月的淘洗，都积淀下了灿烂的文化，这些文化虽风格迥异，但都闪耀着人类的智慧。中华民族向来具有开放性和包容性，当今在传承和弘扬本民族文化的同时，更要以世界视野、全球眼光，大胆吸取国外优秀文化成果，不断丰富中华文化内涵。如何吸收借鉴呢？首先，选择不盲目。邓小平同志说过，打开窗户，新鲜空气进来了，苍蝇蚊子也进来了。对外来文化，我们要加以甄别，优秀的、积极的要充分吸收，糟粕的、颓废的要加以摒弃。其次，借鉴不照搬。国外的文化，虽然有不少可取之处，但未必都符合中国国情，在借鉴过程中，不能照搬照套，而要进行中国化的改造、改良。

可能有人会担心,在学习、借鉴外国文化过程中,会不会出现"喧宾夺主"的情况。实际上,中华文化历来有强大的同化能力,在与外来文化的交流互融中,是能够保持主体地位,实现兼收并蓄、博采众长而更加绚丽多彩的。例如宋代思想文化之所以能够达到一个高峰,很重要的一条就是吸收了外来佛教文化丰富营养的结果。我们有这个文化定力和自信心。

中华民族一定能够创造出中华文化新的辉煌

习近平同志说:"中华民族创造了源远流长的中华文化,中华民族也一定能够创造出中华文化新的辉煌。"这揭示了其客观规律性和历史必然性,也向我们发出了有力号召。

一方面,在五千多年的文明史中,中华文化有过多次辉煌。春秋战国时期百家争鸣,儒家、墨家、道家、法家、阴阳家、名家、纵横家等思想深刻而活跃,建构了中国思想文化体系的基本框架。汉唐时期,诗歌、散文空前繁荣,脍炙人口的传世佳作层出不穷。到了宋代,哲学、文学都有很大发展,宋词在文坛影响深远。元明清时期,哲学继续发展,戏曲、小说达到了艺术高峰。几千年来,中华文化成就了一大批世界级的思想家、文学家、艺术家。这一系列辉煌成就,充分表明中华民族有着强大的文化创造力,这种创造力必将在未来历史发展中持续发挥作用。

另一方面,文运兴衰系于国运兴衰,开创中华文化新辉煌面临难得的历史机遇。虽然在某个特定时期、特定地域,物质生产和精神生产不一定成正比关系,但在历史长河里,文化的繁荣发展与国家民族的繁荣发展总体上是对应的。现在,中国政通人和、百业俱兴,经济持续健康发展,综合国力迅速提升,中华民族伟大复兴呈现着前所未有的光明前景。迎着民族复兴的曙光,中华文化必将迎来新的辉煌,必将为人类文化的繁荣发展作出新的更大贡献。

因此，对习近平同志"中华民族一定能够创造出中华文化新的辉煌"这个论断，我们一定要内化于心、外化于行，坚定不移地朝着这个目标奋进。

各级各方都要为创造中华文化新辉煌多办实事

落实习近平同志重要讲话精神，树立文化自信、创造中华文化新辉煌，关键是各级各方都要积极行动起来，从党政机关到社会各界、从领导干部到专家学者、从学校教师到传媒人士、从家长到学生，都应争做中华文化的笃信者、传播者、躬行者。

一要抓小。就是要从幼儿抓起，从小学生抓起，使中华优秀传统文化融入到人生观、价值观、道德观的早期形成过程。从教育的一般规律来说，早期教育既容易接受，也容易影响终身。所以，小学、中学都要加大传统文化启蒙教育的力度，纳入教学体系，增加课时，提高质量，严格考核。家长对孩子进行早期教育时，也要注意传统文化的熏陶，养成思维习惯，成为行为准则。

二要抓头。就是要从各级领导干部抓起，形成上行下效的良好风气。领导干部地位重要、引人注目，其言行往往会对所在地方的风气产生很大影响，多读历史经典、文学经典、哲学经典、伦理经典等方面的优秀传统文化书籍，经常接受优秀传统文化熏陶，以自己的带头推动全社会形成弘扬优秀传统文化的浓厚氛围。

三要抓早。就是把争取时间放在首位，尽早摆上议事日程。在这件事情上，我们走过弯路，耽误的时间太多了。一个民族在社会动荡、变革剧烈、内乱连连、外患不断的时候，对本民族文化优势和劣势的判断及其取舍是很难保持清醒头脑的，要不就是虚无主义，要不就是复古主义。从中国来讲，近代以来一度占主导的是民族虚无主义、历史虚无主义。特别是20世纪50—60年代，对文化建设造成了灾难性甚至毁灭性的后果。经济上的破坏恢复起来相对比较容易，文化上的破坏恢复起来就很难，可能需要花几代人的共同努力。现在，思想道德领域里存在的诸多问题，很明显也与20世纪50—60年代对传统文化的破坏有很大关系。为此，必须拿出搞改革开放、抓经济建设的劲头来，以追的精神、赶的作风，以更快的速度、更大的力度完成中华文化体系的重构工作。

四要抓实。就是要实实在在地做，通过抓阵地、抓载体、抓活动等各种措施，一件事情一件事情地抓，积少成多，汇滴成海。贵阳孔学堂在这方面有一些探索。这里既是庙堂，更是学堂，可以开展祭祀活动，但更主要的是开展教化、培训、研究活动。2013年元旦开放以来，孔学堂中华文化讲座如火如荼，受益听众不计其数，反响热烈。今后，孔学堂要为传承、弘扬中华优秀传统文化作出更多的贡献，也希望有更多类似贵阳孔学堂这样的阵地在全国出现。

目 录

读史与文化复兴之关系
文 | 章太炎 / 001

论中国国民之品格
文 | 梁启超 / 005

论西来学术亦统于六艺
文 | 马一浮 / 010

论近世文学之变迁
文 | 刘师培 / 013

《读经示要》自序
文 | 熊十力 / 018

中华民族文化之过去与今后之发展
文 | 张君劢 / 022

王静安先生遗书序

文 | 陈寅恪 / 028

儒教的使命

文 | 胡 适 / 030

文化思想之冲突与调和

文 | 汤用彤 / 035

今天我们应当如何评价孔子

文 | 梁漱溟 / 040

中国文化与中国青年

文 | 钱 穆 / 049

中国文化之精神

文 | 林语堂 / 055

人生的境界

文 | 冯友兰 / 065

从我怎样学国文说起

文 | 朱光潜 / 068

中国文化的美丽精神往哪里去？
文 | 宗白华 / 073

逐渐由西方转回东方
文 | 方东美 / 077

孔子以后之中国学术文化精神
文 | 唐君毅 / 081

谈谈中国传统文化
文 | 张岱年 / 085

从儒家的当前使命说中国文化的现代意义
文 | 牟宗三 / 088

"美美与共"和人类文明
文 | 费孝通 / 095

汉学的生命力
文 | 任继愈 / 102

中国文化能否为"文明的共存"作贡献
文 | 汤一介 / 109

试谈中国的智慧

文 | 李泽厚 / 115

文化自信的本质与当代意义

文 | 陈先达 / 123

解读文明历史　增强文化自信

文 | 李学勤 / 136

文化自信与文化定力

文 | 王　蒙 / 142

礼乐文明与文化自信

文 | 张立文 / 154

也说"文化自信"

文 | 陶富海 / 161

中华文明的历史启示

文 | 袁行霈 / 164

中华文明——惟一未中断的文明

文 | 许嘉璐 / 166

以儒家核心价值观对话西方
文 | 杜维明 / 172

传统文化如何进入现代生活
文 | 刘梦溪 / 175

文化怎么自觉
文 | 冯骥才 / 180

关于文化自信的浅思
文 | 仲呈祥 / 184

说经典
文 | 梁　衡 / 187

论文化自信
文 | 郭齐勇 / 191

破除西方中心主义是文化自信的前提
文 | 张西平 / 197

中国文化的软实力
文 | 傅佩荣 / 205

"创造性转化"观念的由来和发展
文 | 陈 来 / 210

面向 21 世纪的中国文化
文 | 刘云德 / 217

怎样进一步增强文化自信
文 | 杨金海 / 229

从儒家思想看文化自信的内在意蕴
文 | 景海峰 / 235

全球化背景下的中国文化走向
文 | 邴　正　王明华 / 242

论中华民族文化自信的三种根基
文 | 韩　震 / 246

传统文化复兴助推人类文明进步
文 | 万俊人 / 254

重建儒学学科　提高文化自觉
文 | 舒大刚　舒　星 / 257

用文化自信塑造现代人

文 | 邹广文 / 265

也谈文化自信

文 | 祝东力 / 267

为中华文明确认世界坐标

文 | 杨朝明 / 271

文化自觉、文化自信与文化发展

文 | 孙熙国 / 277

徐复观论文化自信与民族生命

文 | 干春松 / 280

文化自信的基点应确立在哪里?

文 | 沈壮海 / 284

读史与文化复兴之关系

文 | 章太炎

[章太炎（1869—1936），浙江余杭人，清末民初民主革命家、思想家、朴学大师。本文摘编自《章太炎学术文化随笔》，中国青年出版社，1999年]

文化二字，涵义至广，遽数不能终其物。方今国步艰难，欲求文化复兴，非从切实方面言之，何能有所成功？

今之学校，学科包罗万有，教师滔滔讲述，学子屏息奉手，其切于自修者阙如。因之历史一科，黉舍中视为无足重轻，所讲者不过一鳞半爪。盖历史书多而理不深，宜自修而不宜听讲，与科学之须口讲者大异。今乃列为口讲之科，则所能讲能有几何？于是乙部之书，大都束之高阁。在昔《纲鉴易知录》，学者鄙为兔园册子，今则能读者已为通人，可胜慨叹。盖历史譬一国之账籍，彼夫略有恒产者，孰不家置一簿，按其薄籍，而即了然其产业多寡之数。为国民者，岂可不一披自国之账籍乎？以中国幅员之大，历年之久，不读史书及诸地志，何能知其梗概？且历史非第账籍比也，鉴往以知来，援古以证今，此如弈者观谱，旧谱既熟，新局自创。天下事变虽繁，而吾人处之裕如，盖应付之法，昔人言行，往往有成例可资参证。史之有益于吾人如此，今乃鄙夷至不屑道，于是国事日棘，而应之者几无不露其捉襟见肘之窘焉。

今且举其一例，试问安南、缅甸、朝鲜，自昔与中国之关系何若？热河、察哈尔、绥远，往昔之情形何若？其能详举以对者，有几人乎？按安南在昔与广东西同称百粤，汉武平南粤，置为日南、九真等郡。自兹以后，安南人之出仕于朝者，代不乏人，直至唐末五代，始渐失去。逮明成祖时，又用兵收回，设交趾省，曾开科取士，未几失去。其人种与广东人无异，语言亦极相似，盖自汉至唐，为中国郡县者一千余年。朝鲜在汉时亦为郡县，即乐浪郡，东晋以后，渐非吾属。人种与满洲相似，称夫余种，而满洲则挹娄种也。缅甸在明时为属云南之土司，即为云南省之一部分。三百年中，屡叛屡征，前有王骥，后有刘綎，《明史》载其战功甚明。此三属国之旧事也。至古代朝鲜所领区域，本兼满洲发祥之地在内，不可不知。满洲称名，明时无有，其族类曰女真。女真族类，计有百余，大别之为三：（一）建州女真，（二）海西女真，（三）野人女真。所谓满洲发祥之地者，即指建州女真而言。建州即清之兴京，爱新氏之祖先，起于是地。其海西女真，散居于铁岭左右。至野人女真，即使犬使鹿之族，若《史记》所称之东胡，乃鲜卑、乌桓等族，常与匈奴相抗，在松花江西北，聚族而居，女真即居其对江。汉之疆土，在东北者，除辽东西外，尚有玄菟、乐浪等郡。明设辽东都指挥使司，都司东北为兴京，即汉之玄菟郡。《史记》载燕将秦开袭破东胡，东胡却千余里，当时燕境已展至朝鲜矣。汉初卫满复据朝鲜，至武帝时用兵收回，定为朝鲜四郡，即乐浪、真番、玄菟、苍海是。其后真番、苍海复废，故只存乐浪、玄菟耳。辽东诸地，在唐末又失去，至明时收复辽东。明将熊廷弼与清兵相持于沈阳、广宁，广宁即今锦州东北之地，所谓医无闾山者在此也。

热察绥三特别区之沿革，兹再约略言之。按北平汉称右北平郡，即今喜峰口左右，卢龙、遵化等处，有六县在今长城以外。其平刚即今平泉，白狼乃今凌源，右北平太守，即驻于此。曹操北征乌丸，至柳城而还，柳城今之朝阳也，此皆在中国辖境以内，当时并未视为境外。绥远之河套，在汉为朔方郡。河套之北，为秦之九原郡，其东为云中郡。汉之云中郡，包有托克托和林格尔等处。汉有定襄郡，今虽不能明指其处，即今之察哈尔也。秦起长城，自临洮至辽海，河套以东之郡邑，悉在长城以内。汉境直到河套以北，阴山之下。逮后契丹、蒙古，更迭内侵，疆土日蹙，明代长城南移，于是秦汉之沿边郡邑，在今日观之，似均在塞外矣。察哈尔明称察罕，热河明称朵颜，朵颜地险兵强，其人乃契丹余种。明成祖放弃大宁卫，以与兀良哈等，至明末始折人于建夷。河套在明英宗时为毛里孩等占据，其后杨一清、曾铣、夏言屡议恢复，于此可见此处在明初确属中国。且明代常遣使宣慰察绥热等处，更可证其为我国之辖境矣。此三特区之旧事也。

今更有所谂于诸君者，东省土地广漠，自古汉人即与乌桓鲜卑等族杂居通婚，而女真人数甚少。明时汉人在东者，有四五百万，至清末而有三千万，女真则不及百万。溯清太祖起兵时，纯粹女真，不过数十万，入主中国后，多数带入关内，八大驻防及京旗，充其量亦不过五六十万。二百年来，渐见同化，至今纯粹满人，不少概见。可见其当初人种不多，否则消灭何至如是之速？故论东省居民，以汉人为最多，满人不过占其百分之一，此极少数之满人，散居三省，殆如湘桂之苗、四川之番、云贵之蛮，岂得假民族自决为口实？日人倡言东省满人有五百万，乃其有意矫造，绝非事实，而国人亦若有深信不疑者，此则非第不看旧账，且将与张宗昌之三不知，无以异矣。以上所言，不过史事之一部分，而今特为提出者，以害在目前，故不惮赘口也。

从古迄今，事变至赜，处之者有经有权，观其得失而悟其会通，此读史之益也。盖人之阅历广则智识高，智识高则横逆之来，无所憪缩。故读史须贯穿一事之本末，细审其症结所在。前因后果，了然胸中。而一代之典章制度，亦须熟谙而详识之。史之为学，恃记性，不全恃悟性，默记暗诵，乃能有得。口讲耳受之功，获益几何？大概读列传每小时可毕一卷，史乘之精要者，计数不过三四千卷，三年之间，可以蒇事。今人惟不好读史，故祸变之来，狼顾而莫知所为，可胜慨哉。

《左传》有之曰，"皮之不存，毛将焉附"。史在各种学问中，可喻之为皮板。羔裘豹饰者，爱毛而不爱皮板。抑知无皮板则毛何所丽？印度为世界古国之一，科学哲理，卓越绝伦，弘大之佛教，诞生于是，几何之学，亦由印度传至希腊。医学至刳肠剔胃，行所无事。其文化可称极高，而无历史以记载，致今印人不能追念其前代政化。新疆居民，今人多知有回部，而不知在前、后汉时，本是三十六国，班、范二史，载之甚详。惟三十六国无历史，故其人种，至今茫无可稽。然则无史之害，岂不较然可见乎？国家之安危强弱，原无一定，而为国民者，首须认清我为何种民族，对于本国文化，相与尊重而发扬之，则虽一时不幸而至山河易色，终必有复兴之一日。设国民鄙夷者史乘，蔑弃本国文化，则真迷失本性，万劫不复矣。

史之有关于国本者至大。秦灭六国，取六国之史悉焚之；朝鲜亡后，日人秘其史籍，不使韩人寓目。以今日中国情形观之，人不悦学，史传束阁，设天降丧乱，重罹外族入寇之祸，则不待新国教育三十年，汉祖、唐宗，必已无人能知，而百年以后，炎黄裔胄决可尽化为异族。然则居今而言复兴文化，舍注意读史外，其道奚由？

论中国国民之品格

文 | 梁启超

[梁启超（1873—1929），广东新会人，清末民初思想家、政治家、教育家、史学家、文学家。本文摘编自《饮冰室合集》，中华书局，1989年]

品格者人之所以为人，藉以自立于一群之内者也。人必保持其高尚之品格，以受他人之尊敬，然后足以自存。否则人格不具，将为人所不齿。个人之人格然，国家之人格亦何莫不然？

国有三等，一曰受人尊敬之国，其教化政治卓然冠绝于环球，其声明文物，烂然震眩于耳目，一切举动，悉循公理，不必夸耀威力，而邻国莫不爱之重之；次曰受人畏惮之国，教化政治非必其卓绝者，声明文物非必其震眩也，然挟莫强之兵力，虽行以无道，犹足以鞭笞群雄，而横绝地球，若是者邻国虽疾视不平，亦且侧目重足，动色而群相震慑；至其下者，则苶然不足以自立，坐听他人之蹂躏操纵，有他动而无自动，其在世界，若存若亡矣；若是者曰受人轻侮之国。

中国者，文明之鼻祖也。其开化远在希腊、罗马之先。两千年来，制度文物，灿然照耀于大地。微特东洋诸国之浴我文化而已，欧洲近世物质进化，所谓罗盘针、火药、印刷之三大发明，亦莫非传自支那，丐东来之余沥。中国文明之早，固世界所公认矣。

数百年来，文明日见退化，五口通商而后，武力且不足以攘外。老大帝国之丑声，嚣然不绝于吾耳。昔之浴我文化者，今乃诋为野蛮半化矣。昔之慑我强盛者，今乃诋为东方病夫矣。乃者蠲藩属，副要港，议瓜分，夺主权。曩之侮以空言者，今日侮以实事，肆意凌辱，咄咄逼人。彼白人之视我，会埃及、印度诸国之不若。祖国昔日之名誉光荣一旦扫地以尽，遂自第一第二之位置，陨然堕落于三等。谁实为之，而至于此？

且夫四百余州之地，未尝狭于曩时也；人口之蕃殖，其数几倍于百年以前；然东西诸国，乃以三等之国遇我者何也？曰：人之见礼于人也，不视其人之衣服文采，而视其人之品格。国之见重于人也，亦不视其国土之大小、人口之众寡，而视其国民之品格。我国民之品格，一埃及、印度人之品格也，其缺点多矣，不敢枚举，举其大者。

——爱国心之薄弱。

支那人无爱国心，此东、西人诋我之恒言也。吾闻而愤之耻之，然反观自省，诚不能不谓然也。我国国民，习为奴隶于专制政体之下，视国家为帝王之私产，非吾侪所与有。故于国家之盛衰兴败，如秦人视越人之肥瘠，漠然不少动于心，无智愚贤不肖，皆皇然为一家一身之计。吾非敢谓身家之不当爱也，然国者身家之托属，苟非得国家之藩楣，以为之防其害患，谋其治安，则徒挈此无所托属之身家，累累若丧家之狗。皮之不存，毛将焉附？……然非先牺牲其身家之私计，竭力以张其国势，则必不能为身家之藩楣，为我防害患而谋治安。故夫爱国云者，质言之直自爱而已。人而不知自爱，固禽兽之不若矣，人而禽兽不若，尚何品格之足言耶？

——独立性之柔脆。

独立有二义，一曰有自力而不倚赖他力，一曰有主权而不服从他权。然倚赖为因，服从为果。孩稚仰保姆之哺抱，故受其指挥；奴隶待主人之豢养，故服其命令。孩稚奴隶，二者皆未具人格者也。若夫完具人格之人，则不倚赖他人而可以自立，自不肯服从他人而可以自由。苟或侵夺其主权，则必奋起抗争，虽至縻首粉身，必不肯损辱丝毫之权利，以屈服于他人主权之下。此人道之所以尊贵，而国权之所由张盛也。荷兰蕞尔之国耳，见围于路易十四，窘蹙无以自存，其国民强立不挠，乃尽撤堤防，决北海之洪流以灌没其国，宁举全国之土地、财产、家室、坟墓，尽掷之巨浸之中，宁漂流无归，保独立于舰队之上，必不肯屈志辱身，隶人藩属，受他族之辖治，以玷污人民之名誉，损辱国家之主权。呜呼！读荷法之战史，其国民雄伟之品格，犹令人肃然起敬，悚然动容。我国民不自树立，柔媚无骨，惟奉一庇人宇下之主义。暴君污吏之压制也服从之，他族异种之羁轭也亦服从之。但得一人之母我，则不惜为之子；但得一人之主我，则不惮为之奴；昨日抗为仇敌，而今日君父矣；今日鄙为夷狄，而明日神圣矣。读二十四朝易姓之史，睹庚子以来京津之事，不自知其赧愧汗下也。品格之污下贱辱，至此极矣！

——公共心之缺乏。

人者，动物之能群者也。置身物竞之场，独力必不足以自立，则必互相提携、互相防卫、互相救恤、互相联合、分劳协力、联为团体以保治安。然团体之公益，与个人之私利，时相枘凿而不可得兼也，则不可不牺牲个人之私利，以保持团体之公益。然无法律以制裁之，无刑罚以驱迫之，惟恃此公德之心以维此群治，故公德盛者其群必盛，公德衰者其群必衰。公德者诚人类生存之基本哉。我国人同此人类，非能逃于群外也，然素缺于公德之教育，风俗日习于浇漓，故上者守一自了主义，断断然束身寡过，任众事之废堕芜秽，群治之弛纵败坏，惟是塞耳瞑目，不与闻公事以为高；下者则标为我为宗旨，先私利而后公益，嗜利无耻，乘便营私；又其甚者，妨公益以牟私利，倾轧同类，独谋垄断，乃至假外人之威力以胺剥同胞，为他族之伥鬼以搏噬同种，谋丝毫之小利，图一日之功名，不惜歼其群以为之殉。呜呼！道德之颓荡至此，是亦不仁之甚，可谓为人道之蟊贼者矣。

——自治力之欠阙。

英人恒自夸于世曰：五洲之内，无论何地，苟有一二英人之足迹，则其地即形成第二之英国。斯固非夸诞之大言也。盎格鲁－撒克逊人种，最富于自治之力，故其移殖他地，即布其自治之制度，而规律井然，虽寥落数人，其势已隐若敌国。是以英国殖民之地，遍于日所出入之区。中国人之出洋者亦众矣，然毫无自治之能力，漫然绝无纪律，故虽有数百万人，但供他人之牛马、备他人之奴隶，甚者以赌博械斗吸食鸦片、污秽不洁，为他人所唾骂不齿，藉口而肆言驱逐。且非独在外而已，在内亦莫不然。故中国者——凌乱无法之国也，中人者——放荡无纪之国民也。夫合人人以成群，即有以善此群者之团治，以一群之人，分治此一群之事，而复有法律以划其度量分界，故事易举而人不相侵。中国人缺于自治之力，事事待治于人。治之者而善也，则大纲粗举，终不能百废具兴也。治之者而不善，则任其弛堕毁败，束手而无可如何。然中国治人者能力之程度，去待治者不能以寸也。故一群之内，错乱而绝无规则，凡桥梁、河道、墟市道路以至一切群内之事，皆极其纷杂芜乱，如散沙、如乱丝、如失律败军、如泥中斗兽，从无一人奋起而整理之。一府如是，一县如是，一乡一族亦罔不如是。至于私人一身，则最近而至易为力者矣，然纷杂芜乱亦复如是。其器物不置定位，其作事不勒定课，其约束不循定期，其起居饮食不立定时，故其精神则桎梏束缚，曾无活泼之生气，独其行为举动，则荡然一任自由。呜呼！文明野蛮之程度，视其有法律、无法律以为差耳。不能自事其事，而徒纵其无法律之自由，彼其去生番野蛮也曾几何矣！

此数者，皆人道必不可缺之德，国家之元气，而国民品格之所以成具者也。四者不备，时曰非人。国而无人，时曰非国。非人非国，外人之轻侮又乌足怪也？

伽特曰："人各立于己所欲立之地。"孔子曰："我欲仁，斯仁至矣。"吾人其有伟大国民之欲望乎？则亦培养公德，磨厉政才，剪劣下之根性，涵远大之思想，自克自修，以蕲合于人格。国民者个人之集合体也。人人有高尚之德操，合之即国民完粹之品格。有四万万之伟大民族，又乌见今日之轻侮我者，不反而尊敬我畏憺我耶？

西哲有言，外侮之时，最易陶成健强之品格。我国民倘亦利用此外侮，以不负其玉成耶？不然，读罗马末路之史，念其衰亡之原因，不能不为我国民傈然惧也。

论西来学术亦统于六艺

文 | 马一浮

[马一浮（1883—1967），浙江绍兴人，思想家，与梁漱溟、熊十力合称为"现代儒学三圣"，现代新儒家的早期代表人物之一。本文摘编自《泰和宜山会语》，辽宁教育出版社，1998年]

六艺，不惟统摄中土一切学术，亦可统摄现在西来一切学术。举其大概言之，如自然科学，可统于《易》，社会科学（或人文科学）可统于《春秋》。因《易》明天道，凡研究自然界一切现象者，皆属之。《春秋》明人事，凡研究人类社会一切组织形态者，皆属之。董生言："不明乎《易》，不能明《春秋》。"如今治社会科学者，亦须明白自然科学，其理一也。物生而后有象，象而后有滋，滋而后有数。今人以数学、物理为基本科学，是皆《易》之支与流裔。以其言，皆源于象数。而其用，在于治器。《易传》曰："以治器者尚其象。"凡言象数者，不能外于《易》也。人类历史过程，皆由野而进于文，由乱而趋于治。其间，盛衰兴废、分合存亡之迹，蕃变错综。欲识其因应之宜、正变之理者，必比类以求之，是即《春秋》之比事也。说明其故，即《春秋》之属辞也。属辞以正名，比事以定分。社会科学之义,亦是以道名分为归。凡言名分者,不能外于《春秋》也。文学艺术统于《诗》《乐》,政治法律经济统于《书》《礼》,此最易知。宗教虽信仰不同,亦统于《礼》,所谓亡于礼者之礼也。哲学思想派别虽殊,浅深小大亦皆各有所见,大抵,本体论近于《易》,认识论近于《乐》,经验论近于《礼》。唯心者,《乐》之遗。唯物者,《礼》之失。凡言宇宙观者,皆有《易》之意。言人生观者,皆有《春秋》之意。但彼皆各有封执,而不能观其会通。庄子所谓"各得一察焉以自好,各为其所欲以自为方者",由其习使然。若能进之以圣人之道,固皆六艺之材也。道一而已,因有得失,故有同异,同者得之,异者失之。《易》曰:"天下同归而殊途,一致而百虑。天下何思何虑。"睽而知其类,异而知其通,夫何隔碍之有。克实言之,全部人类之心灵,其所表现者,不能离乎六艺也。全部人类之生活,其所演变者,不能外乎六艺也。故曰:"道外无事,事外无道。"因其心智有明有昧,故见之行事有得有失。孟子曰:"行矣而不著,习矣而不察,终身由之,而不知其道者,众也。"彼虽或得或失,皆在六艺之中而不自知其为六艺之道。《易》曰:"百姓日用而不知。"其此之谓矣。苏子瞻有诗云:"不识庐山真面目,只缘身在此山中。"岂不信然哉!学者当知六艺之教,固是中国至高特殊之文化。惟其可以推行于全人类,放之四海而皆准,所以至高。惟其为现在人类中尚有多数未能了解,百姓日用而不知,所以特殊。故今日欲弘六艺之道,并不是狭义的保存国粹,单独的发挥自己民族精神而止,是要使此种文化普遍的及于全人类,革新全人类习气上之流失,而复其本然之善、全其性德之真,方是成己成物,尽己之性、尽人之性,方是圣人之盛德大业。若于此信不及,则是于六艺之道,犹未能有所入,于此至高特殊的文化,尚未能真正认识也。诸君勿疑此为估价太高,圣人之道实是如此。世界无尽,众生无尽,圣人之愿力亦无有尽。人类未来之生命方长,历史经过之时间尚短,天地之道,只是个至诚无息,圣人之道,只是个纯亦不已,往者过,来者续,本无一息停。此理决不会中断,人心决定是同然。若使西方有圣人出，行出来的也是这个六艺之道，但是名言不同而已。诸生当知：六艺之道是前进的，绝不是倒退的，切勿误为开倒车。是日新的，绝不是腐旧的，切勿误为重保守。是普遍的，是平民的，绝不是独裁的，不是贵族的，切勿误为封建思想。要说解放，这才是真正的解放；要说自由，这才是真正的自由；要说平等，这才是真正的平等。西方哲人所说的真善美，皆包含于六艺之中。《诗》《书》是至善，《礼》《乐》是至美，《易》《春秋》是至真。《诗》教主仁，《书》教主智，合仁与智，岂不是至善么？《易》穷神知化，显天道之常。《春秋》正名拨乱，示人道之正，合正与常，岂不是至真么？诸生若于六艺之道，深造有得，真是左右逢源，万物皆备。所谓尽虚空，遍法界，尽未来际，更无有一事一理，能出于六艺之外者也。吾敢断言：天地一日不毁，人心一日不灭，则六艺之道炳然常存。世界人类一切文化最后之归宿，必归于六艺。而有资格为此文化之领导者，则中国也。今人舍弃自己无上之家珍，而拾人之土苴绪余以为宝，自居于下劣，而奉西洋人为神圣，岂非至愚而可哀？诸生勉之，慎勿安于卑陋，而以经济落后为耻，以能增高国际地位，遂以为可矜。须知今日所名为头等国者，在文化上实是疑问，须是进于六艺之教，而后始为有道之邦也。不独望吾国人兴起，亦望全人类兴起，相与坐进此道。勉之，勉之。

论近世文学之变迁

文 | 刘师培

［刘师培（1884—1919），江苏仪征人，清末民初经学家。本文摘编自《国粹学报》，第五册《文篇》，总第26期，1907年］

宋代以前，"义理""考据"之名未成立，故学士大夫莫不工文。六朝之际，虽文与笔分，然士之不工修词者鲜矣。唐代之时，武夫隶卒，均以文章擅长，或文词徒工，学鲜根抵。若夫于学则优，于文则绌，唐代以前未之闻也。至宋儒立"义理"之名，然后以语录为文，而词多鄙倍。（顾亭林《日知录》曰："典谟爻象，此二帝三王之言也。《论语》《孝经》，此夫子之言也。文章在是，性与天道亦在是，故曰：'有德者必有言。'善乎游定夫之言曰：'不能文章而欲闻性与天道，譬犹筑数仞之墙，而浮埃聚沫以为基，无是理矣！'后之君子于下学之初即谈性道，乃以文章为小技，而不必用力。然则夫子不曰'其旨远，其辞文'乎？不曰'言之无文，行之不远'乎？曾子曰：'出辞气，斯远鄙倍矣。'尝见今讲学先生，从语录入门者，多不善于修词，或乃反子贡之言以讥之曰：'夫子之言性与天道，可得而闻，夫子之文章不可得而闻也。'"又引杨用修之言曰："文，道也；

诗，言也。语录出，而文与道判矣；诗话出，而诗与言离矣。"又钱竹汀曰："释子之语录始于唐，儒家之语录始于宋，儒其行而释其言，非所以垂教也。君子之出词气必远鄙倍、语录行而儒家有鄙倍之词矣。有德者必有言，语录行则有德而不必有言矣。"）至近儒立"考据"之名，然后以注疏为文而文无性灵。夫以语录为文，可宣于口而不可笔之于书，以其多方言俚语也；以注疏为文，可笔于书而不可宣之于口，以其无抗堕抑扬也。综此二派，咸不可目之为文。何则？周代之时，文与语分，故言语、文学区于孔门。降及战国，士工游说，纵横家流列于九家之一，抵掌华屋，擅专对之才，泉涌风发，辩若悬河，虽矢口直陈，自成妙论，及笔之于书，复经史臣之修饰，如《国语》《国策》所载是也；在当时虽谓之语，自后世观之，则语而无异于文矣。若六朝之时禅学输入，名贤辩难，间逞机锋，超以象外，不落言诠，善得言外之旨；然此亦属于语言，而语录之文盖出于此。且所言不外日用事物，与辞旨深远者不同。其始也，讲学家口述其词，弟子欲肖其口吻之真，乃以俗语笔之书以示征实。至于明代，凡自著书者，亦以语录之体行之，而书牍序记之文，杂以俚语，观其体制，与近世演说之稿同科，岂得列之为文哉？

若考据之作，则汉魏之笺疏均附经为书，未尝与文学相混。惟两汉议礼之文，博引数说，以已意折衷，近于考据；然修词贵工，无直情径行之语。若石渠、白虎观之议，则又各自为书。唐、宋以降，凡考经订史之作咸列为笔记，附于说部之中，诚以言之无文，未可伺于文学之列也。近世以来，乃崇斯体。夫胪列群言，辨析同异，参互考验，末下已意，进退众说，以判是非，所解之书，虽各不同，然篇成万千，文无异轨。观其体制，又略与案牍之文同科，盖行文之法，固不外征引及判断二端也。昔阳湖孙氏分著述与考据为二：以考订经史者为考据，抒写性灵者为著作。立说虽疏（已为焦理堂所驳），然以考据之作与抒写性灵者不同，则固不易之确论，此亦不得谓之文者也。

乃近世以来学派有二：一曰宋学，一曰汉学。治宋学者，从语录入门；治汉学者，从注疏入门。由是以语录为文，以注疏为文，及其编辑文集也，则义理考订之作均列入集部之中，目之为文。学者互相因袭，以为文能如是，是亦已足，不复措意于文词，由是学日进而文日退。古人谓文原于学，汲古既深，摘辞斯美（如杜诗"读书破万卷，下笔如有神"是），所谓读千赋者自善赋也。今则不然，学与文分，义理考证之学，迥与词章殊科，而优于学者，往往拙于为文，文苑、儒林、道学，遂一分而不可复合，此则近世异于古代者也。故近世之学人，其对于词章也，所持之说有二：一曰鄙词章为小道，视为雕虫小技，薄而不为；一以考证有妨于词章，为学日益则为文日损（如袁枚之箴孙星衍是）。是文学之衰，不仅衰于科举之业也，且由于实学之昌明（证以物理之学，则各物均有不相容性。实学之明以近代为最，故文学之退亦以近代为最，此即物理家所谓不相容也。《左传》亦曰："物莫能两大。"）。此文学均优之士所由不数觏也。

然近世之文，亦分数派：明代末年，复社、几社之英，以才华相煽，敷为藻丽之文（如陈卧子、夏考功、吴骏公之流是）。顺、康之交，易堂诸子，竞治古文，而藻丽之作，易为纵横。若商邱侯氏、大兴王氏（崐绳）、刘氏（继庄）所为之文，悉属此派，大抵驰骋其词，以空辩相矜，而言不轨则。其体出于明允、子瞻。或以为得之苏、张、史迁，非其实也。余姚黄氏，亦以文学著名，早学纵横，犹长叙事，然失之于芜，辞多枝叶，且段落区分，牵连钩贯，仍蹈明人陋习，浙东学者多则之。季野、榭山咸属良史，惟斐然成章，不知所裁，然浩瀚明鬯，亦近代所罕觏也。时江、淮以南，吴、越之间，文人学士应制科之征，大抵涉猎书史，博而不精，谙于目录词章之学，所为之文，以修洁擅长，句栉字梳，尤工小品，然限于篇幅，无奇伟之观，竹坨、次耕其最著者也；钝翁、渔洋、牧仲之文亦属此派。下迨雍乾，堇甫、太鸿犹沿此体，以文词名浙西，东南名士咸则之，流派所衍，固可按也。望溪方氏摹仿欧、曾，明于呼应顿挫之法，以空议相演，又叙事贵简，或本末不具，舍事实而就空文，桐城文士多宗之。海内人士，亦震其名，至谓天下文章，莫大乎桐城。厥后桐城古文，传于阳湖、金陵，又数传而至湘、赣、西粤。然以空疏者为之，则枯木朽荄，索然寡味，仅得其转折波澜。惟姬传之丰韵，子居之峻拔，漆生之博大雄奇，则又近今之绝作也。若治经之儒，或治古文家言，或治今文家言，及其为文，遂各成派别。东原说经，简直高古，逼近《毛传》，辞无虚设，一矫冗长之习，说理记事之作，创意造词，浸以入古，唐、宋以降，罕见其匹，后之治古学者咸宗之。虽诂经考古，远逊东原，然条理秩如，以简明为主，无复枝蔓之词。若高邮王氏、仪征阮氏是也。故朴直无文，不尚藻绘，属辞比事，自饶古拙之趣。及掇拾者为之，则剿袭成语，无条贯之可寻，侈征引之繁，昧行文之法，此其弊也。常州人士，喜治今文家言，杂采谶纬之书，用以解经，即用之入文，故新奇诡异之词足以悦目。且江南之地，词曲尤工，哀怨清道，近古乐府，故常州之文亦词藻秀出，多哀艳之音，则以由词曲入手之故也。庄氏文词，深美闳约，人所鲜知。其以文词著者，则阳湖张氏、长洲宋氏，均工绵邈之文，其音则哀而多思，其词则丽而能则，盖征材虽博，不外谶纬、词曲二端。若曲阜孔氏，亦工俪词，虽所作出宋氏之上，然旨趣略与宋氏同，则亦治今文之故也。近人谓治《公羊》者必工文，理或然欤！若夫旨乖比兴，徒尚丽词，朝华已谢，色泽空存，此其弊也（近人惟谭仲修略得张、宋之意）。数派以外，文派尤多。江都汪氏，熟于史赞，为文别立机杼，上追彦升，虽字酌句斟，间逗姿媚，然修短合度，动中自然，秀气灵襟，超轶尘壒，于六朝之文，得其神理，或以为出于《左传》《国语》，殆誉过其实，厥后荆溪周氏编辑《晋略》，效法汪氏，此一派也。邵阳魏氏、仁和龚氏，亦治今文之学。魏氏之文明畅条达，然刻意求新，故杂奇语，以骇俗流。龚氏之文自矜立异，语差雷同，文气佶聱，不可卒读，或语求艰深，旨意转晦，此特玉川、彭原之流耳，或以为出于周秦诸子，则拟焉不伦，此又一派也。若夫简斋、稚威、仲瞿之流，以排奡自矜，虽以气运辞，千言立就，然俶乱而无序，泛滥而无归，华而不实，外强中干，或怪诞不经，近于稗官家言，文学之中，斯为伪体，不足以言文也。近代文学之派别大约若此。

然考其变迁之由，则顺康之文，大抵以纵横文浅陋，制科诸公，博览唐、宋以下之书，故为文稍趋于实。及乾、嘉之际，通儒辈出，多不复措意于文，由是文章日趋于朴拙，不复发于性情，然文章之征实，莫盛于此时。特文以征实为最难，故枵腹之徒，多托于桐城之派，以便其空疏，其富于才藻者则又日流于奇诡。此近世文体变迁之大略也。

近岁以来，作文者多师龚、魏，则以文不中律，便于放言，然袭其貌而遗其神。其墨守桐城文派者，亦囿于义法，未能神明变化。故文学之衰，至近岁而极。文学既衰，故日本文体因之输人于中国。其始也，译书撰报，据文直译，以存其真。后生小子，厌故喜新，竞相效法。夫东籍之文，冗芜空衍，无文法之可言，乃时势所趋，相袭成风，而前贤之文派，无复识其源流，谓非中国文学之厄欤？

《读经示要》自序

文 | 熊十力

[熊十力（1885—1968），湖北黄冈人，哲学家、思想家，现代新儒家开山祖师。本文摘编自《读经示要》，中国人民大学出版社，2006年]

读经问题，民初以来，常起伏于一般人之脑际而纷无定论。余虽念此问题之重要而无暇及此。且世既如斯，言之无益，不如其已。去年责及门诸子读经。诸子兴难。余为笔语答之，惧口说易忘也。初提笔时，只欲作一短文，不意写来感触渐多，遂成一书。

六经究万有之原而言天道。天道真常，在人为性（此克就人言之耳），在物为命。此言命者有二义：一流行曰命，言天道流行至健而无息也。二物所受曰命。物禀天道而生，即物皆天道呈显，不可说天道超脱万有而独在也。此中言物，亦摄人。言命亦即性命以所受，言性谓人物所以生之理。言异而其实一也。性命之理明，而人生不陷于虚妄矣。第一讲首释道。顺常道而起治化，则群变万端，毕竟不失贞常。通万变而不可易者，仁也。知变而不知常，人类无宁日也。今世列强，社会与政治上之改革与机械之发明，可谓变动不居矣。然人类日习于凶残狡诈，强者吞弱，智者侵愚，杀机日炽，将有人类自毁之忧;而昏乱之群,复不思自存自立之道,且以其私图而自伤同气,尤为可悯。盖今之人皆习于不仁,即失其所以为人之常道,宜其相残无已也。第一讲以九义明治化,通万变而贞于大常,实六经之撮要。《大学》三纲八目,总括群经。三纲八目,范围天地之化而不过,曲成万物而不遗。此为常道不可易。《儒行》十有五,归本仁道。行不一,而同于仁。仁,常道也。凡此,皆为第一讲所提揭。经为常道,庶几无疑。夫常道者,万变所自出也。本书道字,略有二义:一谓宇宙本体,乃万化之原也;二谓凡事理之当然,通古今中外而无可或易者,亦名常道。如《大学》三纲八目,立内圣外王之极则。由此而体道,由此而修学,由此而致治,由此而位天地、育万物、赞化育。此便是当然,不可异此而别有道。天下言道者,或有从事明明德而不务新民与止至善,是佛家小乘也。大乘誓度众生,而以人间世为生死海,只求度脱而无齐治平之盛业,吾儒之外道也。致知而疏于格物,宋明学有遗憾也。格物而不务致良知,即难言诚正,西学未立大本也。《大学》为常道无可疑。又如《儒行》十五,总不外己立立人,已达达人。此亦是当然。若不务立达,便自暴自弃而不可为人矣。又如革故创新,必行之以至公至明至诚至信,是变动之必本常道也。不能公明诚信而言革新,则失常道,自取乱亡而已。略举三例,余可推知。然道字之义虽有二,而第二义实依第一义以立,究竟无二也。天地密移矣。天地大物也,世俗见为恒存。其实,诸天与员舆,刻刻移其故而新生。而所以成其清宁者,未有改移也。老子云:"天得一以清,地得一以宁。"一者,绝对义,谓常道也。天曰清,地曰宁,皆以其德性言也。天地由道而成,道则真常而无可改移也。人事屡迁矣。群变万端,不可胜穷。而干济必本公诚焉,无可苟渝也。当变革之任,而不公不诚,未有能立事而不乱亡者。公诚常道也。事势万变,而事之成,必由常道。一国之事如此,国际尤然。死生诚大变矣,而存顺殁宁之理,谁云可变。人皆禀道而为性命。其存也,必顺保性命之正,而无或罔。其殁也,乃全其性命而无余憾。故张子云"存顺殁宁"。是故学术千途万辙，必会归常道，而后为至。知不极乎知常，知常亦云见道。只是知识，而不足言一切智智。一切智智，借用佛典名词。若泛释之，亦可云最高的智慧。老氏曰："不知常，妄作凶。"不见道者，徇私欲而灭天理，所作皆迷妄，故凶。斯笃论也。夫不悟常道，则万物何由始，人极何由立，万事何由贞，皆其智之所不及也。学不究其原，理不穷其至，知不会其通，则未能立大本以宰百为，体大常而御万变。则未能三字，一气贯下。欲免于妄作之凶，其可得乎？

第一讲，直明经为常道，以经明示常道故，遂言经为常道。无时可离，无地可离，无人可离。奈何吾国后生，自弃宝物，不肯是究。嗟尔违常，云胡不思。

第二讲，言治经态度，必远流俗，必戒孤陋。尚志以立基，贬名以固志。持以三畏，然后志定而足以希圣。圣者道全德备，而大通无碍。故读经希圣，非可专固自封也。今当融贯中西，平章汉宋。上下数千年学术源流得失，略加论定。由是寻晚周之遗轨，辟当代之宏基，定将来之趋向，庶几经术可明，而大道其昌矣。

第三讲，略说六经大义。仲尼祖述亮舜，宪章文武。其发明内圣外王之道，莫妙于《大易》《春秋》。《诗》《书》《礼》《乐》，皆与二经相羽翼。此讲特详二经。二经通，而余经亦可通也。

议者或谓余实以《新论》说经，《新论》具云《新唯识论》。是固然矣。夫《易》《春秋》虽并称，而汉人相传，《易》为五经之源，比《春秋》尤尊矣。惜乎汉师乱以术数，宋儒略于思辨。宋学注重体认，于人生日用践履间，修养工夫最紧切。修养深而私欲尽、真体现，即真理不待外索而炯然自识。孔子谓之默识；宋儒说为体认；佛氏亦云自证。余尝谓先哲尚体认而西哲精思辨。体认自是哲学之极诣，然若忽略思辨，则不得无病。宋学终不免拘滞偏枯等病，由于忽略思辨工夫而其道未宏也。易道晦塞，两千余年。余造《新论》，自信于羲皇神悟之画，尼山幽赞之文，冥搜密察，远承玄旨，真理昭然天地间。悟者同悟，迷者自迷。余非敢以己意说经，实以所悟证之于经而无不合，岂忍自陷诬经镑圣之罪哉？

如上三讲，结集成书。肇始于六十揽揆之辰，毕事于寇迫桂黔之日。甲申正初起草，迄秋冬之际而毕。念罔极而哀栖，痛生人之迷乱。空山夜雨，悲来辄不可抑；斗室晨风，兴至恒有所悟。上天以斯文属余。遭时屯难，余忍无述。呜呼！作人不易，为学实难。吾衰矣。有志三代之英，恨未登乎大道（言未能登斯世于大道也。用顾宁人语）。不忘百姓之病，徒自托于空言。天下后世读是书者，其有怜余之志，而补吾不逮者乎！

中华民族文化之过去与今后之发展

文 | 张君劢

[张君劢（1887—1969），上海嘉定人，政治家、哲学家。本文摘编自《明日之中国文化》，岳麓书社，2012年]

世界历史书籍中，所以称道古今民族者，每举其遗留于人间之成绩。曰太阴历本，曰金字塔，曰象形字，此埃及人之成绩也；曰日食月食之推算，曰十二星宿之分，曰以第七日为休息日，此巴比伦之成绩也；曰保存古代之记载，曰信仰一神教，此希伯来之成绩也；曰市府国家，曰泰利斯·欧里几之数学，曰柏拉图与亚历斯大德之哲学科学，曰意克梯努（Ictinus）之建筑，曰苏福克尔司之戏剧，此希腊之成绩也；曰开疆拓土，曰传播希腊文化，曰大筑城邑与沟渠，曰编制法典，此罗马之成绩也；曰喀斯德，曰婆罗门教，曰佛教，此印度之成绩也。凡此民族之有成绩者，人谓之曰文化民族，占世界历史中之若干页。

吾中华民族在文化史中之地位如何乎？吾族足与埃及、希腊、罗马、印度等并肩而立，欧美学者所公认者也。乃近年之国人激于环球大通后所受之惩创，反而自鄙夷其文化，若已不足自存于今世者，甚至怀疑于其民族之本身若不足与白人相抗衡者，此乃目眩于一世纪之短促，而往忘千万年之久远矣。事物之成败得失，以历久不坏为准。彼白种之兴也，始自欧洲文化复兴以降，人智大开，学术大进，探险殖民，远及各洲。及英、法革命后，政局大定，于是欧洲之学术、法制、工商，无往而不为人所取法。然以时考之，不过五百余年，他人五百年之成效，安能与吾族历四千余年之久者，相提并论乎？吾族之特色，自古代迄于今日，犹能保持其生命，视埃及、巴比伦之长埋地下，视希腊、罗马之主已再易，视印度之为人奴隶者，大有天壤之别，此必吾族之自处，有以胜于其他各族者无疑义矣；更自今日推及将来，白皙人种入罗马占领全欧以来，尚无有势均力敌者与之度长絜短，自其欧战后之精疲力竭观之，安知白人之在今后定有胜算之可操？

视吾族之沦于五胡辽金元清，而犹能恢复其故我者，适与不适，亦正未易逆睹矣。如是，自时间久暂言之，正不必以百年来之失意，而遽怀疑于吾族之前途也。

凡上所论，皆古代民族也，吾族与之相形，不特无逊，且时有过之者。乃近百年以内，与欧洲之白人相处，我无往而不败。此白人即日耳曼人种，露头角于西纪5世纪中（其入罗马为公元410年），历千余年，始而接受耶稣教，继而稍具政治规模。及15世纪，大振起学术，改革宗教，发现新地，广兴工商，所谓民族的国家，于以产生。民族文学也，民族政治也，次第兴于各国，至19世纪法国革命后，而民意政治遍于全欧。以言学术，则科学方法之正确，非我之所能及；以言政治，则国民主权为基础，非我之所及；以言教育，则国无不识字之人民，非我之所及；以言军事，则坚甲利兵，通国皆服军役，非我之所及；以言工艺，则发明之品，日新月异，非我之所及；以言财政、经济，则收入之富，支出之繁，又非我之所及焉。此自15世纪以降日耳曼族之新文化，有为前代各族所不及者矣。

吾族之与欧人相遇也，始视为夷狄而轻之，继则被迫而开港通商，鸦片烟之战也，英法联军也，犹因通商而启衅。安南、台澎之失地，旅大、九龙之租借，则进于领土之争。数十年来所以因应之者，有曾、李之军事工业政策，有张之洞、张百熙之教育政策，有康有为之百日维新，有辛亥之革命，更有关于家庭者曰家庭解放，关于社会者曰社会改造，关于智识者曰提高科学。最近数年，忽而心慕俄之共产主义，忽而力追意之法西斯主义，凡外国之轩然大波，吾之老辈与青年无不心中枰然欲动，欲移植之于东方，直如病危之际，医药乱投，而病尤不可救矣。

窃以为文化之改造，非易事也，舍己而求人，是为忘其本根，采他人之方而不问其于己之宜否，是为药不对症；心目中但欣羡他国之制，而忘其本身之地位，是为我丧其我。虽欲建树而安从建树乎？吾人不敏，敢贡二义：

第一，自内外关系言之，不可舍己徇人。

第二，自古今通变言之，应知因时制宜。

文化之建立，犹之种树，不先考本国之地宜，则树无由滋长，且国民习性与制度相表里，习性不改，则新制无从运用，此己之不可离者一。日日瞪眼以静待世界之变，因他人之变而效颦，抑知己之不能自立，即失其所以为己，虽学而不得其似，此己之不可离者二。抑所谓己焉者，非独限于现代之人，当推本于过去之己，则祖宗是矣。国中少数学者不特不能窥见前人制作之精意，专毁谤先人以自炫其新奇，冥冥之中，使国人丧失其自信力，实即所以摧毁其自己。古人之立言，必有其所以然之故，孔子之尊王，所以裁抑封建诸侯，而非以压倒民众；古人提倡德化，言乎德礼之重要，非菲薄近代之法治；古人尊德性之说，言乎身心当修养，非谓物质科学之不当注重。乃至古今制度学说中，有为历史上之尘垢秕糠所蒙者，应为之分别洗涤。孔子自孔子，不因秦汉后君主专制之政而损其价值。阳明自阳明，不得以明末之心性空谈而抹杀之。今人读古书，当求古人之真面目，不可合其相连以起者而排之。要而言之，从善意方面加以解释，自能于四千年之历史中求得其精义，以范围国民心志。若徒加以谩骂，甚且以宦官、外戚、缠足、科举、娶妾等事，概以归罪于孔子之教育，直丧心病狂而已。

抑近人之中，非不知注意历史，然社会上提倡汉人治学方法，相率趋于考据一途，夫文字事实之考订，非不重要，然立国教民，必有其大经大法，此即曾文正所谓义理也。求义理于四千年之文化史中，择其行于古而适于今者以为圭臬，则本位文化以立，而与现世亦无杆格不入之弊矣。

且惟此推本于古代文化之政策中，然后求得吾族之真正自我，不独其源流贯通，且于新文化中自能发挥吾族之特点。英有英之经验哲学，德有德之先验主义，英有英之宪法政治，德有费希特、黑格尔之国家观，彼等不以模仿他人为能，惟务发挥一己之特长，乃其文化之所由立也；所谓不可舍己循人者其意如是。

欧洲15世纪以来之文化，与吾国中古以降欧洲中古以降，有绝然不同者：第一，中古所以统一全欧者，曰神圣罗马帝国，曰教皇，是为天下而非民族国家，与吾国之自秦以降等焉。及乎近代，民族国家，代之以兴，文字也、制度也、工商也、军事也、教育也，皆以本国为本位，全欧之中，有英俄德法等国，要皆不忘其本族之利害。其教民也，务使人人识字，人人通晓爱国大义，惟分子之健全也，而后国家赖之以维护；其理财也，务使人各有衣食，且能有积贮；其练兵也，有通国皆兵之制，人尽其卫国之责。质而言之，民族国家之中心，人民是矣。

第二，民族国家养成健全国民之方法，除文字、智识之教育外，以人格发展为第一义。父母之于儿童也，导之以义方，更许以随时表示其好恶，以养成其独立判断之能力。其人于社会也，赋以言论结社之自由，盖个性发展之结果，惟有许以各行其是，非古代"道一风同"之教所得而范围之矣。个人之与个人，团体之与团体，其相待也，有公平竞争之原则，各人于比赛之中，可以表示其所长，然比赛有两造共守之规则，则虽争而不至于相残相害，以损社会之元气，与孔子所谓御射时君子之争，其用意正同。质而言之,人格之自由发展,乃现代道德教育之要素焉。

第三,自15世纪以降,人类智识之对象,曰自然界,曰人事,大地之间,无一不入于科学哲学研究之范围,惟知识之无穷极,因而真理日在变迁之中,有牛顿学说而有牛顿之时空,有相对论而有相对论之时空,因达尔文而有物种微变之说,因田佛利而有突变之说,学说之变也不已,而人之所以接之者,亦日不暇给,盖现代生活之第一特点曰变曰动,与中古之墨守故常者,不可同日语矣。

凡此三者,皆现代欧洲文化之特点,吾族既为现世界之一员,不能不采他人之长,以补一己之短,然因此外来元素之增益,吾之政治、学术、风俗、人情,将大异乎昔日,其间之相去,不仅如秦汉之异乎周代,唐宋之异乎秦汉,或明清之异乎唐宋,其为划分时代之新文化无疑焉。所谓应知因时制宜者,其意如是。

尝统观四千年之历史,吾祖吾宗所以建立吾族文化者,根基若是其深厚,所拓疆土之广,所含人种之多,与夫成绩之彪炳,享国之长久,求之各国,鲜有匹敌之者。吾侪之为子孙者,不应托庇先人宇下而自满,不应坐享前人之成而自逸,盖东西诸国张目伸手,眈眈逐逐于吾旁,由通商之要求,而进于藩篱之撤尽,由藩篱之撤尽,将进而为本部之分割,吾民族亡而文化随之以亡矣。吾同胞乎,其深信历史之过去,以增高其自信力,其毋忘环球大势之注意,以谋所以因应,庶几上无愧于先人,下为来者树悠久无疆之业乎!

吾先人当外来文化之侵入,而谋所以处之者,固有术矣。晋室不纲,五胡窃发,北方诸省,陷于鲜卑、氐、羌诸族者数百载,斯时佛教直取孔教而代之。历隋、唐之后,吾族之自觉性恢复,而孔子之精神,赖佛家明心见性说之触发,而复活于宋人理学之中矣。今日东西之外患,视五胡如何?或曰东西人之智力,非五胡所能比拟,或曰东西洋人之入寇,不至如五胡之甚。乃至欧洲文化之优胜,视佛教又如何?或曰科学之力只及于思想与技术,不及于伦理；或曰科学能影响于吾人之全部人生。凡此双方之是非，诚未易得一定论，然吾族今日政治上、思想上犹能维持其主权，则为人所共见，或者由沉睡而觉醒之期，不必如由五胡、南北朝而达于隋唐之历时久远。征诸往史，吾族之能消化外来元素以成为我之所固有，本已的然无疑，其亦继战国、唐、宋之后，而另成一文化大振之新时期乎？此由既往推将来而有以知其必然者也。

王静安先生遗书序

文 | 陈寅恪

[陈寅恪（1890—1969），江西修水人，历史学家、古典文学研究家、语言学家、诗人。本文摘编自《陈寅恪集·金明馆丛稿二编》，生活·读书·新知三联书店，2001年]

王静安先生既殁，罗雪堂先生刊其遗书四集。后五年，先生之门人赵斐云教授，复采辑编校其前后已刊未刊之作，共为若干卷，刊行于世。先生之弟哲安教授，命寅恪为之序。寅恪虽不足以知先生之学，亦尝读先生之书，故受命不辞。谨以所见质正于天下后世之同读先生之书者。

自昔大师巨子，其关系于民族盛衰学术兴废者，不仅在能承续先哲将坠之业，为其托命之人，而尤在能开拓学术之区宇，补前修所未逮。故其著作可以转移一时之风气，而示来者以轨则也。先生之学博矣，精矣，几若无涯岸之可望，辙迹之可寻。然详绎遗书，其学术内容及治学方法，殆可举三目以概括之者。一曰取地下之实物与纸上之遗文互相释证。凡属于考古学及上古史之作，如《殷卜辞中所见先公先王考》及《鬼方昆夷猃狁考》等是也。二曰取异族之故书与吾国之旧籍互相补正。凡属于辽金元史事及边疆地理之作,如《萌古考》及《元朝秘史之主因亦儿坚考》等是也。三曰取外来之观念与固有之材料互相参证。凡属于文艺批评及小说戏曲之作,如《红楼梦》评论及《宋元戏曲考》《唐宋大曲考》等是也。此三类之著作,其学术性质固有异同,所用方法亦不尽符会,要皆足以转移一时之风气,而示来者以轨则。吾国他日文史考据之学,范围纵广,途径纵多,恐亦无以远出三类之外。此先生之书所以为吾国近代学术界最重要之产物也。

今先生之书,流布于世,世之人大抵能称道其学,独于其平生之志事,颇多不能解,因而有是非之论。寅恪以谓古今中外志士仁人,往往憔悴忧伤,继之以死。其所伤之事,所死之故,不止局于一时间一地域而已。盖别有超越时间地域之理性存焉,而此超越时间地域之理性,必非其同时间地域之众人所能共喻。然则先生之志事,多为世人所不解,因而有是非之论者,又何足怪耶?尝综揽吾国三十年来,人世之剧变至异,等量而齐观之,诚庄生所谓彼亦一是非,此亦一是非者。若就彼此所是非者言之,则彼此终古未由共喻,以其互局于一时间一地域故也。

呜呼!神州之外,更有九州。今世之后,更有来世。其间傥亦有能读先生之书者乎?如果有之,则其人于先生之书,钻味既深,神理相接,不但能想见先生之人,想见先生之世,或者更能心喻先生之奇哀遗恨于一时一地,彼此是非之表欤?

儒教的使命

文 | 胡 适

[胡适（1891—1962），安徽绩溪人，思想家、哲学家、文学家，新文化运动的领袖之一，第一位提倡白话文、新诗的学者。本文摘编自《儒教的使命：胡适谈国学》，当代中国出版社，2013年]

我在这个讨论会里第一次说话就申明过，我不是一个儒教徒，后来我坐在这里听何铎斯博士（Dr. Hodons）的演说，听到他提起我，也许有心，也许无意，把我认作儒教里属于自然派的运动的一分子。我当时真不知道，我是应当维持我原来的申明呢，还是应当承认这个信仰的新性质呢？但是何铎斯博士在演说的末尾说："儒教已经死了，儒教万岁！"我听了这两个宣告，才渐渐明白——儒教已经死了——我现在大概是一个儒教徒了。

儒教并不是一种西方人所说的宗教。我在大学（芝加哥）演讲，在这里说话，都曾尝试说明儒教有过些时期是一个宗教——是一个有神论的宗教。但是，就整个来看，儒教从来没有打算做一有神论的宗教，从来不是一个用传教士的宗教，儒教从来不做得仿佛相信它本身是完全靠得住的，佛教从来没有勇气跑出去对那些非教徒宣讲佛音。这样说来，主席方才介绍我说话，他用的字眼有点和介绍别人的不同，是很有道理。他没有宣布我的题目是"儒教作为一个现代宗教的使命"。

我想这是很有道理的。儒教，正如何铎斯博士所说，已经死了。他是自杀死的，可不是由于错误的冲动，而是由于一种努力，想要抛弃自己一切逾分的特权，想要抛弃后人加到那个开创者们的经典上去的一切伪说和改窜。我在大学演讲，有一次讲过，儒教的最后一个拥护者，最后一个改造者，在他自己的一辈子里，看到儒教经典的一个主要部分，一个最通行，最容易读，因此在统制中国人的思想上最有势力的部分，已经被打倒了。这样说来，儒教真可算是死了。

孟子是儒家最伟大的哲学家，他的影响仅次于孔子，曾说过："人之患，在好为人师。"儒家的经典里又常说："礼闻来学，不闻往教。"儒教从来不教它的门徒跑出去站在屋顶上对人民宣讲，把佳音带给大地四方不归宿的异教徒，儒教也从来不是一个用传教士的宗教。

然而，这也不是说，孔子、孟子和儒家的学者们要把他们的灯放在斗底下（to conceal their light under a bushel，此处的成语出自《马太福音》第五章："人点灯，不放在斗底下，是放在灯台上，就照亮一家人。"），不把它放在高处，让人人可以看见。这只是说，这些人都有那种知识上的谦虚，所以他们厌恶独断的传教士态度，宁愿站在真理追求者的谦虚立场。这只是说，这些思想家不肯相信有一个人，无论他是多么有智慧有远识，能够说完全懂得一切民族、一切时代的生活与道德的一切错综复杂的性质。孔子就说过："丘也幸，苟有过，人必知之。"正是因为有这样可能有错误的意识，所以儒教的开创者们不赞成人的为人师的欲望。我们想要用来照亮世界的光，也许其实只是把微弱的火，很快就要消失在黑暗里。我们想要用来影响全人类的真理，也许绝不能完全没有错。谁要把这个真理不加一点批评变成教条，也许只能毁坏他的生命，使他不能靠后来的新世代的智慧不断获得新活力，不断重新被证实。

因此，现代宗教的第一个使命就是做一切彻底而严格的自我考察。"知道你自己"，在世界宗教的一切大诫命里应当是首要的一条。我们应当让自己信得过，我们给人的是面包，不是石头。我们应当让自己可以断定，我们想要与世界分享的真理经得住时间考验，而且全靠它自己的长处存在，不靠迫害者的强暴，也不靠神学家和宗教哲学的巧辩。我们应当让自己知道，所有那些用他们的教条和各时代里的布鲁诺们、伽利略们、达尔文们为敌的人，并没有给他们的宗教增光彩，反倒使他成了世界文明的笑料。

接下去，现代宗教的第二个使命，我相信，就是配合着自我考察的结果，情愿做到内部的种种改造——不但要修改甚或抛弃那些站不住的教义教条，还要改组每个宗教的制度形式的，甚或，如果必要，取消那种形式。教人知道生命可以失而复得，是各大宗教共有的精神。反过来说，在堕落的情况中生存下去还不如死，也是真理。这一点对欧洲美国、印度、日本那些高度有组织，高度形式化的宗教说来是特别有意义的。

我们研究中国宗教的历史，可以看到很可注意的现象：因为那些宗教的制度形式薄弱，所以新的宗教总是渐渐地，几乎不知不觉地代替了旧的宗教。禅宗就是这样慢慢代替了一切旧派；净土宗也这样慢慢浸入了所有的佛教寺院和家庭。儒教也是这样，东汉的注家慢慢盖过了较古的各派，后来又和平的让位给朱子和他那一派的新解释；从宋学到王阳明的转变，随后又有趋向于近三百年的考据学的转变，都是以同样渐进方式完成的。

别的宗教却都不是这样。他们的每一个新运动都成了定理，都抗拒再进一步的变化。圣方济会（Franciscans）在13世纪是一个改革运动，到20世纪却依然是一个有权势的宗教，路德派与加尔文派在基督革新的历史上都占一个先进地位，到了我们当代却成了反动教派。所有这许许多多的宗派，本来应当是一个伟大宗教的一条演进的直线上的一些点或阶段，在今日却成了一个平面上并存的相对抗的势力，每一个都靠制度形式和传教工作使自己永存不灭，每一个都相信只有他可以使人逃避地狱之火而达到得救。而且，这样不愿失了历史的效用只想永存下去的顽强努力在今日还引起一切更老的宗教效仿，连中国的太虚和康有为也有效仿了。要求一切宗教，一切教派，一切教会，停止一切这样盲目的对抗，宣布休战，让他们都有机会想想所有这一切都为的是什么，让他们给宗教的和平、节省、合理化定出一部"全面的法典"——难道现在还不应当吗？

一个现代的宗教的最后一个大使命就是把宗教的意义和范围扩大、伸长。我们中国人把宗教叫做"教"，实在是有道理的。一切宗教开头，都是道德和社会的教化的大体系，归结却都变成了信条和仪式的奴性的守护者。一切能思想的男女现在都应当认清楚宗教与广义的教育是共同存在的，都应当认清楚凡是要把人教得更良善、更聪智、更有道德的，都有宗教和精神的价值；更都应当认清楚科学、艺术、社会生活都是我们新时代、新宗教的新工具，而且正是可以代替那旧时代的种种咒语、仪式忏悔、寺院、教堂的。我们又要认清楚，借历史的知识来看，宗教不过是差一等的哲学，哲学也不过是差一等的科学。假如宗教对人没有作用，那不是因为人的宗教感差了，而是因为传统的宗教没有能够达成它的把人教得更良善、更聪智的基本功能。种种非宗教性的工具却把那种教化做得更成功，宗教本身正在努力争取这一切工具来支持它的形式化的生活。于是有了那些 Y.M.C.A（基督教青年会）和那些 Y.M.B.A（佛教青年会）。但是为什么不能省掉第三个首字母（第三个首字母代表基督教的 C 和代表佛教的 B）呢？为什么不坦白承认这一切运动都已没有旧的宗教性了？为什么不坦白承认这一切如果有宗教性，只是因为他们有教育性，只是因为他们要把人教得更有道德，更尊重社会呢？又为什么不爽快把我们一切旧的尊重支持转移到那些教育的新工具上，转移到那些正在替代旧的宗教而成为教导、感发、安慰的源泉的工具上呢？

因此，一切现代宗教的使命，大概就是要把我们对宗教的概念多多扩大，也就是要把宗教本来有的道德教化的功用恢复起来。一个宗教如果只限于每星期一两个小时的活动是不能发扬的，一个宗教的教化范围如果只限于少数神学班,这个宗教也是不能生存下去的。现代世界的宗教必须是一种道德生活,用我们所能掌握的一切教育力量来教导的道德生活。凡是能使人高尚,能使人超脱他那小小的自我的,凡是能领导人去求真理、去爱人的,都是合乎最老的意义的、合乎最好的意义的宗教;那也正是世界上一切伟大宗教的开创者们所竭力寻求的、所想留给人类的宗教。

文化思想之冲突与调和

文｜汤用彤

[汤用彤（1893—1964），湖北黄梅人，哲学家、教育家、国学大师。本文摘编自《中国现代学术经典·汤用彤卷》，河北教育出版社，1996年]

自日本发动侵略战争以来，世界全部渐趋混乱，大家所认为最高的西洋文化产生了自杀的现象。人类在惨痛经验之中渐渐地觉悟到这种文化的本身恐怕有问题。这个问题太大，和全世界有关系，我不能加以讨论。中国与西洋交通以来，因为被外族的欺凌，也早已发生了文化的前途到底如何的问题。直到现在，这个问题犹未决定。有人主张用中国文化作本位，有人主张全盘西化。这个问题也太大，我也不能加以讨论。不过关于外来文化思想和本有文化接触时，发生的问题确实有两个方面：一方面我们应该不应该接受外来文化，这是价值的评论；另一方面我们能不能接受外来文化，这是事实上的问题。关于价值的评论，我们应不应该接受，我已经说过，现在不能加以讨论。关于事实上的问题，我们能不能，问题也非常复杂，我们不是预言家，也不相信预言，现在也不能讨论。不过将来的事虽然现在我们不能预知，过去的事，往往可以作将来的事的榜样。古人说得好，"前事不忘，后事之师"。现在虽不能预测将来，但是过去我们中国也和外来文化思想接触过，其结果是怎么样呢？这也可以供我们参考。而现在科学中的文化人类学，也对于文化移植问题积极的研究，他们所研究的多偏于器物和制度，但是思想上的问题，恐怕也可以用他们的学说。

"文化的移植"，这个名词是什么意义呢？这就是指着一种文化搬到另一国家和民族而使它生长。这中间似包括两个问题：第一个是问外来的文化移植到另一个地方是否可有影响；第二个是问本地文化和外方接触是否能完全变了它的本性，改了它的方向。这个问题当然须先承认一个文化有它的特点，有它的特别性质。根据这个特性发展，这个文化有它一定的方向。现在拿思想作一个例子，第一个问题就是说外来思想是否可以在另一地方发生影响，这问题其实不大成问题。因为一个民族的思想多了一个新的成分，这个已经是一种影响。所以第一个问题不大成问题。第二个问题，就是说一个民族或国家的思想有它的特性，并且有它的方向，假使与外来思想接触，是否可完全改变原有特质和方向，这实在是一个问题。就拿中国文化和印度佛学的接触来说，向来的看法很不相同。照宋明儒家的说法，中国文化思想有不可磨灭的道统。而这个道统是由中国古圣先贤尧、舜、禹、汤、文、武、周公、孔子、孟轲、扬雄一代一代传下来的。中间虽经外来思想所谓佛学捣了一回乱，但宋明儒家仍是继承古国固有的道统。中国原有的文化特质并没有失掉，中国文化的发展自三代以来究竟没有改换它的方向。但是照另一说法，却是与儒者意思相反。他们说中国思想因印度佛学进来完全改变，就是宋明儒家也是阳儒阴释，假使没有外来的佛学，就是宋明儒学也根本无由发生。

关于文化移植问题，文化人类学本有三种不同的学说。第一种演化说，是比较早的主张。第二种播化说，是后来很为流行的主张。第三是批评派和功能派，都是反对播化说的主张。假使将这三种学说应用到思想上，似乎可以这样说：照第一种学说，人类思想和其他文化上的事件一样，自有其独立之发展演进。照这种说法如推到极端，就可以说思想是民族或国家各个生产出来的，完全和外来的文化思想无关。照第二种学说，则一个民族或国家的文化思想都是自外边输入来的。而且有一部分文化人类学者主张世界文化同出一源（就是埃及）。他们以为世界各地均以一个地方为它的来源，一个民族或国家的文化的主要骨干，是外来的。文化的发展是他定的而非自定的。假使照这样的学说而说到极端，则一种文化思想推它的本源总根本受外方影响，而外方思想总可完全改变本来的特性与方向。本来外来文化之有影响是无问题的。但是推得太大太深，因此发生了疑问。所以才有第三派的主张出现。批评派的人或者功能派的人以为外来文化与本地文化接触，其结果是双方的，而决不是片面的。外来文化思想和本地文化虽然不相同，但是必须两个方面有符合的地方。所以第一，外来文化可以对于本地文化发生影响，但必须适应本地的文化环境。第二因外来文化也要适应本地的文化，所以也须适者生存。外来文化思想也受本地文化的影响而常常有改变，然后能发生大的作用。外来文化为什么发生变化，当然因为本地文化思想有本地的性质和特点，不是随便可以放弃的。

因为一个地方的文化思想往往有一种保守或顽固性质，虽受外力压迫而不退让，所以文化移植的时候不免发生冲突。又因为外来文化必须适应新的环境，所以一方面本地文化思想受外来影响而发生变化；另一方面因外来文化思想须适应本地的环境，所以本地文化虽然发生变化，还不至于全部放弃其固有的特性，完全消灭本来的精神。所以关于文化的移植我们赞成上面说的第三个学说。就是主张外来和本地文化的接触，其结果是双方的。照以上所说，因为本来文化有顽固性，所以发生冲突。因为外来文化也须和固有文化适合，故必须两方调和。所以文化思想的移植，必须经过冲突和调和两个过程。经过以后，外来思想乃在本地生了根，而可发挥很大的作用。

照上面所说的，一国的文化思想固然受外来影响而发生变化。但是外来文化思想的本身也经过改变，乃能发生作用。所以本地文化思想虽然改变，但也不致于完全根本改变。譬如说中国葡萄是西域移植来的，但是中国的葡萄究竟不是西域的葡萄。棉花是印度移植来的，但是中国的棉花究竟不是印度的棉花。因为它们适合地方，乃能生在中国。也因为它们须适应新环境，它们也就变成中国的了。同样的道理，可以推知外来思想必须有改变，适合本国思想，乃能发生作用。不然则不能为本地所接受，而不能生存。所以本地文化虽然受外边影响而可改变，但是外来思想也须改变，和本地适应，乃能发生作用。所以印度佛教到中国来，经过很大的改变，成为中国的佛教，乃得中国人广泛的接受。举两个例来证明罢。第一我们知道中国灵魂和地狱的观念不是完全从印度来的。但佛经里面讲的鬼魂极多，讲的地狱的组织非常复杂。我们通常相信中国的有鬼论必受了佛经的影响。不过从学理上讲，"无我"是佛教的基本学说。"我"就是指着灵魂，就是通常之所谓鬼。"无我"就是否认灵魂之存在。我们看见佛经讲轮回，以为必定有一个鬼在世间轮回。但没有鬼而轮回，正是佛学的特点，正是释迦牟尼的一大发明。又通常佛教信徒念阿弥陀佛。不过"念佛"本指着坐禅之一种，并不是口里念佛（口唱佛名）。又佛经中有"十念相续"的话，以为是口里念佛名十次。不过"十念"的念字乃指着最短的时间，和念佛坐禅以及口里念佛亦不相同。中国把念字的三个意义混合，失掉了印度本来的意义。这是很简单却很重要的两个例子，可以证明外来文化思想到另一个地方是要改变它的性质与内容的。

外来文化思想在另一地方发生作用，须经过冲突和调和的过程。"调和"固然是表明外来文化思想将要被吸收，就是"冲突"也是他将被吸收的预备步骤。因为粗浅的说，"调和"是因为两方文化思想相同或相合，"冲突"是因为两方文化思想的不同或不合。两方总须有点相同，乃能调和。但是两方不同的地方，假使不明了他们中间相同的地方，也不能显明地暴露出来，而且不知道有不同而去调和是很粗浅的表面的囫囵的。这样的调和的基础不稳固，必不能长久。但是假使知道不同而去调和，才能深入，才不浮泛,这样才能叫外来文化,在另一文化中发生深厚的根据,才能长久发生作用。所以外来思想之输入,常可以经过三个阶段:(一)因为看见表面的相同而调和;(二)因为看见不同而冲突;(三)因再发见真实的相合而调和。这三段虽是时间的先后次序,但是指着社会一般人说的。因为聪明的智者往往于外来文化思想之初来,就能知道两方同异合不合之点,而作一综合。在第一阶段内,外来文化思想并未深入。在第二阶段内,外来文化思想比较深入,社会上对于这个外来分子看作一严重的事件。在第三阶段内,外来文化思想已被吸收,加入本有文化血脉中了。不过在最后阶段内,不但本有文化发生变化,就是外来文化也发生变化。到这时候,外来的已被同化。比方佛教已经失却本来面目,而成功为中国佛教了。在这个过程中与中国相同相合的能继续发展,而和中国不合不同的则往往昙花一现,不能长久。比方说中国佛教宗派有天台宗、华严宗、法相宗等。天台、华严二宗是中国自己的创造,故势力较大。法相宗是印度地道货色,虽然有伟大的玄奘法师在上,也不能流行很长久。照这样说,一个国家民族的文化思想实在有他的特性,外来文化思想必须有所改变,合乎另一文化性质,乃能发生作用。

《史记》里有几句话,说"居今之世,志古之道,所以自镜也。未必尽同"。过去的事不能全部拿来作将来的事的榜样。上面所说的,并不断定将来和过去必定一样。不过仅仅推论已往历史的原委,以供大家的参考而已。

今天我们应当如何评价孔子

文 | 梁漱溟

[梁漱溟（0893—1988），广西桂林人，思想家、哲学家、教育家。本文摘编自《梁漱溟全集》，山东人民出版社，2005年]

目前批孔运动中一般流行意见，我多半不能同意。即如认为孔子护卫奴隶制之说，便不合事实。其说殆误于社会发展史分划五阶段为世界通例，而不知其不可泥执。世界史上各方各族不经过奴隶制阶段者其例既非一，而如我所见中国社会的历史发展盖与印度同属于马克思所谓亚洲社会生产方式者，尤其有殊于一般。于此问题我写有《试论中国社会的历史发展属于马克思所谓亚洲社会生产方式》一专文，请参看。

然而孔孟所处之时代，其为中国社会早进入阶级分化之时则事实甚明。且在此阶级社会中，孔孟皆身居统治者一方面亦甚明白。阶级社会中人从乎其所在阶级便有其一定之阶级立场。社会总是在阶级矛盾斗争中发展前进，这就演为社会发展史。发展先是逐渐演进的，必待发展到一定时际乃由渐变而突变，爆发革命。当革命时期固守其统治阶级立场行事，乃所谓反动派（反革命）。平常时期各阶级各循其阶级立场行事，通常多是阶级斗争，势所当然。阶级的分化及其存在，一出于社会经济发展的客观必要；其阶级斗争推动着社会前进，则为历史发展规律；凡此皆马克思经典著作所指示社会科学上的物理。世界历史在其漫长自发性阶段罔非在表演此物理而已。古代中国是否独外于此通例，如我所说理性早启，好讲情理者，应就孔孟验之。现在且来审查孔孟之道。

这里说的孔孟之道，特就现在批判孔孟怎样处世那一面审查论定之。实则，孔孟自有其根本学问在，其立身处世不过其学问之可见于外者，非其全面，尤未深及本源。我另有《东方学术概观》一书，论述儒、道、佛三家之学，须请参看乃得。

如所周知，古语所云"君子""小人"，即今指统治者（治人者）被统治者（治于人者）两阶级而言。孔孟既均身居治人者一方，其将如何治人呢？孔子对门人有如下的问答：

子路问君子。子曰："修己以敬。"曰："如斯而已乎？"曰："修己以安人。"曰："如斯而已乎？"曰："修己以安百姓。修己以安百姓，尧舜其犹病诸。"（《论语》）

门人一问、再问、三问，孔子总回答君子重在修己，就是了，更无其他，词意十分决定。在对人方面只用一个"安"字，而安人之道则在修己。说"修己以敬"，明见其心思力气用在自己一面，而非向外用力，用在对付他人。

后来见于《孟子》书中者，有如下的话：

人有恒言，皆曰："天下、国、家。"天下之本在国，国之本在家，家之本在身。

君子之守，修其身而天下平。

显然，其意思完全一致的，不过字面上用修身替换了修己。《礼记》中《大学》全篇恰在申说这一道理。其作者已不可考，但从其书内"自天子以至于庶人一是皆以修身为本"那说法来看，其立言已离开阶级地位，恐怕出于时代较晚的儒者之手，在发挥其理想。《中庸》一篇同收在《礼记》中，其作者据传为子思。子思是孔子之孙，而学于孔子之门人曾子者。《大学》《中庸》两篇精神气息既若相通相合，则可能为时亦不相远。在《大学》，修身的词旨既贯串全文，不必计其字面出现的次数。修身的词句，在《孟子》书中凡三见，在《中庸》凡九见，在《荀子》书中则著有《修身》篇。看起来，修身即修己成为儒家前后数百年间通行的"术语"，亦为其根本观念。

然而此通行于儒家学派的思想道理，实在不合于一般阶级社会内居于统治地位者的通例。

修己或云修身的含义，可分从立身行己和处世待人两面来说它。自己一面要精神收敛集中在自家身上，由此即进入儒家根本学问所谓"慎独"；其中有不可穷尽的学问在，非此所及详。其处世待人一面，即上文所说不向外用力者，《论语》《孟子》中多有明证：

季康子问政。子曰："政者，正也；子帅以正，孰敢不正。"

子曰："苟正其身矣，于从政乎何有；不能正其身，如正人何？"

季康子患盗，问于孔子。子曰："苟子之不欲，虽赏之不窃。"

季康子问政于孔子曰："如杀无道以就有道，如何？"子曰："子为政，焉用杀。子欲善，而民善矣。君子之德风，小人之德草；草上之风必偃。"（《论语》）

如此之类甚多，不再举。其在《孟子》书中，则有如下例：

君仁莫不仁，君义莫不义，君正莫不正，一正君而国定矣。

行有不得者，皆反求诸己。其身正而天下归之。

仁者如射。射者正己后发；发而不中，不怨胜己者，反求诸己而已矣。

以射箭为喻，来说明反求诸己之理，最见其不向外用力之旨趣。试问一般阶级社会内居于统治地位者岂能这样行事呢？奴隶主对待奴隶固不能这样，封建领主对待农奴亦不能这样，资本家对待工人都不能这样。工人若罢工，资本家即以闭厂来还击，总之是阶级斗争，彼此相交以力。然孔孟儒家却明明反乎此通例。

若问儒家是否能践行其思想主张到底呢？事实恐怕很难行其志。这就是法家所以出来大行其道之故。然而秦亡汉兴之后的两千年仍然落归儒家的天下，至少思想界如此。思想界上儒家居主位，事实上总是很难行得通，或者说半通不通。此即我夙常说周孔以来的中国文化是人类文化的早熟，导源则在古人的理性早启，盖有远在周孔之前者。

人是活的，不是死的。高明的人，其自觉能动性更强。但非所论于一般社会的一般人。一般社会是有其从低级到高级之次第发展规律的。马克思主义从社会生产方式的发展来阐明社会之次第前进：从无阶级到阶级分化，又将从阶级分别对立而到阶级消泯，完全见到了事实真际。但此却见出马克思本人自觉能动性之高强，早超出了其本阶级立场。孔孟之道实不合于一般阶级社会内居于统治地位者之通例。这不外是其人自觉能动性之高强，不局限在一般阶级立场就是了。但孔孟之道既非孔孟二人之事，而是很大一学派，导源自古，流行很远，那么，不能不说古中国人聪明太早了。其实也没有什么奇怪，不可思议。古中国从社会经济上不能不有劳心劳力的阶级分化，却其分化不那么溪刻僵凝（较为松散活动，此与其淡于宗教为一事），其阶级立场之矛盾对立就不甚（缺乏集团而家族生活偏胜）。加以其间优秀特出分子（如周孔）更发挥其通而不隔之心，在因袭中有创造，以化导乎众人，这便成为卓然有异于世界各方的中国文化。

中国文化卓异之点可以指数者甚多，而言其总纲则在以富有理性的教化代替了迷信独断的宗教如世界他方者；指其表现在社会结构间者，则在其社会阶级非固定成形，而是贵贱贫富上下流转相通。不合于阶级社会通例的孔孟之道，所以出现在此。它既是阶级不固定之果，更重要的是阶级不固定之因。

马克思主义的伟大精神就在其破除一切教条主义。凡执着于社会发展史五阶段说者，无见于中国社会历史发展属于马克思所谓亚洲社会生产方式者，不可能于中国社会文化有认识，不可能懂得什么是孔孟之道。于此而言批判孔孟，只能是卤莽灭裂，脱离了马克思主义。

我所以多半不能同意时下流行的批孔意见，既经概括地从根本上陈说于前段，此段则分就一些具体问题来说一说。

时下流行的批孔言论，总是指斥孔孟代表着一种"复辟""反动""倒退"的运动；这在表面上似乎是基于马克思主义的阶级观点而言，其实往往违反了马克思主义而不自知。如像大骂孟子"劳心者治人，劳力者治于人，劳力者食人，劳心者食于人"，即为一好例。

在我们今天正向着泯除劳心劳力的阶级分别前进，要走上社会主义道路的时候，信乎要求劳心劳力合一，那是不错。但你不能以此责备于数千年前的古人。相反地，在古代那时劳心劳力的分工原是人类社会经济发展最初最必要又最大的一步。恩格斯《反杜林论》中，就古希腊罗马奴隶制社会讲出的那一段话，难道没看见吗？杜林对奴隶制怎样发生，为什么存在，在历史上起了何种作用，全不理解，而只对奴隶主的暴力发其高度的义愤，恰是徒有情理而不达于物理。

在他冒昧出来反马克思之时，当然遭到恩格斯的反驳。请问现在的人责骂古时的孟子，这与杜林的"义愤"有何区别？

莫以为求公平，讲正义，不计时间，不计空间，不计一切条件，都是要讲求的。那样，不是马克思主义而恰是反马克思主义。《孟子》书中的许行要"贤者（贤统治者）与民并耕而食"，不要"厉民以自养"，正是这样好心肠人，他却是在开历史的倒车，终于是搞不成的事情。劳心劳力分工原是社会经济上往古大进步，属于宇宙自然演进过程，而求公平，讲正义，则属于人为的伦理过程。伦理过程后于宇宙自然过程，情理后于物理。如我前文所指出西洋人一直在顺物理走，而独中国人自古好讲情理。好讲情理的孟子，对许行的弟子陈相把经济上所以必要分工的物理讲得十分明白，正见出其非常高明通达。今人于此反加以垢病，真乃昧昧（愚昧）！

"君子劳心，小人劳力"的话，原非发于孟子，而是传之自古。古史如《左传》《国语》等书皆有可证，请参看我近著《试论中国社会的历史发展属于马克思所谓亚洲社会生产方式》一文便知。孟子不过述古，即此可见非孟子一人之高明通达，而早在古先中国人便一样通达了。这又证明我所说古中国人理性早启、文化早熟的那个话。

我们祖先既好讲情理又通达物理，确实其聪明过人，但凡事有得就有失，不可知其一，不知其二。观于孟子以通功易事来说明劳心劳力的分家，其非奴隶主与奴隶严重对立的社会固不待言，抑且未见深刻的阶级矛盾，这样，阶级斗争便为之缓和，社会发展为之耽误延宕。后来两千多年的历史落于长期淹滞、盘旋不进者，正由此早熟之为病。

时下批孔运动是由批林引起来的。因"克己复礼"像是林彪念念在心的大事，时论便集中批判孔子的"克己复礼"，认为孔子是要复周礼，林彪要复辟资本主义。林彪搞复辟不足论，误以为孔子怀抱复古倒退思想则不容不辩。

"克己复礼"是孔子答颜渊问仁所说的话。"仁者，人也"；"我欲仁，斯仁至矣"。诸弟子之问仁，皆就个人自己生活修养而问，不涉及社会制度。孔子回答的话亦各就其人而指点之，不涉及社会制度。把"复礼"解释为要复周代之礼，全然不对。此其一。

理性主义者——以理性为依归，实事求是，何有所执着。孔子虽重视礼文，礼文却以情理为其内容。此即是说：礼文的本质在情理。情不足而装饰以繁文缛节是最有害不过的。孔子说"礼与其奢也，宁俭；丧与其易也，宁戚"；又说"为礼不敬，临丧不哀，吾何以观之哉"！试看《论语》内有关文与质的那些说话，就可明白。孔子认真在情理上，而断不执着于任何徒有其表的礼貌仪文，又何必定要恢复周代之礼？此其二。

然而孔子钦佩周公，深爱其礼乐制作，自属事实。这正因吾族文化早熟（如我所说），其制作含义深厚，可为典则而来。又须知儒墨诸家各思"以其道易天下"，托古改制是其恒情。康有为著有《孔子改制考》一书，其言未可全信，却亦足备参考。此其三。

时论既误解"克己复礼"为恢复周礼，又误指周代为奴隶制社会，便谓孔子身当奴隶制封建制交替之际出而卫护奴隶制，自属误上加误。孔子之时是阶级社会却非是奴隶制的，近撰《试论中国社会的历史发展属于马克思所谓亚洲社会生产方式》一文辩之甚明，请参看。此其四。

上文曾说农工生产劳动不在孔门教学范围之内，如《论语》所载孔子曾受"四体不勤，五谷不分"之讥，时论因即引此以批孔。读者知道我们今天进行教育改造，那是必要学生参加生产劳动的；但此岂所以追论数千年之往古？大可注意者，倒是在孔门毫无贱视生产劳动的形迹（如像古希腊罗马那样），门人既以学农学圃为请，孔子则回答说"吾不如老农""吾不如老圃"，古中国人之高明通达不于此可见乎？

批孔漫及于后儒，类如所谓"三纲（君为臣纲，父为子纲，夫为妻纲）五常（仁、义、礼、智、信）"者皆出自后儒，其在近两千年的传统文化社会秩序是起着莫大作用的。若论其利弊得失，乃至孔子的功罪，可分三层来说：

三纲五常的老话，在今天中国早无从谈起——从辛亥革命和五四运动以来早经抛弃——然而不管你喜欢不喜欢，它在过去两千年起着莫大作用，这一客观事实，谁能否认？

任何事物（社会礼俗在内）总为人所需要而后存在。它存在，而且存在如此之久，就证明它有用，有合于社会需要。它曾长期地维持着社会秩序，让人们从事生产和生活。我民族生命之无比绵长，我民族单位之无比拓大，未始不有赖于此。那么，它所起的作用是好是坏呢？可能有得亦有失，且由人去论定吧。

假如说它是"吃人礼教"，起着坏作用，孔子亦不任其咎。正如同一切学马克思主义者若陷于教条主义的错误，马克思绝不任其咎；那么，后世所形成的礼教，又何得归罪孔子？——孔子是理性主义者，反对教条主义，已说明于前文。再掉转来说，世间一切错误——一切偏执太过之行事——皆从正确引起来的，真正通达的人又何必为儒家规避谴责——以上为第一层。

"民为贵，社稷次之，君为轻""君之视臣如手足，则臣视君如腹心；君之视臣如犬马，则臣视君如国人；君之视臣如土芥，则臣视君如寇仇"——这是孟子明白说过的话，凡旧日读四书的人都念过的。你把吃人礼教和孔孟之道作为一事，岂得谓平？如其孔孟之道就是吃人礼教，吃人礼教就是孔孟之道，则数千年来中国人早被吃光死光，又岂能有民族生命无比绵长，民族单位无比拓大之今日？

显见得孔孟之道自有其真，中华民族几千年实受孔孟理性主义（非宗教独断）之赐；不过后来把生动的理性、活泼的情理僵化了，使得忠孝贞节泥于形式，浸失原意，变成统治权威的工具，那就成了毒品而害人。三纲五常所以被诅咒为吃人礼教，要即在此。

情理何由而僵化了呢？此即由情理的礼俗化。当一种情理（例如忠或孝）被看成是有用的好东西，群求其通行而成为风尚，由风尚而形成礼俗。一切礼俗法制都是社会生活所必须资藉的方法工具，它总有某种程度的固定性和形式化乃便于依据循从，那亦就开头僵化了。然礼俗形成之初，活气未大失，还是好的；日久机械化、惰性加重，便有积重难返之势。末流所至或竟尔不恤人情，有大背情理者。此社会文化老衰之为病，任何个人难负其责；讵可责怪于往昔贤哲？

相反地，正为往昔贤哲倡导了理性，自有僵而不死者在，为其后复苏的根本，乃出现三纲五常的老话被抛弃的后来局面。此不独辛亥革命宣传得力于明儒黄黎洲《明夷待访录》，不独五四运动的孕育和发生端赖蔡元培（进士、翰林）之主持北京大学，试数看以往历史上革新变法的人物孰非读孔孟书的儒士。今必以腐儒、陋儒，那些偏执欠通之人代表儒家，以复辟倒退、反动等罪名强加于儒家，岂足以服人？

中国文化与中国青年

文 | 钱　穆

[钱穆（1895—1990），江苏无锡人，历史学家、教育家、国学大师。本文摘编自《大公报》"星期论文"专栏，1941年11月]

国人对于东西文化之讨论，已历有年矣。或主文化无分中外，惟别古今。秦以来之中国，实相当于西洋之中古时期，是不啻谓中国进化落后，再走一步始成现代化之西洋。其文化之先后，即文化之高下也。此盖本诸西洋进化派人类学家之主张。或谓中国当急速全盘西方化，此则视文化如商货，谓可携挟稗贩，自彼而至此。其意近于西国文化播散论者之见解。是果有当于东西文化之真象乎？抑切合于中国之实情乎？此姑皆不论。要之进化论与播散论之两派，已为彼中谈文化者已往之陈言，迭经驳正，不足复据。盖此两说，有一共同谬误，即蔑视文化之个性是也。若就世界现存文化别类分型，则断当以中国、印度、欧西为三大宗，时贤主其说者以梁漱溟之《东西文化及其哲学》一书为最著。梁书颇滋非难，然谓中印欧三方文化各有个性，则其论殆无以易也。

夫文化不过人生式样之别名，举凡风俗习惯信仰制度，人生所有事皆属之，则世界各民族文化繁颐，居可想像。而必举中印欧为世界文化之三型者，盖论文化首当重二义：一者文化当为大群众所有，二则文化必具绵历性。当吾世而求其推广群，历永世，可资衡论者，则无逾中印欧三方。而之三方者，又各自有其独特之个性，然而亦复有其共通之精神焉。其所独者不能外其通，亦必明其通而其所谓独者随以显。文化之通则，必在其大群众有以泯其内部小我个己之自封限，自营谋，一切自私自利心，而能相互掬其真情以为群，夫而后其群乃可大，乃可以绵历而臻于久。否然者，分崩离析，如冰之泮，如花炮之爆放，刹那暂现，且不瞬息而解消以至于灭尽。其所以泯小我封限营谋自私利之心者，则仍必探本人之内心本性之所固有，就其当境呈露而为教。否则如沐猴而冠，其势亦不常。此人之内心本性所固有，而以泯其小我封限营谋自私利之心域，在孔门儒家则谓之仁。非仁无以美，非美无以久，非久无以化，非化无以成文。是为人类文化之大源，亦即人类文化之通性。而人心之仁之当境发露，则又时时随其年寿对境而有异。大较言之，青年少年常见其为孝，壮年中年常见其为爱，老年晚年常见其为慈。曰孝，曰爱，曰慈，皆仁也。青年无不知孝父母，壮年无不知爱配偶，老年无不知慈伦类。就其当境发露于不自觉之际，而亲切指点以为教，使其恍然于所以破封限，豁营谋，解脱其自私利之心，以直达夫明通公溥者，循是而推之，而仁不可胜用矣。中印欧三方文化大流，莫不汲源于此，而各有其所偏。大抵中国主孝，欧西主爱，印度主慈。故中国之教在青年，欧西在壮年，印度在老年。我姑赐以嘉名，则中国乃青年性的文化，欧西为壮年性的文化，而印度则老年性的文化也。又赠之以美誉，则中国为孝的文化，欧西为爱的文化，而印度为慈的文化。中国之孝弟，西洋之恋爱，印度之慈悲，各得仁之一面。见其独，可以会其通，固未有舍人心之仁而可以搏大然而演永化者。

哥德，北欧文学之圣也，著少年维特之书，维特以爱绿蒂而自杀。夫以一男爱一女，不能自解脱，而至于杀身以殉，其事在中国、印度皆不可以为训，而欧洲人读者，莫不奉其书为文学之圣。岂不以男女相爱，正为彼中一大教？抑且为彼土文化一柱石？方维特之爱绿蒂，维特仅知有绿蒂，不知有维特也。方维特之自杀，维特仅知有对绿蒂之爱，亦惟此可以掬出其中心之爱，使之发达而成全。在彼知有爱，不知有自杀也。维特之烦恼，非人人之所有，而维特之爱，则凡壮年男女皆有之。人必具此而后有以破小我之封限，豁其营谋，解脱其自私利之缠缚，而直入于无人我之仁。亦必人人具此，而后可以相与结成大群以演进此灿烂之文化。哥德特借此以为教，彼其深入人心者，即文化之所资以发皇而茂遂，则彼乌得而不为文学之圣者，其书又乌得而不为文学之上乘。

有中国青年攘臂扼腕于吾侧，曰："有是哉！子之言也。我常读少年维特之书，而吾心戚戚焉，奈何吾中国独长期束缚于儒家之礼教，抹杀人性，使之恹恹无生气。"嗟彼青年，乃羔羊之迷途者也。今之青年，好言恋爱，好言浪漫，我请举中国之浪漫恋爱史以告。孟子曰："舜往于田，号泣于旻天。为不顺于父母，如穷人无所归。天下之士悦之。妻帝之二女，富有天下，贵为天子，无足以解忧，惟顺于父母可以解忧。"又曰："人少则慕父母，知好色则慕少艾，有妻子则慕妻子，仕则慕君，大孝终身慕父母。五十而慕者，予于大舜见之。"读者试冥心思焉，若移瞽瞍为绿蒂，则大舜即维特也。大舜之号泣，何异于维特之烦恼。惟一则为父母之孝，一则为匹配之爱而已。然则中国相传"二十四孝"以及"百孝"之故事，即抵一部西洋浪漫恋爱小说之汇编，此亦中国文化之柱石也。若谓礼教可以吃人，维特之自杀，非即恋爱之吃人乎？印度佛门弟子之舍身殉法者多矣，非即慈悲之吃人乎？古兵法有之："置之死地而后生。"孔子曰："志士仁人，有杀身以成仁，无求生以害仁。"彼见有仁而已，何辨于死生？夫必如是，而后其群乃得以永生而成化。今之青年，闻孝弟则颦蹙而咒诅，闻恋爱则倾倒而讴歌，安在其不为羔羊之迷途？

或曰子言辨矣，我诚无以折。然孟子何不为近人情，效哥德之教人为维特之爱,而顾独教人为大舜之孝?曰:善哉问!此固中印欧三方文化渊源之所异,请详言以毕吾说。中华民族起于黄河两岸之大平原,此大陆农业乡村文化之征也。欧西文化源自希腊罗马,是为海洋商业城市文化。二者绝不同。农村之特征,生于斯,长于斯,老于斯,聚子孙于斯,筑坟墓于斯,安土而重迁,效死而弗去。故农业民族之生命,常带青年性。何以谓之青年性,以其为子弟之时间也持久。古日五口之家,则一夫一妇或一老而二幼,或一幼而二老。又曰八口之家,则一夫一妇上事老,俯畜幼,而又有兄弟之比肩而同室也。此无论幼者之为子弟,即彼一夫一妇为一家之主者,亦既上事老人,则仍为子弟,仍是青年也。大舜五十慕父母,是大舜五十而不失其为子弟之心境,则五十而青年也。故曰:"大人者,不失其赤子之心。"即大人而青年也。滨海商业民族之情则异是。商人轻离别,唐之诗人已咏之,而滨海商人为尤甚。风帆远往,瞬息千里,长途涉险,存亡不卜。吾尝游于闽海之涯,问其渔村之习俗,夫出三月而不返,妻即别嫁,此非农村人情之所堪。晋重耳诫其妻曰:"待我二十五年不来而后嫁。"其妻曰:"我二十五年矣,又二十五年而后嫁,则就木矣,请待子。"狐死正首丘,农民之必返其故乡,乃使其妻守死以终待。航海驾涛者不必返,乃使其妻别嫁不终待。夫妇之伦既别,父子之情亦异。滨海之民,无老无少,莫不有子身长往之想。流离变迁是其常,家人团圆,非所思存。故其青年之与老人,皆有自由独立之概,皆壮年也,其一生之为壮年期者独久,故曰商业民族常带壮年性。中国与西欧之异在是,而印度复不然。地居热带,民性早熟,十五六即抱子女为父老,三四十称寿考焉。当净饭王子以二十九岁一青年幽居宫庭,而其意想已臻老境,故曰:"我见一切世间诸行,尽是无常。"其人生观如是,故舍一切世俗众事,远离亲族,以求解脱,舍家而去,此全是老人态也。又其土肥沃,其产丰饶,不烦力穑,不烦远贾,而生事自足。兼以气候郁蒸,故其民常如老人之倦怠。然则印人之一生,独以老年为特久,故曰其带老年性。

三方环境不同，斯其巨人硕德之所以施教者亦别，而文化演进遂有分道扬镳异途并骛之势。孔子，中国之大圣，"其为人也，发愤忘食，乐以忘忧，不知老之将至"，是孔子终身常带一种青年气度。《论语》，中国之大典，二十篇首《学而》，子曰："学而时习之，不亦悦乎？有朋自远方来，不亦乐乎？"有子曰："孝弟为仁之本"曾子曰："吾日三省吾身，为人谋，而不忠乎？与朋友交，而不信乎？传，不习乎？"是孔门师弟子教训皆主为青年发。《论语》即一部青年宝训也。苏格拉底之教，主怀疑，尚对辩，此壮年人平等相与之态度也。亚里斯多德之名言曰"我爱吾师，我尤爱真理"，此壮年人自信自立之气概也。孔子问伯鱼之泣，其门弟子之辞归而养亲者十有三人。耶稣门徒愿归葬其亲，耶稣曰："汝自随我，且俾死者自葬其死。"或问耶稣："人可以休妻耶？"耶稣曰："初造人类者，既造男，又造女，人当离其父母，而夫妇结为一体。"又曰："丈夫当爱其妻如己体，故当离其父母而向其妻，二人连结如一体。"耶稣传教于沙漠海滨之商民与渔人，非奖其离父母，不足以作其壮往之气；非奖其恋配偶，不足以凝其生生之运。故耶稣以离弃父母恋爱配偶为教，终为欧西一大教主。释迦以离弃父母并离弃其配偶为教，而亦成为印度一大教主。然此皆不足以推行于大陆农村之民族。有居大陆农国而推行是者，其人曰秦相商鞅。虽邀一时之利，而终不胜其弊。汉儒贾谊极言之，曰："商君遗礼义，弃仁恩，并心于进取，行之二岁，秦俗日败。故秦人家富子壮则出分，家贫子壮则出赘。借父耰锄，虑有德色。母取箕帚，立而谇语。抱哺其子，与公并倨。妇姑不相说，则反唇而相讥。其慈子言利，不同禽兽者亡几。"何以耶稣、释迦唱之为教主，而商君行之资垢病？岂不以农村社会其势常聚而不散。父子虽分居，而田亩相毗接，屋庐相鳞比。父缺耰锄则借之子，母乏箕箒则丐诸妇。离弃其仁恩，而不能隔绝其声息之相通，不能断割其货财之相利。则是教之为不仁。乌有人之不仁而可以群而久者？君子见牛不见羊，则以羊易牛。父母宁不如一牛！然则中国人不言孝，何来有中国五千年绵历不断之文化？

由是言之，中印欧三方文化之各异其趋，乃天地自然之机局，而非一二人之私智所得而操纵。然使割截人生青年、壮年、老年为三期而许我择其一，则我必愿为青年。使横裂中国、印度、欧洲之三界而许我选其一，则我必乐居中国焉。何者？青年可以望壮，壮者可以望老，而老者不再壮，壮者不再青。孝其父母，岂有不爱其配偶，慈其伦类？今曰离弃父母而向汝妻，又曰出家绝俗而归汝真，舍此以趋彼，故欧土不言孝，佛徒不言爱，是中国得其全，而印欧得其偏。中国如新春，前望皆生成也；欧土如盛夏，前望则肃杀矣；印度如深秋，前望则凝寂矣。故中国居其久，而印欧居其暂。或疑青年柔弱，不敌壮者之刚强，是亦不然。壮者强于气而薄于情，孔子曰"血气方刚，戒之在斗"，其病在于急占有而易分裂。青年柔于情而厚于爱，孔子曰"血气未定，戒之在色"。然而有强者起于旁，则子弟之护其父兄，常不啻手足之捍头目。其长在于团结而不散。最近三十年来欧洲两大战争接踵而起，而中国几年之抗日战争，乃以至弱拒至强，此皆其明征大验也。中国亦有唱壮年之教者曰墨翟，中国亦有唱老年之教者曰老聃，然而为中华民族文化之教宗者惟孔子。凡沐浴熏陶于孔子孝弟之教者，终其身一青年也。可爱哉！中国之文化。可羡哉！中国之青年。

然而我窃观于今日中国之青年则异是。攘臂疾呼以自号曰："吾青年，吾青年矣。抑其所拜蹈歌颂者，则曰平等，曰自由，曰独立，曰奋斗，曰恋爱，曰权利，此皆壮年人意气也。然则如何而始为青年？孔子曰："弟子入则孝，出则弟，谨而信。泛爱众而亲仁。"子夏曰："贤贤易色，事父母能竭其力，事君能致其身。与朋友交，言而有信。"孔子，青年之模楷。《论语》，青年之宝典也。此吾先民精血之所贯注，吾国家民族文化之所托命。迷途之羔羊，吾谨洁香花美草荐以盼其返矣。

中国文化之精神

文 | 林语堂

[林语堂（1898—1976），福建漳州人，作家、学者、翻译家、语言学家。本文摘编自《励志人生》，陕西师范大学出版社，2002年]

此篇原为对英人演讲，兹译成中文发表，类多恭维东方文明之语。保身之道既莫善于此，博国人之欢心；又当以此为上策，故文债期到，毅然移译，然一执笔，又有无限感想，油然而生。

东方文明，余素抨击最烈，至今仍主张非根本改革国民懦弱萎顿之根性、优柔寡断之风度、敷衍透迤之哲学，而易以西方励进奋图之精神不可。然一到国外，不期然引起心理作用，昔之抨击者一变而为宣传，宛然以我国之荣辱为个人之荣辱，处处愿为此东亚病夫作辩护，几沦为通常外交随员，事后思之，不觉一笑。

东方文明、东方艺术、东方哲学，本有极优异之点，故欧洲学者，竟有对中国文化引起浪漫的崇拜，而于中国美术尤甚。普通学者，于玩摩中国书画古玩之余，对于画中人物爱好之诚，或与欧西学者之思恋古代希腊文明同等。余在伦敦参观 Eumorphopulus 私人收藏中国磁器，见一座定窑观音，亦神为之荡。中国之观音与西洋之玛妲娜（圣母），同为一种宗教艺术之中心对象，同为一民族艺术想象力之结晶，然平心而论，观音姿势之妍丽，褶文之飘逸，态度之安祥，神情之娴雅，色泽之可爱，私人认为在西洋最名贵玛妲娜之上。吾知吾生为欧人，对中国画中人物，亦必发生思恋。然一返国，则又起异样感触，始知东方美人，固一麻子也，远视固体态苗条，近视则百孔千疮，此又一回国感想也。

中国今日政治经济工业学术，无一不落人后，而举国正如醉如痴，连年战乱，不恤民艰，强邻外侮之际，且不能释然私怨，岂非亡国之征？正因一般民众与官僚，缺乏彻底改过革命之决心，党国要人，或者正开口浮屠，闭口孔孟，思想不清之国粹家，又从而附和之，正如富家之纨袴子弟，不思所以发挥光大祖宗企业，徒日数家珍以夸人。吾于此时，复作颂扬东方文明之语，岂非对读者下麻醉剂，为亡国者助声势乎？中国国民，固有优处，弱点亦多。若和平忍耐诸美德，本为东方精神所寄托，然今日环境不同，试问和平忍耐，足以救国乎，抑适足以为亡国之祸根乎？国人若不深省，中夜思过，换和平为抵抗，易忍耐为奋斗，而坐听国粹家之催眠，终必昏聩不省，寿终正寝。愿读者就中国文化之弱点着想，毋徒以东方文明之继述者自负，中国始可有为。

我在未开讲之先，要先声明本演讲之目的，并非自命为东方文明之教士，希望使牛津学者变为中国文化之信徒。惟有西方教士才有这种胆量，这种雄心。胆量与雄心，固非中国人之特长。必欲执一己之道，使异族同化，于情理上，殊欠通达，依中国观点而论，情理欠通达，即系未受教育。所以鄙人此讲依旧是中国人冷淡的风光本色，绝对没有教士的热诚，既没有野心救诸位的灵魂，也没有战舰大炮将诸位击到天堂去。诸位听完此篇所讲中国文化之精神后，就能明了此冷淡与缺乏热诚之原因。

我认为我们还有更高尚的目的，就是以研究态度，明了中国人心理及传统文化之精要。卡来尔有名言说："凡伟大之艺术品，初见时必觉令人不十分舒适。"依卡氏的标准而论,则中国之"伟大"固无疑义。我们所讲某人伟大,即等于说我们对于某人根本不能明了,宛如黑人听教士讲道,越不懂,越赞叹教士之鸿博。中国文化,盲从颂赞者有之,一味诋毁者有之,事实上却大家看他如闷葫芦,莫名其妙。因为中国文化数千年之发展,几与西方完全隔绝,无论大小精粗,多与两方背道而驰。所以西人之视中国如哑谜,并不足奇,但是私见以为必欲不懂始称为伟大,则与其使中国被称为伟大,莫如使中国得外方之谅察。

我认为,如果我们了解中国文化之精神,中国并不难懂。一方面,我们不能发觉中国崇拜者梦中所见的美满境地;另一方面也不至于发觉,如上海洋商所相信中华民族只是土匪流氓,对于他们运输入口的西方文化与沙丁鱼之功德,不知感激涕零。此两种论调,都是起因于没有清楚的认识。实际上,我们要发觉中华民族为最近人情之民族,中国哲学为最近人情之哲学,中国人民,固有他的伟大,也有他的弱点,丝毫没有邈远玄虚难懂之处。中华民族之特征,在于执中,不在于偏倚,在于近人之常情,不在于玄虚理想。中华民族,颇似女性,脚踏实地,善谋自存,好讲情理,而恶极端理论,凡事只凭天机本能,糊涂了事。凡此种种,颇与英国民性相同。西塞罗曾说,理论一贯者乃小人之美德,中英民族都是伟大,理论一贯与否,与之无涉。所以理论一贯之民族早已灭亡,中国却能糊涂过了四千年的历史。英国民族果能保存其著名"糊涂渡过难关"(somehow muddle through)之本领,将来自亦有四千年光耀历史无疑。中英民性之根本相同,容后再讲。此刻所要指明者,只是说中国文化,本是以人情为前题的文化,并没有难懂之处。

倘使我们一检查中华民族,可发见以下优劣之点。在劣的方面,我们可以举出,政治之贪污,社会纪律之缺乏,科学工业之落后,思想与生活方面留存极幼稚野蛮的痕迹,缺乏团体组织团体治事的本领,好敷衍不彻底之根性等。在优的方面,我们可以举出历史的悠久继长,文化的一统、美术的发达（尤其是诗词、书画、建筑、磁器），种族上生机之强壮、耐劳、幽默、聪明，对文士之尊敬，热烈的爱好山水及一切自然景物，家庭上之亲谊，及对人生目的比较确切的认识。在中立的方面，我们可以举出守旧性、容忍性、和平主义及实际主义。此四者本来都是健康的征点，但是守旧易致于落伍，容忍则易于妥洽，和平主义或者是起源于体魄上的懒于奋斗，实际主义则凡事缺乏理想，缺乏热诚。统观上述，可见中华民族特征的性格大多属于阴的、静的、消极的，适宜一种和平坚忍的文化，而不适宜于进取外展的文化。此种民性，可以"老成温厚"四字包括起来。

在这些丛杂的民性及文化特征之下，我们将何以发见此文化之精神，可以贯穿一切，助我们了解此民性之来源及文化精英所寄托？我想最简便的解释在于中国的人文主义，因为中国文化的精神，就是此人文主义的精神。

"人文主义"（Humanism）含义不少，讲解不一。但是中国的人文主义（鄙人先立此新名词）却有很明确的含义。第一要素，就是对于人生目的与真义有公正的认识。第二，吾人的行为要纯然以此目的为指归。第三，达此目的之方法，在于明理即所谓事理通达，心气和平（spirit of human reasonableness）即儒家中庸之道，又可称为"庸见的崇拜"（religion of conmmonsense）。

中国的人文主义者，自信对于人生真义问题已得解决。自中国人的眼光看来，人生的真义，不在于死后来世，因为基督教所谓此生所以待毙，中国人不能了解；也不在于涅槃，因为这太玄虚；也不在于建树勋业，因为这太浮泛；也不在于"为进步而进步"，因为这是毫无意义的。所以人生真义这个问题，久为西洋哲学宗教家的悬案，中国人以只求实际的头脑，却解决的十分明畅，其答案就是在于享受淳朴生活，尤其是家庭生活的快乐（如父母俱存兄弟无故等），及在于五伦的和睦。"暮从碧山下，山月随人归"，或是"云淡风轻近午天，傍花随柳过前川"。这样淡朴的快乐，自中国人看来，不仅是代表含有诗意之片刻心境，乃为人生追求幸福的目标。得达此境,一切泰然。

　　这种人生理想并非如何高尚,也不能满足哲学家玄虚的追求,但是却来得十分实在。愚见这是一种异常简单的理想,因其笄常简单,所以非中国人的实事求是的头脑想不出来,而且有时使我们惊诧,这样简单的答案7西洋人何以想不出来。鄙见中国与欧洲之不同,即欧人发明町享乐之丰物H新月异,却较少有消受享乐的能力,而中国人在单纯的环境中,据有消受享乐之能力与决心。

　　此为中国文化之一大秘诀。因为中国人能明知足常乐的道理,又有今朝有酒今朝醉,处处想偷闲行乐的决心,所以中国人生活求安而不求进,既得目前可行之乐,即不复追求似有似无疑实疑虚之功名事业。所以中国的文化主静,与西人勇往直前跃跃欲试之精神大相迳庭。主静者,其流弊在于颓丧潦倒,然兢兢业业熙熙攘攘者,其病在于常患失眠。人生究竟几多日,何事果值得失眠乎?诗人所谓共谁争岁月,赢得鬓边髯。伍廷芳使美时,有美人对伍氏叙述某条铁道造成时,由费城到纽约可省下一分钟,言下甚为得意,伍氏淡然问他:"但是此一分钟省下来时,作何用处?"美人瞠目不能答复。伍氏答语最能表示中国人文主义之论点。因为人文主义处处要问明"你的目的何在,何所为而然"。这样的发问,常会发人深省的。譬如英人每讲户外运动以求身体舒适(keeping fit),英国有名的滑稽周报 *Punch* 却要发问:"舒适做什么用?"(fit for what?)(原双关语意为:"配做什么用?")依我所知这个问题到此刻还没回答,且要得到完满的回答,也要有待时日。厌世家曾经问过,假使我们都知道所干的事是为什么,世上还有人肯去干事吗?譬如我们好讲妇女解放自由,而从未一问,自由去做甚?中国的老先生坐在炉旁大椅上要不敬的回答:自由去婚嫁。这种人文主义冷静的态度,每易煞人风景,减少女权运动者之热诚。同样的,我们每每提倡普及教育,平民识字,而未曾疑问,所谓教育普及者,是否要替《每日邮报》及 Beaver bmko 的报纸多制造几个读者?自然这种冷静的态度,易趋于守旧,但是中西文化精神不同之情形，确是如此。

其次，所谓人文主义者，原可与宗教相对而言。人文主义既认定人生目的在于今世的安福，则对于一切不相干问题一概毅然置之不理。宗教之信条也，玄学的推敲也，都摒弃不谈，因为视为不足谈。故中国哲学始终限于行为的伦理问题，鬼神之事，若有若无，简直不值得研究，形而上学的哑谜，更是不屑过问。孔子早有"未知生焉知死"之名言，诚以生之未能，遑论及死。我此次居留纽约，曾有牛津毕业之一位教师质问我，谓最近天文学说推测，经过几百万年之后太阳渐灭，地球上生物必歼灭无遗，如此岂非使我们益发感到魂灵不朽之重要。我告诉他，老实说我个人一点也不着急。如果地球能再存在五十万年，我个人已经十分满足。人类生活若能再生存五十万年，已经尽够我们享用，其余都是形而上学莫须有的麻烦。况且一人的灵魂可以生存五十万年，尚且不肯干休，未免夜郎自大。所以牛津毕业生之焦虑，实足代表日耳曼族心性，犹如个人之置五十万年外事物于不顾，亦足代表中国人的心性。所以我们可以断言，中国人不会做好的基督徒，要做基督徒便应入教友派（Quakers），因为教友派的道理，纯以身体力行为出发点，一切教条虚文，尽行废除，如废洗礼、废教士制等。佛教之渐行中国，结果最大的影响，还是宋儒修身的理学。

人文主义的发端，在于明理。所谓明理，非仅理智理论之理，乃情理之理，以情与理相调和。情理二字与理论不同，情理是容忍的、执中的、凭常识的、论实际的，与英文 commonsense 含义与作用极近。理论是求彻底的、趋极端的，凭专家学识的、尚理想的。讲情理者，其归结就是中庸之道。此庸字虽解为"不易"，实即与 commonsense 之 common 原义相同。中庸之道，实即庸人之道，学者专家所失，庸人每得之。执理论者必趋一端，而离实际，庸人则不然，凭直觉以断事之是非。事理本是连续的、整个的，一经逻辑家之分析，乃成断片的，分甲之丙丁等方面，而事理之是非已失其固有之真相。惟庸人综观一切而下以评判，虽不中，已去实际不远。

中庸之道即以明理为发端，所以绝对没有玄学色彩，不像西洋基督教整个道学以一段神话为基础。（按《创世纪》第一章记始祖亚当吃苹果犯罪，以致人类于万劫不复，故有耶稣钉十字架赎罪之必要。假使亚当当日不吃苹果，人类即不堕落，人类无罪，赎之谓何，耶稣降世，可一切推翻，是全耶稣教义基础，系于一粒苹果之有无。保罗神学之论理基础如此，不亦危乎？）人文主义的理想在于养成通达事理之士人。凡事以近情理为目的，故贵中和而恶偏倚，恶执一、恶狂狷、恶极端理论。罗素曾言："中国人于美术上力求细腻，于生活上力求近情"（In art they aim at being exquiste, and in life at being reasonable 见《论东西文明之比较》一文）。在英文，所谓 do be reasonable 即等于"毋苛求""毋迫人太甚"。对人说"你也得近情些"，即说"勿为已甚"。所以近情，即承认人之常情，每多弱点，推己及人，则凡事宽恕容忍，而易趋于妥洽。妥洽就是中庸，尧训舜"允执其中"，孟子曰"汤执中"，《礼记》曰"执其两端，用其中于民"，用白话解释就是这边听听，那边听听，结果打个对折，如此则一切一贯的理论都谈不到。譬如父亲要送儿子入大学，不知牛津好，还是剑桥好，结果送他到伯明罕。所以儿子由伦敦出发，经过不烈出来，不肯东转剑桥，也不肯西转牛津，便只好一直向北坐到伯明罕。那条伯明罕的路，便是中庸之大道。虽然讲学不如牛津与剑桥，却可免伤牛津剑桥的双方好感。明白这条中庸主义的作用，就可以明白中国历年来政治及一切改革的历史。季文子三思而后行，孔子评以再斯可矣，也正是这个中和的意思，再三思维，便要想入非非，可见中国人，连用脑都不肯过度。故如西洋作家，每喜立一说，而以此一说解释一切事实。例如亨利第八之娶西班牙特琳公主，Froude 说全出于政治作用，Bishop Creightoon 偏说全出于色欲的动机。实则依庸人评判，打个对折，两种动机都有，大概较符实际。又如犯人行凶，西方学者，唱遗传论者，则谓都是先天不是；唱环境论者，又谓一切都是后天不是在我们庸人的眼光，打个对折，岂非简简单单先天后天责任要各负一半？中国学者则小有此种极端的论调。如 Picasso（毕加索）拿 Cezannft（塞尚）一句本来有理的话，说一切物体都是三角形、圆锥形、立方体所并成，而把这句话推至极端，创造立体画一派，在中国人是方不会有的。因为这样推类至尽，便是欠中庸，便是欠庸见（commonsense）。

因为中国人主张中庸，所以恶趋极端，因为恶趋极端，所以不信一切机械式的法律制度。凡是制度，都是机械的、不徇私的、不讲情的，一徇私讲情，则不成其为制度。但是这种铁面无私的制度与中国人的脾气，最不相合。所以历史上，法治在中国是失败的。法治学说，中国古已有之。但是总得不到民众的欢迎。商鞅变法，蓄怨寡恩，而卒车裂身殉。秦始皇用李斯学说，造出一种严明的法治，得行于羌夷势力的秦国，军事政制，纪纲整饬，秦以富强，但是到了秦强而有天下，要把这法治制度行之于中国百姓，便于二三十年中全盘失败。万里长城，非始皇的法令筑不起来，但是长城虽筑起来，却已种下他亡国的祸苗了。这些都是中国人恶法治，法治在中国失败的明证，因为绳法则不能徇情，徇情则无以立法。所以儒家唱尚贤之道，而易以人治，人治则情理并用，恩法兼施，有经有权，凡事可以"通融""接洽""讨情""敷衍"，虽然远不及西洋的法治制度，但是因为这种人治，适宜于好放任自由个人主义的中华民族，而合于中国人文主义的理论，所以两千年一直沿用下来，至于今日，这种通融、接洽、讨情、敷衍，还是实行法治的最大障碍。

但是这种人文主义虽然使中国不能演出西方式的法治制度，在另一方面却产出一种比较和平容忍的文化，在这种文化之下，个性发展比较自由，而西方文化的硬性发展与武力侵略，比较受中和的道理所抑制。这种文化是和平的，因为理性的发达与好勇斗狠是不相容的。好讲理的人，即不好诉之武力，凡事趋于妥洽，其弊在怯。中国互相纷争时，每以"不讲理"责对方，盖默认凡受教育之人都应讲理。虽然有时请讲理者是为拳头小之故。英国公学，学生就有决斗的习惯，胜者得意，负者以后只好谦让一点，俨然承认强权即公理,此中国人所最难了解者。即决斗之后,中外亦有不同,西人总是来的干脆,行其素来彻底主义,中国人却不然,因为理性过于发达,打败的军人,不但不枭首示众,反由胜者由国帑中支出十万元买头等舱位将败者放洋游历,并给以相当名目,不是调查卫生,便是考察教育,此为欧西各国所必无的事。所以如此者,正因理性发达之军人深知天道好还,世事沧桑,胜者欲留后日合作的地步;败者亦自忍辱负重,预做游历归来亲善携手的打算若此的事理通达,若此的心气和平,固世界绝无而仅有也。所以少知书识字的中国人,认为凡锋芒太露,或对敌方"不留余地"者为欠涵养,谓之不祥。所以凡尔赛条约,依中国士人的眼光看来便是欠涵养。法人今日之所以坐卧不安时做恶梦者,正因定凡尔赛条约时没有中国人的明理之故。

但是我也须指出,中国人的讲理性,与希腊人之"温和明达"(sweetness and light)及西方任何民性不同。中国人之理性,并没有那么神化,只是庸见之崇拜(religion of commonsense)而已。自然曾参之中庸与亚里斯多德之中庸,立旨大同小异。但是希腊的思想风格与西欧的思想风格极相类似,而中国的思想却与希腊的思想大不相同。希腊人的思想是逻辑的、分析的,中国人的思想是直觉的、组合的。庸见之崇拜,与逻辑理论极不相容,其直觉思想,颇与女性近似。直觉向来称为女人的专利,是否因为女性短于理论,不得而知。女性直觉是否可靠,也是疑问,不然何以还有多数老年的从前贵妇还在蒙地卡罗赌场上摸摸袋里一二法郎,想要碰碰造化?但是中国人思想与女性,尚有其他相同之点。女人善谋自存,中国人亦然。女人实际主义,中国人亦然。女人有论人不论事的逻辑,中国人亦然。比方有一位虫鱼学教授,由女人介绍起来,不是虫鱼学教授,却是从前我在纽约时死在印度的哈利逊上校的外甥。同样的,中国的推事头脑中的法律,并不是一种抽象的法制,而是行之于某黄上校或某郭军长的未决的疑问。所以遇见法律不幸与黄上校冲突时总是法律吃亏。女人见法律与她的夫婿冲突时,也是多半叫法律吃亏。

在欧洲各国中，我认为英国与中国民性最近，如相信庸见，讲求实际等。但是英国人比中国人相信系统制度，兼且在制度上有特殊的成绩，如英国银行制度、保险制度、邮务制度，甚至香槟跑马的制度。若爱尔兰的大香槟，不用叫中国人去检勘票号（count the counterfoils），就是奖金都送给他，也检不出来。至于政治社会上，英国人向来的确是以超逸逻辑，凭恃庸见，只求实际著名。相传英人能在空中踏一条虹，安然度过。譬如剜肉医疮式补缀集成的英人杰作——英国的宪法——谁也不敢不佩服的，谁都承认它只是捉襟见肘顾前不顾后的补缀工作，但是实际上，他能保障英人的生命自由，并且使英人享受比法国、美国较实在的民治。我们既在此地，我也可以顺便提醒诸位，牛津大学是一种不近情理的凑集组合历史演变下来的东西，但是同时我们不能不承认他是世界最完善最理想的学府之一。但是在此地，我们已经看出中英民性的不同，因为必有相当的制度组织，这种的伟大创设才能在几百年中继续演化出来。中国人却缺这种对制度组织的相信。我深信中国人若能从英人学点制度的信仰与组织的能力，而英人若从华人学点及时行乐的决心与赏玩山水的雅趣，两方都可获益不浅。

人生的境界

文 | 冯友兰

[冯友兰（1895—1990），河南唐河人，哲学家、哲学史家、伦理学家。本文摘编自《中国哲学简史》，新世界出版社，2004年］

哲学的任务是什么？我曾提出，按照中国哲学的传统，它的任务不是增加关于实际的积极的知识，而是提高人的精神境界。在这里更清楚地解释一下这个话的意思，似乎是必要的。

我在《新原人》一书中曾说，人与其他动物的不同，在于人做某事时，他了解他在做什么，并且自觉地在做。正是这种觉解，使他正在做的事对于他有了意义。他做各种事，有各种意义，各种意义合成一个整体，就构成他的人生境界。如此构成各人的人生境界，这是我的说法。不同的人可能做相同的事，但是各人的觉解程度不同，所做的事对于他们也就各有不同的意义。每个人各有自己的人生境界，与其他任何个人的都不完全相同。若是不管这些个人的差异，我们可以把各种不同的人生境界划分为四个等级。从最低的说起，它们是：自然境界，功利境界，道德境界，天地境界。

一个人做事，可能只是顺着他的本能或其社会的风俗习惯。就像小孩和原始人那样,他做他所做的事,然而并无觉解,或不甚觉解。这样,他所做的事,对于他就没有意义,或很少意义。他的人生境界,就是我所说的自然境界。

一个人可能意识到他自己,为自己而做各种事。这并不意味着他必然是不道德的人。他可以做些事,其后果有利于他人,其动机则是利己的。所以他所做的各种事,对于他,有功利的意义。他的人生境界,就是我所说的功利境界。

还有的人,可能了解到社会的存在,他是社会的一员。这个社会是一个整体,他是这个整体的一部分。有这种觉解,他就为社会的利益做各种事,或如儒家所说,他做事是为了"正其义不谋其利"。他真正是有道德的人,他所做的都是符合严格的道德意义的道德行为。他所做的各种事都有道德的意义。所以他的人生境界,是我所说的道德境界。

最后,一个人可能了解到超乎社会整体之上,还有一个更大的整体,即宇宙。他不仅是社会的一员,同时还是宇宙的一员。他是社会组织的公民,同时还是孟子所说的"天民"。有这种觉解,他就为宇宙的利益而做各种事。他了解他所做的事的意义,自觉他正在做他所做的事。这种觉解为他构成了最高的人生境界,就是我所说的天地境界。

这四种人生境界之中,自然境界、功利境界的人,是人现在就是的人;道德境界、天地境界的人,是人应该成为的人。前两者是自然的产物,后两者是精神的创造。自然境界最低,往上是功利境界,再往上是道德境界,最后是天地境界。它们之所以如此,是由于自然境界,几乎不需要觉解;功利境界、道德境界,需要较多的觉解;天地境界则需要最多的觉解。道德境界有道德价值,天地境界有超道德价值。

照中国哲学的传统,哲学的任务是帮助人达到道德境界和天地境界,特别是达到天地境界。天地境界又可以叫做哲学境界,因为只有通过哲学,获得对宇宙的某些了解,才能达到天地境界。但是道德境界,也是哲学的产物。道德认为，并不单纯是遵循道德律的行为；有道德的人也不单纯是养成某些道德习惯的人。他行动和生活，都必须觉解其中的道德原理，哲学的任务正是给予他这种觉解。

生活于道德境界的人是贤人，生活于天地境界的人是圣人。哲学教人以怎样成为圣人的方法。我曾指出，成为圣人就是达到人作为人的最高成就。这是哲学的崇高任务。

在《理想国》中，柏拉图说，哲学家必须从感觉世界的"洞穴"上升到理智世界。哲学家到了理智世界，也就是到了天地境界。可是天地境界的人，其最高成就，是自己与宇宙同一，而在这个同一中，他也就超越了理智。

中国哲学总是倾向于强调为了成为圣人，并不需要做不同于平常的事。他不可能表演奇迹，也不需要表演奇迹。他做的都只是平常人所做的事，但是由于有高度的觉解，他所做的事对于他就有不同的意义。换句话说，他是在觉悟状态做他所做的事，别人是在无明状态做他们所做的事。禅宗有人说，觉字乃万妙之源。由觉产生的意义，构成了他最高的人生境界。

所以中国的圣人是既入世而又出世的，中国的哲学也是既入世而又出世的。随着未来的科学进步，我相信，宗教及其教条和迷信，必将让位于科学；可是人的对于超越人世的渴望，必将由未来的哲学来满足。未来的哲学很可能是既入世而又出世的。在这个方面，中国哲学可能有所贡献。

从我怎样学国文说起

文 | 朱光潜

[朱光潜（1897—1986），安徽桐城人，美学家、文艺理论家、教育家、翻译家。本文摘编自《我与文学及其他》，广西师范大学出版社，2004年]

我学国文，走过许多迂回的路，受过极旧的和极新的影响。如果用自然科学家解剖形态和穷究发展的方法将这过程做一番检讨，倒是一件很有趣的事情。

我在十五岁左右才进小学，以前受的都是私塾教育。从六岁起读书，一直到进小学，我没有从过师，我的惟一的老师就是我的父亲。我的祖父做得很好的八股文，父亲处在八股文和经义策论交替的时代。他们读什么书，也就希望我读什么书。应付科举的一套家当委实可怜，"四书五经"《纲鉴》《唐宋八大家文选》《古唐诗选》之外就几乎全是闱墨制义。五经之中，我幼时全读的只是《书经》《左传》。《诗经》我没有正式地读，家塾里有人常在读，我听了多遍，就能成诵大半。于今我记得最熟的经书，除《论语》外，就是听会的一套《诗经》。我因此想到韵文入人之深，同时读书用目有时不如用耳。私塾的读书程序是先背诵后讲解。在"开讲"时，我能了解的很少，可是熟读成诵，一句一句地在舌头上滚将下去，还拉一点腔调，在儿童时却是一件乐事。这早年读经的教育我也曾跟着旁人咒骂过，平心而论，其中也不完全无道理。我现在所记的书大半还是儿时背诵过的，当时虽不甚了了，现在回忆起来，不断地有新领悟，其中意味确是深长。

父亲有些受过学校教育的朋友，教我的方法多少受了新潮流的影响。我"动笔"时，他没有叫我做破题起讲，只教我做日记。他先告诉我日间某事可记，并且指示怎样记法，记好了，他随看随改，随时讲给我听。有一次我还记得很清楚，宅旁发现一座古墓，掘出两个瓦瓶，父亲和伯父断定它们是汉朝的古物（他们的考古知识，我无从保证），把它们洗干净，供在香炉前的条几上，两人磋商一整天，做了一篇"古文"日记，用红纸楷书恭写，贴在瓶子上面。伯父提议让我也写一篇，父亲说："他！他还早呢。"言下大有鄙夷之意。我当时对于文字起了一种神秘意识，仿佛此事非同小可，同时也渴望有一天能够得上记古瓶。

日记能记到一两百字时，父亲就开始叫我做策论经义，当时科举已废除，他还传给我一套应付科举的把戏，无非是"率由旧章"，以为读书人原就应该弄这一套。现在的读者恐怕对这些名目已很茫然，似有略加解释的必要。所谓"经义"，是在经书中挑一两句做题目，就抱着那题目发挥成一篇文章，例如题目是"知耻近乎勇"，你就说明知耻何以近乎勇，"耻"与"勇"须得一番解释，"近乎"二字更大有文章可做。所谓"策"是在时事中挑一个问题，让你出一个主意，例如题目是"肃清匪患"，你就条陈几个办法，并且详述利弊，显出你有经邦济世的本领。所谓"论"就是议论是非长短，或是评衡人物，刘邦和项羽究竟哪一个高明；或是判断史事，孙权究竟该不该笼络曹操。做这几类文章，你都要说理，所说的尽管是歪理，只要能自圆其说，歪也无妨。翻案文章往往见得独出心裁。这类文章有它们的传统的做法。开头要一个帽子，从广泛的大道理说起，逐渐引到本题，发挥一段意思，于是转到一个"或者曰"式的相反的议论，把它驳倒，然后作一个结束。这就是所谓"起承转合"。这类文章没有什么文学价值，人人都知道。但是当作一种写作训练看，它也不是完全无用。在它的窄狭范围内，如果路走得不错，它可以启发思想，它的形式尽管呆板，但究竟有一个形式。我从十岁左右起到二十岁左右止，前后至少有十年的光阴都费在这种议论文上面。这训练造成我的思想的定型，注定我写作的命运。我写说理文很容易，有理我都可以说得出，很难说的理我能用很浅的话说出来。这不能不归功于幼年的训练。但是就全盘计算，我自知得不偿失。在应该发展想象力的年龄，我的空洞的头脑被歪曲到抽象的思想工作方面去，结果我的想象力变成极平凡，我把握不住一个有血有肉有光有热的世界，在旁人脑里成为活跃的戏景画境的，在我脑里都化为干枯冷酷的理。我写不出一篇过得去的描写文，就吃亏在这一点。

我自幼就很欢喜读书。家中可读的书很少，而且父亲向来不准我乱翻他的书箱。每逢他不在家，我便偷偷翻出储同人评选的《史记》《战国策》《国语》《西汉文》之类，随便看了几篇，就觉得其中趣味无穷。本来我在读《左传》，可是当作正经功课读的《左传》文章虽好，却远不如自己偷着看的《史记》《战国策》那么引人入胜。像《项羽本纪》那种长文章，我很早就熟读成涌。王应麟的《困学纪闻》也有些地方使我很高兴。父亲没有教我读八股文，可是家里的书大半是八股文，单是祖父手抄的就是有好几箱，到无书可读时，连这角落里我也钻了进去。坦白地说，我颇觉得八股文也有它的趣味。它的布置很匀称完整，首尾条理线索很分明，在窄狭范围与固定形式之中，翻来覆去，往往见出作者的匠心。我于今还记得一篇《止子路宿》，写得真惟妙惟肖，入情入理。八股文之外，我还看了一些七杂八拉的东西：《试帖诗》《楹联丛话》《广冶平略》《事类统论》《历代名臣言行录》《粤匪纪略》，以至于《验方新编》《麻衣相法》《太上感应篇》和《牙牌起数》用的词。家住在穷乡僻壤，买书甚难。距家二三十里地有一个牛王集，每年清明前后附近几县农人都到此买卖牛马。各种商人都来兜生意，省城书贾也来卖书籍文具。我有一个族兄每年都要到牛马集买一批书回来，他的回来对于我是一个盛典。我羡慕他去牛王集的自由，尤其是有买书的自由。书买回来了，他很慷慨地借给我看。由于他的慷慨，我读到《饮冰室文集》。这部书对于我启示一个新天地，我开始向住"新学"，我开始为《意大利三杰传》的情绪所感动。作者那一种酣畅淋漓的文章对于那时的青年人真有极大的魔力，此后有好多年我是梁任公先生的热烈的崇拜者。有一次报纸误传他在上海被难，我这个素昧平生的小子在一个偏僻的乡村里为他伤心痛哭了一场。也就从饮冰室的启示，我开始对于小说戏剧发生兴趣。父亲向不准我看小说，家里除一套《三国演义》以外，也别无所有。但是《水浒传》《红楼梦》《琵琶记》《西厢记》几种我终于在族兄处借来偷看过。因为读这些书，我开始注意金圣叹，"才子""情种"之类观念开始在我脑里盘旋。总之，我幼时头脑所装下的书好比一个灰封尘迹的荒货摊，大部分是破铜烂铁，中间也夹杂有几件较名贵的古董。由于这早年的习惯，我至今读书不能专心守一个范围，总爱东奔西窜，许多不同的东西令我同样感觉兴趣。

我在小学里只住了一学期就跳进中学。中学教育对于我较深的影响是"古文"训练。说来也很奇怪，我是桐城人，祖父和古文家吴挚甫先生有交谊，他所禀保的学生陈剑潭先生做古文也曾享一时盛名，于是我家里从没有染着一丝毫的古文派风气。科举囿人，于此可见一斑。进了中学，我才知道有桐城派古文这么一回事。那时候我的文字已粗清通，年纪在同班中算是很小，特别受国文教员们赏识。学校里做文章的风气的确很盛，考历史地理可以做文章，考物理化学也还可以做文章，所以我到处占便宜。教员们希望这小子可以接古文一线之传，鼓励我做，我越做也就越起劲。读品大半选自《古文辞类纂》和《经史百家杂抄》。各种体裁我大半都试作过。那时我的摹仿性很强，学欧阳修、归有光有时居然学得很像。学古文别无奥诀，只要熟读范作多篇，头脑里甚至筋肉里都浸润下那一套架子，那一套腔调，和那一套用字造句的姿态,等你下笔一摇,那些"骨力""神韵"就自然而然地来了,你就变成一个扶乩手,不由自主地动作起来。桐城派古文曾博得"谬种"的称呼。依我所知,这派文章大道理固然没有,大毛病也不见得很多。它的要求是谨严典雅,它忌讳浮词堆砌,它讲究声音节奏,它着重立言得体。古今中外的上品文章似乎都离不掉这几个条件。它的惟一毛病是就文言文,内容有时不免空洞,以至谨严到干枯,典雅到俗滥。这些都是流弊,作始者并不主张如此。

兴趣既偏向国文,在中学毕业后我就决定升大学人国文系。我很想进北京大学,因为路程远,花费多,家贫无力供给,只好就近进了武昌高等师范学校。

中国文化的美丽精神往哪里去？

文 | 宗白华

[宗白华（1897—1986），江苏常熟人，美学家、哲学家、诗人，被誉为"融贯中西理论的一代美学大师"。本文摘编自《艺境》，安徽教育出版社，2001年]

印度诗哲泰戈尔，在国际大学中国学院的小册里，曾说过这几句话："世界上还有什么事情，比中国文化的美丽精神更值得宝贵的？中国文化使人民喜爱现实世界，爱护备至，却又不致陷于现实得不近情理！他们已本能地找到了事物的旋律的秘密。不是科学权力的秘密，而是表现方法的秘密。这是极其伟大的一种天赋。因为只有上帝知道这种秘密。我实妒忌他们有此天赋，并愿我们的同胞亦能共享此秘密。"

泰戈尔这几句话里，包含着极精深的观察与意见，值得我们细加考察。先谈"中国人本能地找到了事物的旋律的秘密"。东西古代哲人，都曾仰观俯察探求宇宙的秘密。但希腊及西洋近代哲人倾向于拿逻辑的推理、数学的演绎、物理学的考察去把握宇宙间质力推移的规律，一方面满足我们理知了解的需要，另一方面导引西洋人，去控制物力，发明机械，利用厚生。

西洋思想最后所获着的是科学权力的秘密。

中国古代哲人却是拿着"默而识之"的观照态度，去体验宇宙间生生不已的节奏，泰戈尔所谓旋律的秘密。《论语》上载：

子曰："予欲无言！"子贡曰："子如不言，则小子何述焉？"子曰："天何言哉？四时行焉，百物生焉，天何言哉？"

四时的运行，生育万物，对我们展示着天地创造性的旋律的秘密。一切在此中生长流动，具有节奏与和谐。古人拿音乐里的五声配合四时五行，拿十二律分配于十二月，使我们一岁中的生活融化在音乐的节奏中，从容不迫而感到内部有意义有价值，充实而美。不像现在大都市的居民灵魂里，孤独空虚。英国诗人艾略特有"荒原"的慨叹。

不但孔子，老子也从他高超严冷的眼里观照着世界的旋律。他说："致虚极，守静笃，万物并作，吾以观其复！"

活泼的庄子也说他"静而与阴同德，动而与阳同波"，他把他的精神生命体合于自然的旋律。

孟子说他能"上下与天地同流"。

荀子歌颂着天地的节奏："列星随旋，日月递照，四时代御，阴阳大化，风雨博施，万物各得其和以生，各得其养以成。"

我们不必多引了，我们已见到了中国古代哲人是"本能地找到了宇宙旋律的秘密"。而把这获得的至宝，渗透进我们的现实生活，表现在礼与乐里，创造社会的秩序与和谐。我们又把这旋律装饰到我们日用器皿上，使形下之器启示着形上之道（即生命的旋律）。中国古代艺术特色表现在他所创造的各种图案花纹里，而中国最光荣的绘画艺术，也还是从商周铜器图案、汉代砖瓦花纹里脱胎出来的呢！

"中国人喜爱现实世界，爱护备至，却又不致现实得不近情理"。我们在新石器时代，从我们的日用器皿制出玉器，作为我们政治上、社会上及精神人格上美丽的象征物。我们在铜器时代也把我们的日用器皿，如烹饪的鼎、饮酒的爵等等，制造精美，竭尽当时的艺术技能，他们成了天地境界的象征。我们对最现实的器具，赋予崇高的意义、优美的形式，使它们不仅仅是我们役使的工具，而是可以同我们对语、同我们情思往还的艺术境界。后来我们发展了瓷器（西人称我们是瓷国）。瓷器就是玉的精神的承续与光大，使我们在日常现实生活中能充满着玉的美。

但我们也曾得到过科学权力的秘密。我们有两大发明：火药和指南针。这两项发明到了西洋人手里，成就了他们控制世界的权力，陆上霸权与海上霸权，中国自己倒成了这霸权的牺牲品。我们发明了火药，用来制造奇巧美丽的烟火和鞭炮，使我一般民众在一年劳苦休息的时候，新年及春节里，享受平民式的欢乐。我们发明指南针，并不曾向海上取霸权，却让风水先生勘定我们庙堂、居宅及坟墓的地位和方向，使我们生活中顶重要的"住"，能够选择优美适当的自然环境，"居之安而资之深"。我们到郊外，看那山环水抱的亭台楼阁，如入图画。中国建筑能与自然背景取得最完美的调协，而且用高耸天际的层楼飞檐及环拱柱廊、栏杆台阶的虚实节奏，昭示出这一片山水里潜流的旋律。

漆器也是我们极早的发明，使我们的日用器皿生光辉、有情韵。最近，沈福文君引用古代各时期图案花纹到他设计的漆器里，使我们再能有美丽的器皿点缀我们的生活，这是值得兴奋的事。但是要能有大量的价廉的生产，使一般人民都能在日常生活中时时接触趣味高超、形制优美的物质环境，这才是一个民族的文化水平的尺度。

中华民族很早发现了宇宙旋律及生命节奏的秘密，以和平的音乐的心境爱护现实、美化现实，因而轻视了科学工艺征服自然的权力。使我们不能解救贫弱的地位，在生存竞争剧烈的时代，受人侵略、受人欺侮，文化的美丽精神也不能长保了，灵魂里粗野了、卑鄙了、怯懦了，我们也现实得不近情理了。我们丧尽了生活里旋律的美(盲动而无秩序)、音乐的境界(人与人之间充满了猜忌、斗争)。一个最尊重乐教、最了解音乐价值的民族没有了音乐。这就是说没有了国魂,没有了构成生命意义、文化意义的高等价值。中国精神应该往哪里去?

近代西洋人把握科学权力的秘密(最近如原子能的秘密),征服了自然,征服了科学落后的民族,但不肯体会人类全体共同生活的旋律美,不肯"参天地,赞化育",提携全世界的生命,演奏壮丽的交响乐,感谢造化宣示给我们的创化机密,而以厮杀之声暴露人性的丑恶,西洋精神又要往哪里去?哪里去?这都是引起我们惆怅、深思的问题。

逐渐由西方转回东方

文 | 方东美

[方东美（1899—1977），安徽桐城人，哲学家，现代新儒学代表人物之一。本文摘编自《中国哲学精神》，学林出版社，2009年]

我从小两岁读《诗经》，在儒家的家庭气氛中长大，但是进了大学后，兴趣却在西方哲学，后来所读的书和所教的书多是有关西方哲学的。直到抗日战争时，才有了转变，觉得应当注意自己民族文化中的哲学，于是逐渐由西方转回东方。

这期间还有一段插曲：当时印度刚刚独立，印度的学者拉达克利斯南到我们大学访问，希望中国的政府和学术界能够帮助印度。谈到印度人对印度哲学的兴趣与中国人对中国哲学的兴趣时，他问道："从中国人念哲学的立场，对于西方之介绍中国哲学是否满意？"我否认他的话。因为哲学大异于任何其他的学问，别的学问可能客观，哲学则不然，尤其是东方哲学。东方哲学所讲的智慧是"内证圣智"，外在的经验和事实只能助其发展。东方哲学首先当有内在精神。如果只在外面兜圈子，就根本不是内行。从这个观点来看中国哲学和印度哲学，虽然目前交通频繁，西方也有不少名家，但是他们的精神与心态还是西方式的，所以没有办法透视这种内在的精神，内在关照重于外在观察。他又谈到，虽然西方人重新了解梵文的重要，重新恢复了这种语言，但是仍然不能透人其精神。正因为印度学者不满意西方人之介绍印度哲学，所以才自己出来介绍，他们在语言上受英国的影响，已经可以自由运用了；在这个方面中国学者瞠乎其后，因为中国文字复杂微妙，数千年以来形音义虽稍有改变，仍旧是一种活的文字。中国人对此有一种 pride（自豪），认为自己的文字是可以表达自己的智慧。古代中国所谓的"西方""西天"，指的是印度。纪元后 1 世纪，印度思想东渐，当时正值汉代，国势强盛，民族自尊心重，于是设法翻译外来语文，直到六朝隋唐，在各个译场都有许多中国学者专家精通梵文。唐宋以后，重要经典已经译成，便视梵文为不重要。

历史上，中国向来很少用外来语文向外人讲述中国的文化和哲学。在近代也很少用西方的语文在西方传播本国思想。不像印度所做的，能够因而使误解渐消。中国思想的介绍人都是由西方来华学者所担任，可是他们心灵差别仍然存在，使得误解愈来愈多。拉达克里斯南乃向我挑战，用西方文字讲中国思想，我便在大学逐渐由西方转回东方。

到了台湾后，我利用一年的休假以英文写成 *The Chinese View of Life*（《中国人生观》），有人说这本书的名字太谦虚了，此书实写 *The Chinese Philosophy of Life*（中国人生哲学）。初到中国台湾大学时，我教的仍以西方哲学为主，1964 至 1966 年间在美国任客座教授，与西方哲学直接接触后，发现西方学生对东方哲学常感到困难，我于是由西方说起，辨其好坏，然后再讲东方哲学，使他们更容易了解。在 1964 年东西哲学家会议中，我谈到"中国形上学中之宇宙与个人"，发现西方哲学家虽然专注于西方的智慧，可是对于东方哲学，尤其是中国哲学，并没有难处。在密西根任教时，发现青年的心态也有些改变了。他们对于东方几位大家，对于中国哲学，渐不感觉困难。回到台湾大学时，反而看到我国的思想界偏差很大，关于这一点，老一辈的学人要负大责任。

近五十年来,中国文化、典章制度、学术,都有现代化的必要,可是他们把现代化只看成西方化,口喊西化,但是对于西化并非由西方的根源谈起,如文学、艺术、哲学、宗教,只知道从外表去看,如政治、经济、商业等,前辈学人对此应为负责。因为这使得近代青年一直觉得西方月亮比东方圆。西方学者固然只从外表看中国,充满误解,但中国学者自己不少人忘本,使得中国青年由文字起,到思想习惯,都有一种内在贫乏症,这一点在西方也是一样的。

西方人的历史观念以为历史是 linear progression(直线的进程),到了近代就把 progression(进程)与 progress(进步)混而为一,以为一切都是后来居上的。现代西方人说"上帝死了""宗教死了",但是应当问问"是谁杀死了上帝?谁杀死了宗教?"老实说,就是西方人自己。他们使希腊、中世纪和近代古典文化都趋于毁灭,只知道前瞻而不知回顾。以中世纪为黑暗时代,只证明说的人是盲目,是知识上的盲目。因此西方青年也有"外国月亮比西方圆"的心理,使得中国、印度、日本思想也能大畅其行,然而他们的立场只是未来主义,先把自己许多重要的文化遗产都遗忘了,再盲目地追求东方,可是又无法越过语言隔阂,于是谈禅都成了狂禅,并无法解救西方的危机,所找的也根本不是中国文化中的精华。

所以,如果要使东西方互相了解,先应当观念正确,生活在自己的国家民族中,有真正的东方心态,再去研究西方。拿梁漱溟来说吧,他本身是一位好学者,可是谈东西文化及其哲学时,却有些根本的误解。譬如说,他一谈到印度佛学,就说印度文化是"向后的文化",这是根本未曾了解佛学。看到罗素、杜威到中国讲学,以为他们就代表了西方,以为欧洲只有罗素、美国只有杜威;拿这两人去了解西方,自然很浅薄,对下一代青年的影响也就不堪设想了。谈西化,应当原原本本地由希腊到中世纪到近代到当代。空袋子本身是站不起来的。各主要文化的决定因素,在希腊是哲学,在印度是宗教与哲学，在中国是艺术与哲学。我们承受中国的文化传统，应当在这种优美的传统中，先自己立定脚跟，再在自己的立场上发展内在的宝贵生命和创造精神，然后培养成内在的智慧。虚心反省自己的优劣，再原原本本地去看西方文化，以取法乎上，得乎其中。

孔子以后之中国学术文化精神

文 | 唐君毅

[唐君毅（1909—1978），四川宜宾人，哲学家、思想家，现代新儒家的代表人物之一。本文摘编自《中国文化之精神价值》，江苏教育出版社，2006年]

孔子以后，诸子百家学术之分流，同依于士人人格尊严之自觉，六艺之教之散于民间，诸子百家之派别虽多，然吾人以文化观点而论其所偏重，则皆不外孔子所承之传统文化精神之一偏，六艺之教之一偏，或天道观念之一偏而形成。惟因其原出一本，故学术文化之分流，终向往于天下之一统。诸家学术亦终汇合于汉，以建立第一个由平民为天子之坚实而博厚之大帝国。当诸子百家学术分流之际，正战国诸雄竞长之时。然诸子中，除法家、纵横家之人物外，皆未尝特与现实之政治势力结合。故文化学术思想之分派，与现实社会政治势力之分裂，未尝互相接纳，以加深世界之分裂，如今日之欧洲然。此皆由诸子百家之原出一本，而同向往天下之一统之故也。

以诸子百家精神相较，而言其所偏重，儒家偏重法周，其学兼综六艺而特重礼乐。礼者道德之精神，乐者艺术之精神。儒家由孟子之言心性，言仁义,至荀子之言礼制,言君臣之道,至《乐记》中庸易传,乃以礼乐精神之"中和""位序""同异""内外""动静""刚柔",说宇宙人生社会文化之全,乃儒家思想之极致。墨家薄礼乐,而不废《诗》《书》。不废《诗》者,取其民间实际生活之记载。不废《书》者,以其载古代帝王之勤劳务实之事业。最能表示中国古人之勤劳笃实之精神之古代人物,无如平水土躬稼穑有天下之夏禹。故墨家倡法夏,墨子兼爱之教所重者,在下察于百姓耳目之实,求所以使人人之得衣食,而裕其生之道。乃不重少数士君子之盛容修饰,强歌鼓舞之礼乐生活。故墨子精神所重者,在社会经济。墨子之言兼爱,本于天志。其谓天之意志,即为兼爱万民而生养之。此传统宗教之精神,墨子之所承,亦有合于孔子天道为仁之意。然墨家视天在外,其强调天之人格性,近乎西方基督教与回教。孔、孟则以人体仁道,由天人之道之合一,以明性与天道非二。故不强调天外在之超越的人格性。由孔子、孟子以降,教人法天之仁而行仁,即所以立人道而立天道,故人无所希慕于天。然墨子则以天之兼爱为天之意志,亦即天之欲望,故如人不为天之所欲,即遭天怒,人为天之所欲,乃为天所爱。人为天之所欲,则天亦为人之所欲,而人受天赏,得福利;反之,人为天所不欲,天亦为人之所不欲,而人受天罚,得祸害。其言乃使天与人间之关系,成交易之关系。如是以行兼爱之道,道非自尽其心性,成理当如此之谓,而若为获天之报偿之手段。此则使人之逐实际利害之情,夹杂于宗教精神之中,而使墨子对天之宗教精神,反不如孔子之高远者也。

至于法家之精神,则纯出自战国纷争之世。法家之理想,重富国强兵,而尚耕战。其战非仁者之征伐,其耕惟所以富国而弱民。法家精神之重心,不在社会经济而只在现实之国家政治。故诗书礼乐文化之本身价值,皆为所抹杀。法家不法先王,而重备当今之所急。此为对传统文化之大反叛。然法家之轻民而尊君,视君为神圣,而诡秘化之,实利用一种人民之宗教心理。而其重刑罚之理论,亦未尝不以古代政治家之措施为例。韩非称殷之刑弃灰者之事，赞太公之杀狂矞、华士。夏之事业，当以劳动为主。殷之法制乃渐备，而先罚后赏。则法家之所承者，近于殷之精神者也。《诗》《书》《礼》《乐》之中，惟《书》所载二帝三王之事，为法家所诵。谓法家路有得于书教亦可也。

至于道家，则庄子宋人，老子楚人，其余道家多齐人。宋与齐楚之地，受周代文化之感染较浅，而楚人尤多信巫史。老庄皆以六艺为已陈之刍狗，其所喜言者，乃至德之世，亮舜以前，则夏商周之文化，固皆不在其眼中；而现实世界之纷争，更其所欲逃避。故弃社会而就自然，外游于人间世，内心则求律于天，与造物者游。其根本之文化精神，亦可谓近求解脱之宗教精神、超现实之形上学或哲学之精神。而老庄之帝王之道，则为一种政治思想。然自老庄所言之天与道之涵义言，则是一遍在万物而无私者。此亦可说为中国古代宗教中天帝之信仰所转化，亦略同于孔子以仁言天。其不同于孔子者，惟是老庄喜说天之大仁不仁、无为无不为之德。无不为而一任万物之容与遨游于天地间，此天地之所以为大也。老庄实不重视自天道之使四时行、而百物生之生生不已、自强不息一面，以言天德。则老庄之天道，虽可诵横被四表，而不能纵通上下与终始，此则不如孔子儒家者。而庄子之言天机之动、天接之行，咸其自己，不相为碍，谓天地有大美而不言，其所谓真人至人之生活中，涵天乐在，则其人生之理想境，实亦一种游心宇宙之艺术生活，而为遥契古代乐教之精神者。化人间之乐教为天地间之乐教，而倡之于世者，庄子也。

先秦学术除儒道墨法以外，阴阳家盖原始自然哲学之所遗，与儒家仁义之教之结合。亦可谓古之卜筮与《易》之流。至于农家，则中国经济生活中，尚农精神之说明者。农家人物，盖皆吸道墨之余绪，而别无精义。纵横家者，列国纷争之世，以权术说天下者。名家者，由诸家之辩论，以开启对逻辑、知识论之问题特加以发挥之哲学家。诸家立义规模，要皆不足以与前四家比。而杂家之《吕览》《淮南》，则诸家分流以后，左右采获，以求反于一本之思想潮流，秦汉之际之一转模思想也。秦之灭六国与周，实现诸子所向往之抽象的一统天下之理想。然秦议政摄教而摧残学术，其精神全不是中国文化精神，故不数传而灭。惟汉兴而后，乃实理先秦诸子所向往之文化凝合之理想。杂家所代表之文化精神渐去杂以成纯，而显为董仲舒、司马迁之精神。彼等体孔子重全面人文精神而再现之。汉之文化即先秦诸家之学术思想相汇合而实现于社会之所成，而使中华民族之统一，不止于如秦之只成一抽象的形式统一，而成为真有文化内容之具体的统一者也。

谈谈中国传统文化

文 | 张岱年

[张岱年（1909—2004），河北献县人，哲学家、哲学史家、伦理学家。本文摘编自"人民网"《丑文化专题栏目：自强不息厚德载物——追忆国学大师张岱年》，2004年4月]

中国文化是世界三大文化体系之一，在上古时代是独立发展的，形成人类文化的一个独立典型。直到15世纪，中国文化始终居于世界文化的前列。中国的"四大发明"传入西方后，促进了西方近代科技的迅速发展，而在中国本土却没有起到变革的作用。16世纪以后，西方科学技术突飞猛进，至17世纪中叶起，逐渐形成西方近代文明，中国则落后了。到19世纪，中国受到资本主义列强的侵略欺凌，中国人民发愤图强，经过一百多年的艰苦奋斗，终于"站起来了"。救亡图存问题的解决，在历史上将会日益显示出非常伟大的意义，从此，中国文化的发展也进入了一个新的时代。

中国在近代的落后，表明近代中国文化存在一些严重缺点：中国没有孕育自己的近代实验科学，又没有产生近代民主制度。五四新文化运动，提出"科学"与"民主"，确实揭示了文化改造的主要任务。尽管中国没有产生自己的实验科学,但是,中国古代的科学知识也还是相当丰富的。

在文化问题上,要避免两种不正确的倾向,即既要反对全盘西化论,也要反对中国文化优越论。早在二三十年代,主张全盘西化的是胡适之先生,主张中华文化优越论的是梁漱溟先生。我提的口号是"文化创造主义",即"综合创新论"。多年来我一直就是这个观点,中体西用我反对,西体中用我也反对,应当运用唯物辩证法,把中西文化各自的贡献综合起来,创造新的中国文化和世界文化。作为一个中国人,就是要有民族自尊心、自信心。而培养民族自尊自信,需要了解优秀的民族文化传统。中国优秀的传统文化,现在不是讲得太多,而是还没有被充分地发扬。所谓批判继承,当然是要有所批判,但主要还是要把优秀的传统继承下来、发扬光大。一些人对中国古代文化缺乏了解,光羡慕西方文化。其实,中国古代有许多深刻思想,但是因为中国古书的文字简要,有时就很难理解,不像西方著作长篇大论讲得那么详细。中、西哲人各有短长,中国古代思想家虽论证欠缺,但也直截了当、意蕴丰富、废话不多。

我认为,对待古代贤哲,要设身处地,心知其意,否则就会看不到他们个人超越时代的伟大之处。"好学深思,心知其意"这句话,是司马迁提出来的。在他那个时代,距离先秦已有一百多年,人们已经不太了解先秦思想家的真义,有些人以己意曲解。他提出的这句话对我们今天也同样很有意义。

中国文化主要还是儒家的。有学者认为中国哲学的核心是道家思想,因为孔子、孟子很少讲本体论,第一个讲本体论的是老子。我认为《易传》还是儒家思想,这是很明显的。用老庄思想解《易》是可以的,但用象数、纳甲之类说《易》,那就近于迷信了。我们应抓住中国文化的主流,并弘扬其中优秀的部分。简言之,中国文化有两个基本精神,具有高度的理论价值,一是"以人为本",一是"以和为贵"。

"以人为本"还体现了人格价值思想。孔子说"天地之性人为贵",强调"人";《礼运》曰"人者,天地之心也",认为人是天地思维器官,人表现了天地的自我认识；孟子辨析"人之所以异于禽兽者"，强调了"良贵"观念，即人有道德自觉心。有人对此不了解，说中国自古是"他律"，服从于外在的压力、管束，说西方文化是"自律"。事实上孔孟讲的就是人的"自律"。孔子说："为仁由己，而由人乎哉！"这些观点都强调了人的价值，人在宇宙中的地位，在一定意义上可以说是"以人为本"，与有神论相比，具有较高的理论价值。

中国哲学特别重视和谐，强调"以和为贵"。春秋时期的史伯说"和实生物"，"以他平他谓之和"。所谓"和"是创新的源泉，指多样性的统一。孔子说："君子和而不同。"孟子说："天时不如地利，地利不如人和。""人和"指人与人的团结合作。"和"是人际关系的一个重要准则。人与人之间，国与国之间，人类与自然之间经常相互矛盾斗争，但是，如果只强调斗争，最后将同归于尽。西方也不是不讲"和"，但更强调"争"，把利益和力量之争看得很重要。而现在的世界更需要"和"，而不是"争"，如果再继续相互残杀，那么人类就没希望了。"和"才是持续发展的准则。中国传统文化对现代世界的意义，概括说起来就是能够有助于解决个人与社会、人与自然、道德与生命三种关系。

一个对本民族的历史与文化知之甚少的人，在精神上便缺乏一种归属感；一个对自己的传统不懂得继承发扬的民族，便无法自立于世界民族之林。《中国文史百科》围绕着"中国人"这个核心，力求涵盖中华文明的方方面面，向读者，尤其是青少年朋友，提供作为一个中国人应该掌握的有关中国文化与历史的知识，包括文化、历史演变的源流，以及在流变过程中所形成的民族精神。为了兼顾查索和阅读两个方面，我们选择了百科的体例，不是作简单的名词解释，而是条分缕析，按照历史的线索对各个方面的内容作出综述。

作为一个中国人，确实有许多值得骄傲的地方，弘扬我们优良的民族文化传统，创造中国文化的新形态，是我们当代人的庄严任务。

从儒家的当前使命说中国文化的现代意义

文 | 牟宗三

[牟宗三（1909—1995），山东栖霞人，哲学家、哲学史家，现代新儒家的重要代表人物之一。本文摘编自《政道与治道》，吉林出版集团有限责任公司，2010年]

就整个中国文化的发展来看，以今日的眼光衡之，中国文化确实在外王面不够，可叹的是，今天不仅外王面不够，内圣面亦不够，儒家本身若有若无，但是儒家若为常道，则人类的良心不能让这个常道永远埋没下去，这得诉诸每个人的一念自觉。

儒家学术第三期的发展，所应负的责任即是要开这个时代所需要的外王，亦即开新的外王。"新外王"是什么意义呢？外王即是外而在政治上行王道，王道则以夏商周三代的王为标准。照儒家说来，三代的王道并非最高的理想，最高的境界乃是尧舜二帝禅让，不家天下的大同政治。儒家的政治理想乃以帝、王、霸为次序：帝指务、舜，尧舜是否真如儒家所目，吾人不必论之，但此代表了儒家的理想则无疑，以尧舜表现、寄托大同理想。三代则属小康之王道。春秋时代的五霸则属霸道，以齐桓公、晋文公为代表。从前论政治，即言皇王帝霸之学。齐桓、晋文的境界虽然不高，但比得秦汉以后的君主专制要好；君主专制以打天下为取得政权的方法，在层次上是很低的。当初商鞅见秦孝公，先论三皇五帝之学，孝公不能入耳；而后言王道，仍嫌迂阔；再而言霸道，终大喜。可见前人对于政治理想是有一定的秩序。秦孝公之喜霸道，乃因它能立竿见影，马上见效，而儒家的学问往往不能满足这一方面外王、事功的要求。早在春秋战国，即有墨家因此而批评儒家，只承认儒家维持教化的责任。司马谈《论六家要旨》中，亦批评儒家云："博而寡要，劳而少功。"后来南宋陈同甫与朱子争辩，亦是基于要求外王、要求事功的精神。而实际上，要求外王中，就涵着要求事功的精神。陈同甫以为事功乃赖英雄，而讲英雄主义，重视英雄生命，推崇汉高祖、唐太宗。到了明末，顾亭林责备王学无用，亦是秉持事功的观念而发。而后有颜李学派的彻底实用主义。一般人斥儒家之无用、迂阔，评之曰："无事袖手谈心性，临难一死报君王。"以为不究事功者最高的境界亦不过是此一无奈的结局。这些都是同一个要求事功的意识贯穿下来的，这是一个由来已久的老传统，在中国文化中是一条与儒家平行的暗流，从墨子开始，一直批评儒家的不足。这个要求事功的传统再转而为清朝乾嘉年间的考据之学，则属要求事功观念的"转型"。乾嘉年间的考据之学以汉学为号召，自居为"朴学"，以此为实用之学，以理学为空谈、无用，骨子里还是以有用、无用的事功观念为背景。

何以谓"朴学"为要求事功观念的"转型"呢？因为他们虽然批评理学无用，而其本身实际上更开不出事功来，这些考据书生没有一个能比得上陆象山、朱夫子、王阳明；这些理学家都有干才，都会做事，只是不掌权而已。然而考据家假"朴学"之名，批评理学无用，背后的意识仍是有用、无用，即可谓之乃事功观念的转型。事实上，这种转型更是无用，故实非事功精神之本义。由此转而到民国以来，胡适之先生所谈的实用主义，以科学的方法讲新考据，实乃属此一传统，背后仍是要求有用、责斥无用。我们可以看出，儒家这条主流，旁边有条暗流，这条暗流一直批评儒家无用而正面要求事功，这个传统从墨子说起，一直说到胡适之所倡的新考据的学风，可谓源远流长。但是这里面有个根本的错解，若是真想要求事功、要求外王，惟有根据内圣之学往前进，才有可能；只根据墨子，实讲不出事功，依陈同甫的英雄主义亦开不出真事功。希望大家在这里要分辨清楚。

中国人传统的风气，尤其是知识分子，不欣赏事功的精神，乃至反映中华民族的浪漫性格太强，而事功精神不够。事功的精神是个散文的精神，平庸、老实、无甚精采出奇。萧何即属事功的精神，刘邦、张良皆非事功的精神，可是中国人欣赏的就是后者：萧何的功劳很大，所谓"关中事业萧丞相"，但因其属事功精神，显得平庸，故不使人欣赏。汉朝的桑弘羊、唐朝的刘晏皆为财政专家，属事功精神，然而中国人对这一类人，在人格的品鉴上总不觉有趣味。事功的精神在中国一直没有被正视，也没有从学问的立场上予以正视、证成。中国人喜欢英雄，打天下、纵横捭阖，皆能使人击节称赏。再高一层，中国人欣赏圣贤人物，术论是儒家式的或道家式的。中国人的文化生命正视于圣贤、英雄，在此状态下，事功的精神是开不出来的。事功的精神即是商人的精神，这种精神卑之无高论，境界可庸不高，但是敬业乐群，做事仔细精密、步步扎实。英美民族是个事功精神的民族，欧陆的德国则表现悲剧英雄的性格，瞧不起英美民族，但是两次大战战胜的却是这些卑之无高论的英美民族。所以这种事功精神是不能不正视的。

中国人的民族性格在某一方面就是缺乏这种英美民族的事功精神。英雄只能打天下，打天下不是个事功的精神，故不能办事，圣贤的境界则太高，亦不能办事。而中国人欣赏的就是这两种人，所以事功的精神萎缩，这里没有一个学问来正视它、证成它、开出它。所以现在我们想要从儒家的立场来正视它。儒家最高的境界是圣贤，圣贤乃是通过一步步老老实实地做道德实践、道德修养的工夫而达到的。儒家的立场是重视豪杰而不重视英雄，故从不高看汉高祖、唐太宗，故顺着儒家理性主义的发展，在做事方面并不欣赏英雄，我们在这里可以看出一个很好的消息。

但是在以前那种状况下，儒家的理性主义既不能赞成英雄，故其理性主义在政治上亦无法表现；儒家的理性主义在今天这个时代，要求新的外王，才能充分地表现。今天这个时代所要求的新外王，即是科学与民主政治。事实上，中国以前所要求的事功，亦只有在民主政治的形态下，才能够充分的实现，才能够充分的被正视。在古老的政治形态，社会形态下，瞧不起事功，故而亦无法充分实现。这种事功的精神要充分地使之实现，而且在精神上、学问上能充分地证成之，使它有根据，则必得靠民主政治。民主政治出现，事功才能出现。若永停在打天下取得政权的方式中，中国的事功亦只能永停在老的形态中，而无法向前开展。这句话请诸位深长思之。

要求民主政治乃是"新外王"的第一义，此乃新外王的形式意义、形式条件，事功得靠此解决，此外才是真正的理想主义。

另一方面则是科学，科学是"新外王"的材质条件，亦即新外王的材料、内容。科学的精神即是个事功的精神，科学亦是卑之无高论的。英雄不能做科学家，圣人则超过科学家，故亦不能做科学家。天天讲王阳明、讲良知，是讲不出科学的，因为良知不是成功科学知识的一个认知机能。然而科学亦可与儒家的理性主义相配合，科学乃是与事功精神相应的理性主义之表现。科学亦为儒家的内在目的所要求者，儒家并不反对知识，在以前的社会中，那些老知识也就足够应付了，然而今天的社会进步，往前发展、要求新知，亦属应当的要求。儒家内在的目的即要求科学，这个要求是发自于其内在的目的。何以见得呢？讲良知、讲道德，乃重在存心、动机之善，然有一好的动机却无知识，则此道德上好的动机亦无法表达出来。所以，良知、道德的动机在本质上即要求知识作为传达的一种工具。例如见人重病哀号，有好心救之，然却束手无策，空有存心何用？要有办法，就得有知识。所以有人说西医中发明麻醉药者为大菩萨，菩萨讲慈悲，然若只是空讲慈悲，又有何用？发明麻醉药，使人减少多少痛苦，不是大慈大悲的菩萨吗？所以，不论佛教表现慈悲、或是儒家表现道德动机,要想贯彻其内在的目的,都得要求科学、肯定科学。

科学知识是新外王中的一个材质条件,但是必得套在民主政治下,这个新外王中的材质条件才能充分实现。否则,缺乏民主政治的形式条件而孤立地讲中性的科学,亦不足称为真正的现代化。

一般人只从科技的基层面去了解现代化,殊不知现代化之所以为现代化的关键不在科学,而是民主政治;民主政治所涵摄的自由、平等、人权运动,才是现代化的本质意义之所在。假如在这时代,儒家还要继续发展,担负他的使命,那么,重点即在于本其内在的目的,要求科学的出现,要求民主政治的出现——要求现代化,这才是真正的现代化。

上面所谈的,乃是儒家的发展及其当前使命,接下来,我们所要谈的主题也与此类似,不过从另一个角度来看这个问题,范围也稍广些,就是讨论中国文化的现代意义。

在讨论之前,我们先得对"中国文化"这一个名词有较明确的了解。上面谈过,中国文化的核心内容是以儒家为主,因此,我认为所谓"中国文化"即是以儒家为主流所决定的一个文化方向、文化形态。我们现在讲中国文化的现代意义,这里提到的中国文化,并不是指以往随着各时代所表现的那些各时代各阶段的文化业绩,如各时代的风气、风俗习惯,所表现的种种现象,事实上已经一逝不可复返了。我们不能够只是怀念过去,抱着"数家珍"的心理。当然,"数家珍"亦非完全没有意义、价值,但是我们今天所讲则不在此。平常的讲法容易将中国文化静态化,静态化而把中国文化推到过去某一个阶段所表现的那一大堆,这样想,即容易流于只留恋过去。然而过去再怎么好,对现在亦无甚帮助,这样讲中国文化没多大意义,而且如此亦无法说中国文化的现代意义。

例如,若问清朝那些典章制度、风俗习惯在现代有何意义,讨论起来甚麻烦,亦属不相干的问题。又如问纳兰性德的词在现代有何意义,虽非必不可讨论，但无甚意义，亦不相干。如此讨论下去，无穷无尽，繁复琐碎不堪，实无甚价值。有些学者讨论问题即落在此一方向，常说中国人以前如何，西方人又如何，以此宣扬过去文化的业绩，这是在讲历史、数家珍。但对眼前的时代当作一个问题来看时，我们很容易看出这些说法是不中肯的，对将来毫无交待。许多外国人来中国，亦采此种错误的态度，而要来中国台湾"寻找"中国文化。看看台北的高楼大厦和纽约的似乎也差不多，中国文化在哪里呢？于是中国朋友就带他们去台北故宫博物院看古董等。事实上，文化怎能是个具体的东西，而放在那里让人寻找的呢？以这种"考古"的态度来"寻找"中国文化是不对的。他们来此找寻中国文化，就如同去埃及看金字塔一般，希望找到个中国的"金字塔"来代表中国文化。可是大家要知道，我们的文化是个活的文化，还要继续生长的，哪能视同于埃及的"死文化"？西方人这样看，因其有优越感，中国人则不应该有此态度，随顺着西方人考古的态度而跟着转，这是相当不利于我们的。西方人亦重视"汉学"，然而他们却是以研究古董的态度来看"汉学"，在这种态度下，"汉学"这个名词亦包藏了不利中国文化的轻视心理。可是有些中国人却以西方人的态度为标准，甚至说世界上只有两个半汉学家，而我们中国人只占了半个，这是非常可恶的洋奴心理。所以，我们中国人在此一定要贞定住自己本身的存在价值，绝不能不自觉地顺着这些怪现象往下滚。

我们不能采取西方人考古董的态度，亦不能采取以往那种"数家珍"的态度，然而我们当以何种态度来看中国文化的现代意义呢？

"中国文化"乃是以儒家作主流所决定的那个文化生命的方向以及文化生命的形态，所以我们讲中国文化的现代意义，也即是在讲这个文化生命的方向与形态的现代意义、现代使命。生命是一条流，有过去、有现在、有未来，过去、现在、未来是一条连续的流，依此，我们才能谈这个问题。我们从尧舜禹汤文武周公孔子，一代代传下来的，不是那些业绩，而是创造这些文化业绩的那个文化生命的方向以及它的形态。形态即指这个文化生命以什

么方式 什么姿态 什么样式来表现 这个样式 这个姿态在春秋战国时代已经表现了，尽了它的使命；在两汉四百年亦表现了，尽了它的使命；在魏晋南北朝隋唐，它也表现了，也尽了它的使命；在宋明的阶段亦复如此；在清朝三百年又以某种姿态出现 这一条生命流在这两千多年来的表现，都是弯弯曲曲的，当然其中有正有邪 有向上有向下 虽是曲曲折折的，但总是一条生命流往前进；只有从这个角度看，才能讲这个生命的现代意义，亦即它在这个时代当该做些什么事情 当该如何表现？这个问题当该如此来看，因为我们的文化不是个死的，而是个现在还活着的生命，还需要奋斗 要自己做主往前进 若是把我们的文化限在过去，而只划定为考古的范围，直成了死的古董，这样不是把中国文化看成活的文化，而是视之为死的文化。若是到处去 寻找 发现 中国文化，这种态度根本上即是错误的，骨子里即是认为中国文化是死的 现在已不存在了：我们是个活的生命，我们生在现在，有现在的一个奋斗的方向，也应该有现代的表现，哪能以找古董的方式来找中国文化的代表呢？这个态度本身即是个轻视中国文化的态度，是相当不友善的 想要了解中国文化，即应和中国人接近，了解中国人的生活方式，如何地谈天，如何地交朋友；若是到处参观，走马观花，哪能了解中国文化？孔子《论语》也不能看成古董，他还是个生命，是个现在还活着的生命 智慧，绝不可把他当作古董而看死了。

"美美与共"和人类文明

文 | 费孝通

[费孝通（1910—2005），江苏吴江人，社会学家、人类学家、民族学家、社会活动家，中国社会学和人类学的奠基人之一。本文摘编自《从马林诺斯基到费孝通：另类的功能主义》，社会科学文献出版社，2010年]

中华文明的启迪

作为非西方文明主要代表之一的中国，长期以来遭受殖民主义、帝国主义的欺压，为了民族生存，中国人民前赴后继、英勇斗争，终于捍卫了自己的主权和独立。长期的遭受屈辱，不断的奋起抗争，如今昂首屹立在世界上的经历，对中华民族面对全球化时的心态，必然会产生巨大的影响，尤其是当中国的综合国力和国际地位不断提高的时候，我们更应该加强"文化自觉"的反思，使我们能够清醒地认识到自己的状况，摆正在世界上的位置。

"文化自觉"的含义应该包括对自身文明和他人文明的反思，对自身的反思往往有助于理解不同文明之间的关系。因为世界上不论哪种文明，无不由多个族群的不同文化融会而成。尽管我们在这些族群的远古神话里，可以看到他们不约而同地在强调自己文化的"纯正性",但严肃的学术研究表明,各种文明几乎无一例外是以"多元一体"这样一个基本形态构建而成的。20世纪80年代末,我总结了多年来研究的心得,提出了"中华民族多元一体格局"的观点,试图阐明中华民族这个由五十六个民族组成的实体形成的过程。

在我们探讨全球化和不同文明之间的关系的时候,中华民族的多元一体格局给了我们一些启示。我们知道,古代中国人的眼里,"中国"就是"天下",也就是被看作是一个"世界"。所以中国人常说的"分久必合,合久必分",并不是现代西方人所指的一个民族国家的统一或分裂(比如南北朝鲜、东西德国),而是一种世界的分崩离析和重归"大一统"。纵观中国几千年的历史,分分合合,纷争不断,但是从多元走向一体的大趋势是整个历史发展的主线,而且即使是在统一的时期,统治者在政治制度、宗教信仰、经济形态等方面,仍然允许在某些地区、某一阶层、某种行业中保持它的特殊性。古代中国这种分散的多中心的局面,究竟是因为怎样的内在机制、怎样的文化基础和思想基础才得以存在?这样"和而不同"的局面有什么优势和劣势?在中国传统文化中,哪些要素在这里边起了什么作用?古代的中国人究竟是怀有怎样的一种人文价值和心态,才能包容四海之内如此众多的族群和观念迥异的不同文化,建立起一个多元一体格局的中国?这些都是值得我们深刻思考和努力研究的问题。

中华民族在漫长的"分分合合"的历程中,终于由许许多多分散孤立存在的族群,形成了一个"你来我去、我来你去,我中有你、你中有我,而又各具个性的多元一体"。所以,在中华文明中我们可以处处体会到那种多样和统一的辩证关系。比如早在公元前,号称"诸子百家"的战国时期,出了那么多思想家,创立了那么多学说,后来为什么会"独尊儒术",能够"统一"?儒家学说中又有什么东西使它成为一种联结各个不同族群、不同地域文化的纽带,从而维系和发展了中华民族的多元一体格局?还有,许许多多的族群在融入以汉人为主体的大家庭时,是以一个怎样的机制,使原本属于某一族群的文化,发展成由大家"共享"的文化?我们都知道,不同的宗教信仰之间怎样"友好共处",是一个比较复杂、棘手的问题,但是在中国历史上也有成功解决的范例。比如古代犹太人在中国的经历,就是一个例子。

人们通常认为犹太民族是一个宗教观念非常强烈的群体,但是在中国这样一个相对宽松的传统文化氛围里,在中国的犹太人,逐步融合到中国的社会中,没有发生像在西方社会,犹太人由于受到压制而不断强化民族宗教意识,甚至发生冲突的现象。还有,在辽、金、元、清的时候,统治者在不同民族、不同族群的地区,实行不同的行政制度,因地制宜,顺应当地民众的传统文化、信仰和习俗来进行统治。但是,这种"顺应"又都统一在更高一层的"国"的框架之内。这些例子,说明中华文明的结构和机制,在漫长的岁月中,经过一代代先人在实践中的不断探索、积累、完善,已经形成了一套相当成熟的协调模式。它充分体现了古人高度的政治智慧和中华民族深厚的文化底蕴。时至今日,在我们的生活实践中实施的"民族区域自治""一国两制"等政治制度,无不缘于厚重的中华传统文化。

中华文明有着悠久的历史和深厚的内涵,也有与"异文化"交流的丰富经验。我相信,在今后中国越来越广泛、深入地融入到世界的过程中,一定能为重构全球化和不同文明之间的关系作出应有的贡献。

跨文化研究的人文属性

人们常常把世界上不同文明之间如何相处的问题,看成是国与国、民族与民族之间政治、军事、综合国力等方面的比较,像是在做一种"力学"关系的分析。这样的分析不能说没有道理,但是不全面,因为文明、文化都是关于"人"的事情,所以要搞清楚还得从"人"入手。

文明、文化都是抽象的概念,它们之间的关系,不同于一般社会群体、社会组织这样的实体之间的关系。但是人们常常有一种倾向,遇到文明、文化之间的问题的时候,会不自觉地把它当做社会实体之间的问题来处理。要知道,文明和文化都具有浓厚情感、心理、习俗、信仰等非理性的特征,它们之间的关系也不是靠简单的逻辑论证、辩论、讲道理就能解决的。我们大约都有过在处理涉及感情、心理、习俗等等这些问题时,讲不清道理的经历。所以,在处理跨文明关系、跨文化交流这样更复杂、更微妙的人文活动时,就要求我们运用一套特殊的方法和原则,最大限度地注意到人文关怀和主体感受。这是一项涉及历史、文化、传统、习俗、文学、艺术等诸多领域里的,以"人"为中心的系统工程。

在对跨文化的研究中,理解"人",理解人的生物性、文化性、社会性;人的思想、意识、知识、体验,以及个人和群体之间微妙、复杂的辩证关系等都是至关重要的。因为,人的上述特性通过交流、传播和传承,可以成为群体共有的精神和心理财富,并在这一群体里保存下来,达到不朽,成为文化的一部分。同样的道理,不同文明、不同文化的人们之间,也存在着这种交流、传播和传承。

从总体上说,人类文明的多样性,是各个文明得以"不朽"的最可靠的保证。一种文明、文化,只有融入更为丰富、更为多样的世界文明中,才能保证自己的生存。人们常说,"只有民族的,才是世界的",这是不错的;反过来说,只有世界的,才是民族的,才能使这个民族的文化长盛不衰,也很有道理。所以,文化上的惟我独尊、固步自封,对其他文明视而不见,都不是文明的生存之道。只有交流、理解、共享、融合,才是世界文明共存共荣的根本出路。不论是"强势文明"还是"弱势文明",这是惟一的出路。

探讨文明和文化问题,不可避免地要涉及价值观和信仰,而这些又极容易转变成感情和心理因素,然而在科学研究中,一旦掺杂了这些因素,就会产生巨大的阻力,这是我们从事族群、民族、宗教研究的社会科学工作者都遇到过的问题,因此,必须构建一种超越常规的理念。我们不提倡用某一种文明的意识形态、价值观念来解决不同文明之间的问题,因为用一种文明的

"标准"去评判另一种文明,不管这种做法"对不对",实际上会让人感觉到这样做"好不好"。

由于不同文明之间人们的认知体系有差别,所以不同文明的人,对同一个问题的看法,常常会变得不是"是"与"非",而成了"好"与"坏"了。我觉得,不管出于什么动机,强迫别人接受一种本来不属于他们的价值观,这种做法,本身就含有欺压和侮辱人的性质。

不同文明之间的交往,"内容"常常会退居到次要的地位,而"形式"会上升为主要的东西。我说的"形式",不是科学主义说的那种可以忽略的、外在的、表面化的形式,而是人类学中所指的"仪式""象征",也即是"意义"。它在一种文明、一种文化里起着很重要的作用,甚至是生死攸关的作用。不同文明之间的矛盾,是不能简单地按照经济或功利的原则来解释的。中国古代有"不食周粟""苏武牧羊"的故事,这些故事说明,文明、文化的交往绝不是简单的商品交易;一个族群、一种文化,不是物质利益就能收买,也不是强力所能压服的。

当前世界上某些人,常常有意无意地把不同文明、文化之间的关系,直接与国家或民族利益挂钩,这是一种加大,甚至是激化不同文明之间误解和矛盾的做法。这些人在大谈"国家利益"的时候,手里不断挥舞着文明、文化的大旗,把赤裸裸地为"一国谋利益"的做法,装扮成捍卫"某某文明"的"义举";把具体的国家利益之争,混淆成不同文明之间的争斗。当然,从广义上讲,文化价值也包含在"利益"之中,但它们并不是简单地连接在一起的,这种随意的联系,是不成熟、不理智、不准确、不负责任的表现。犹如我们不能把美国的国家利益,等同于基督教文明的利益;也不能把中国的国家利益,说成是儒家文明的利益。

我们认为,国家利益可以"一事一议",好像谈生意那样,通过理性的协商来解决。如果把这种事情上升到文明、文化的层次里,就会变成充满感情和心理因素的、非理性的问题。

一个国家不能自命为某一种文明的代表或化身,说成是某一种文明的卫士;各种政治集团也不该盗用文明、文化的名义,制造民粹运动来为自己的政治利益服务。这种夹杂着经济和政治目的的"国家利益",会大大歪曲不同文明之间关系的本质,造成恶劣的结果。

美美与共

从历史和现实中可以看到,要想处理好不同文明之间的关系,首要的条件应该是各自能够保持一种平和、谦逊的心态,就是中国古人所谓的"君子之风"。

前几年,我提出了"各美其美、美人之美、美美与共、天下大同"的设想,这是我的心愿。要想实现这几句话,还要走很长的路,甚至要付出沉重的代价。比如要做到"各美其美、美人之美",也就是各种文明教化的人,不仅欣赏本民族的文化,还要发自内心地欣赏异民族的文化;做到不以本民族文化的标准,去评判异民族文化的"优劣",断定什么是"糟粕",什么是"精华"。

要达到这样的境界并不容易,比如当今世界上许多发展中国家,历史上大多遭受过西方殖民主义的欺凌,这些国家的民众,由于受一种被扭曲的心理的影响,容易产生两种截然相反的倾向:一种是妄自菲薄,盲目崇拜西方;一种是闭关排外,甚至极端仇视西方。

目前,这种仇视西方的状况似乎已经酝酿成一股社会潮流。从另一方面说,作为强势文明的发达国家,容易妄自尊大,热衷于搞"传教",一古脑儿地推销自己的"文明",其实这样做会蒙住自己的耳目,成了不了解世界大势的井底之蛙。在中国的历史上,也出现过"盲目崇拜"和"闭关排外"的现象。希望今天的中国学术界,能够彻底抛弃妄自菲薄、盲目崇拜西方或者妄自尊大、闭关排外的心理。

中华文明经历了几千年,积聚了无数先人的聪明智慧和宝贵经验,我想我们今天尤其需要下大力气学习、研究和总结。面对今天这种"信息爆炸"、形形色色"异文化"纷至沓来的时代，我们需认真思考怎么办。全盘接受、盲目排斥都不是好的办法，我们应该用一种理智的、稳健的，不是轻率的、情绪化的心态来"欣赏"它。要知道，不论哪种文明，都不是完美无缺的，都有精华和糟粕，所以对涌进来的异文化我们既要"理解"，又要有所"选择"。这就是我说的"各美其美、美人之美、美美与共"。

中国历史上有过这样的例子。唐朝的时候，国家昌盛、经济发达、文化繁荣，引起了邻国日本的关注，派人来学习，与唐朝建立了友好关系。他们把唐朝好的东西带回去，丰富了自己的文化。这段历史表明，当时的日本人是很有"鉴赏力"的，善于"美人之美"，因此获得了很多文化资源，达到了"双赢"的结果。

当今地球上的人类，应该比古代人具有更广阔的胸怀、更远大的目光，对于不同文化有更高的鉴赏力，拥有一个与不同文明和睦相处的良好心态。在这个方面，我们的先辈留下了许多包含了深刻哲理的宝贵经验。比如孔子说"己所不欲，勿施于人"，强调的是人们"不应该做什么"，而不是要求人们"应该做什么"；又如"修己而不责人""退一步海阔天空"等这样的格言，都包含了克己、忍耐、收敛的意思。这些都是中华民族多元一体格局在形成的漫长岁月中，逐渐发展起来的中国人特有的一套哲学思想。

为了人类能够生活在一个"和而不同"的世界上，从现在起就必须提倡在审美的、人文的层次上，在人们的社会活动中树立起一个"美美与共"的文化心态，这是人们思想观念上的一场深刻大变革，它可能与当前世界上很多人习惯的思维模式和行为方式相抵触。在这场变革中，一定会因为不被理解而引起一些人的非议甚至抵制，特别是当触动到某些集团的利益的时候，可能还会受到猛烈的攻击。但是，当我们看到人类前进的步伐已经迈上全球化、信息化的道路；已经到了一个必须尽快解决全球化和人类不同文明如何相得益彰、共同繁荣的紧要关头，这些抵制和攻击又算得了什么。

汉学的生命力

文 | 任继愈

[任继愈(1916—2009),山东平原人,哲学家、宗教学家、历史学家。本文摘编自《国学大师论国学》,东方出版中心,1998年]

汉学(中国学)记载着中华民族文化创造的成果。中华民族有文字可考的历史至少可以上溯到六千年前。世界上创造过灿烂文化的民族和地区不少,不止中华民族一家,有些古老的文化,没有继续发展下来,中途消逝了,成为考古的对象;有些民族和地区的文化,崛起于近代,它们的远古情况则渺茫难考。只有中华民族的文化,经历了几千年的风风雨雨,它还活着,不但活着,而且随着时代的变迁不断更新其内容,继续发展,生命力长久不衰。古人所谓"周邦虽旧,其命维新",正好说明这种世界上少有的奇特文化现象。

中华文化走向世界,与其他文化体系发生联系,并引起注意,是秦汉以后的事。秦汉统一中国以前,众多诸侯国林立,国家小,人口少,不能形成集中、凝聚的力量,各国战争此起彼伏。秦汉开始,中国历史进入新阶段。中华民族开始形成,其活动范围基本上以黄河及长江流域为中心,由中原地区向周边辐射。繁衍生息于神州大地上的众多民族相互学习,相互依存,相互融合,在漫长的历史时期,发展了自己,壮大了群体。

秦汉统一,奠定了此后两千年的政治格局。历代帝王有汉族的,也有非汉族的。不论哪一个民族的人当皇帝,都要吸收多民族的人才参加中央及地方政权管理,都用心维护大一统的国家体制,使它的统一职能不断完善。两千年间,不论在理论上或实践上,举国上下已取得共识,认为国家统一是正常的,分裂割据是不正常的。

秦汉统一的利弊,学术界有不同的看法,有人认为大一统的局面,思想定于一尊,学术思想不及春秋战国时期活跃,不利于学术发展。这种看法至少是不全面的。春秋战国,诸子百家为什么要争鸣?他们争论的中心议题是什么?只要细看诸子百家共同关心的问题,不难发现,他们争论的都是如何建立大一统的国家,建成后如何管理的问题。孔子、孟子、荀子、墨子、韩非子都提出了他们统一的方案。貌似超脱的老子、庄子也设计了他们治理天下的蓝图,并不是不要统一。

秦汉统一是大势所趋。这一历史事件,体现了中华民族的共同愿望。历史通过秦始皇、汉高祖的个人野心,推动了历史前进。王夫之在他的《读通鉴论》中说"秦以私天下之心而罢侯置守,而天假其私以行其大公"。这个见解是比较深刻的。

秦汉统一以后,使生活在神州大地上的人民群众至少得到以下五个方面的利益:

1. 较大范围的物资流通,如南方的茶、木材,北方的盐、铁、畜牧产品,得以互通有无。

2. 集中全国人力、物力,建设宏大工程。如统筹上下游的利益,治理河道,统一指挥防洪排涝,兴修水利,救灾度荒,以丰补歉,减少自然灾害给群众造成的损失,有利于生产。

3. 有统一的政府,对内防止内战,对外更有效地防止外来武力掠夺。人民的生命财产得到保护。我国人口第一次超过5000万是在汉朝,第二次超过5000万在唐朝,都出现在全国统一、政治稳定的时期。

4.集中全国的财力和人力兴办一些大型工程建设和文化建设。如修筑万里长城,开掘贯穿南北的大运河,纂辑大型丛书、类书,为人类积累物质财富和精神财富。

5.国家统一安定,有利于更好地开展国际交流(经济的、文化的),开拓视野,充实民族思想文化宝库。

比起春秋战国时期,秦汉及以后各代虽然思想不甚活跃,但从得到的实际利益来看,人民宁可接受大一统的集权制度。历代统治者为了达到长治久安的目的,不断总结经验,吸取前朝覆败的教训,调整政策,构建理论,从而发展了中国古代的哲学和史学。中国古代哲学主要讲的是治国平天下的理论,它是政治学、经济学、伦理学、人生价值论的复合体。中国古代史学范围也比今天的史学广泛,它是治国经验学。司马光写了一部编年史——《资治通鉴》,编史的目的在于"资治",其实,"二十四史"都是用来"资治"的。

中国古代的生产方式是小农自然经济,它是各自独立、相互隔绝、分散经营的。小农自然经济本来不利于建立大一统的封建大国,中国大一统的政治格局得以不断巩固和发展,主要靠中央政府高度集权的政治制度。政治的高度集中,经济的极端分散,这两者相互排斥又相互依存,构成了秦汉以来中国古代社会的一对基本矛盾。强化政治统一,不能专用武力,要文武夹辅,才能相得益彰。秦汉统一,推行"车同轨""书同文""行同伦"等措施,都收到实效。特别是"书同文""行同伦",后来成为中华民族的强力凝聚剂。中国地域辽阔,山川阻隔,风俗不同,方言各异,有了共同使用的汉字,就能有效地推行教育,传播政令,通行全国,毫无滞碍。如果没有秦汉以来坚持不懈地推行统一汉字,中国也许要分成几十个国家,统一汉字对中国大一统政治所起的作用不可低估。

"行同伦"不像"书同文"那样有明显的社会效应，但它起着更深刻的社会影响。它向中华民族系统地灌输共同的道德观、社会观、价值观，像"三纲""五常"原则成为几千年间稳定社会秩序、协调家庭关系等人际关系的普遍准则。违背了"三纲"规范，就很难在社会立足。"夷夏之辨"是中国判断文明先进与野蛮落后的界限，区别夷夏的标准，不限于种族血统，更在于文化体系。

两千多年大一统的中国历史现实，决定着中华民族文化的特点和发展道路。

汉学引起国际学术界的关注，不自今始。远在13世纪，经过西方传教士和商人的介绍，已经引起西方人的兴趣。随着世界交往日益频繁，特别在中华人民共和国成立后，中国发生的一些重大事件，中国一国的治乱安危已不止是一国之内的事，影响到她的四邻甚至遥远的大洋彼岸。她的一举一动，无不与世界息息相关。

研究汉学，在当今有两支大军，一支在国内，另一支在国外。19世纪的国外汉学研究者，偏重在古代；中华人民共和国成立后，西方研究者的注意力更多偏重在中国的现状。也有对现状研究不断发掘，进而追溯到古代的。西方学者接受近现代科学方法的训练，又由于他们置身局外，在庐山以外看庐山，有些问题国内学者司空见惯，习而不察，国外学者往往探骊得珠。如语言学、民俗学、考古学、人类学、社会学诸多领域，时时迸发出耀眼的火花。

身在国内的学者，生于斯，长于斯，他们不像外地游客初次踏上这块土地所感受的新鲜感，但是他们饱受中华文化的陶冶，对中国的社会、历史、人情、风俗、传统文化各个方面的总体感受又是外国学者无法领会的。对文化现象的价值观、道德共识，褒贬分寸，更深层次理解，往往不是站在岸边的观潮者所能理解的。像"自由""平等"已成为全世界共同使用的概念，近一百多年来中国人民遭受外来侵略势力的欺凌，中国人（当然包括中国学者）对"自由""平等"的理解和不生活在中国的旅游者的理解是大不相同的。

学术乃天下之公器。对中国文化的研究，已不完全是中国人自己的事情，正如研究莎士比亚，不能只看作英国人的事，研究歌德不能只看作德国人的事，研究敦煌学不能只看做中国人的事一样。人类共同的精神财富，每一个分享者都有责任来研究，一切研究者都有发言权。

学术界有些人习惯于用凝固的观点来看待中国文化，比如常有人说，"孔子儒家思想影响了中国两千年"。这是不符合历史实际情况的。因为两千年来，孔子和儒家思想并不是一直不衰，儒家学说，最明显的变化有三次。汉武帝独尊儒术，尊奉的是汉代神学经学的儒，与春秋时期孔孟思想相去甚远，中间增加了汉代流行的社会思潮，有阴阳五行、神仙巫术等内容挤进了儒家体系。秦始皇所坑的儒生，多数属燕赵的方士儒，而不尽是孔孟学派的儒。儒家思想经历了魏晋玄学、隋唐佛教的冲击，又衰落了，正如韩愈所说的，儒家之学"火于秦，佛于晋、魏、梁、隋之间"，韩愈生活的唐朝，儒家的地位在三教（佛、道、儒）的次序，排在第三位。到了宋朝才得到重视。宋儒显然不同于汉儒和春秋时期的孔子儒，而是经过佛教、道教洗礼的儒，吸收了佛教的心性宗教修炼的一些内容，成为体系完整的儒教。宋儒创建的儒教经历了元、明、清三朝，持续了七八百年。名义上都称为"儒"，可是孔子的儒、董仲舒的儒、朱熹的儒三个时期，其内容和面貌迥然不同。这又怎能说孔子的思想在中国影响了两千多年而不衰呢？

中国学是活着的学问，它不是僵化的、静止的、任人摆布的陈列品，它随着时代的变化而变化。前面所说，儒家没有两千多年的长寿，两千多年间增加了不同时代的新内容。这些新内容虽非儒家所固有，却是中华民族文化生存、发展所必须的。这也正是汉学生命力之所在。研究孔孟的儒、董仲舒的儒、朱熹的儒，都属于汉学的范围，无论哪一种儒，都将有助于了解中国文化的精华部分。反映中华民族的文化的汉学还活着，并不断发展，还在于它善于结合自身的情况及时吸收外来文化为自己所用。熟悉中国历史的都会发现，外来文化传入中国后多少总要有些改变，与原来的文化不尽相同，也有被改变得面目全非的。如古代流行于印度次大陆的佛教，传入中国就变成了中国佛教，中国佛教是中国化了的佛教，有人对此不满意，认为印度佛教在中国走了样，而在我们看来，恰恰是这种走了样的中国佛教更能显示中国文化的特色。抓住中国文化的特色，应该是汉学研究的关键。中华民族善于把继承与创新相结合。表面看来，它极端稳定，却随时进行着潜在的变革。这当然增加了汉学研究的难度，势必促进汉学研究方法的深入。

中华民族有六千年之久的文明史，多数汉学研究者集中于秦汉以后这两千多年。这种现象是可以理解的。好比开矿，采掘者当然对富矿更感兴趣。事实上，秦汉建立了大一统的封建国家，找到了最适合中国国情的政治体制。国家完成统一，建立了强有力的中央政府，各族人民和睦相处的时候，往往出现物质文明和精神文明建设的高潮。因为政府利用大一统的优势，集中物力、财力，发挥人才智力，从而创造出人类奇迹。如果在政权分裂、战乱频繁的情况下，是不可想象的。

两千多年来的许多伟大成就，已载入史册，成为过去。过去的文明成就，表现出当时的社会结构各个方面的时代精神的内容。这都是汉学研究的对象。

作为生活在中国的学者，我们不能满足于歌颂过去，追慕远古的光荣业绩。我们研究中国的文化，是在总结过去已有的成就的基础上，创造未来的社会主义新文化。正如本文一开始就指出的，汉学是活着的学问，不是凝固的历史的陈迹。汉学的生命力来自中华民族的生命力。殷商的甲骨文所记载的内容与今天的社会主义新中国的语言文字有着一脉相承的血肉关系。绝不是有些人认为的是死文字，仅仅是考古学的对象，它在中国汉学家心目中的地位和实际作用与后代学者研究古巴比伦楔形图版文字大不一样。我们还要指出，中华民族的文化，有自己的传统部分，也有随时吸收、融会外来文化部分。自从中外文化发生密切交往关系以来,外国文化通过与中国固有文化的交融,有的已成为新的中国文化。也就是说"汉学"范围应不限于中土固有的文化,也要包括已经中国化的外来文化。这种现象,在过去的中国历史早已如此,只是年代久了,人们不觉得它是外来文化,正如中国人对待佛教文化,已把它当成中国文化的一部分,对释迦牟尼,也不把他当作外国人,而是把他与中国的孔子、老子并称"三圣"。中国佛教已成为理所当然的汉学研究的对象。

西方的文学、艺术、哲学思想,有的在中国已产生广泛的影响,有的已生了根。以哲学为例,"中国哲学"固然包括传统的孔孟老庄、程朱陆王,但是近百年来中国哲学已吸收了不少西方哲学的内容,并使它融会到中国哲学中去。如康有为的《大同书》、谭嗣同的《仁学》,都已超出旧有"中国哲学"的领地,并已开始走向世界。瞻望未来,汉学研究的对象和范围正在演变中,这是今后汉学研究势必碰到的新课题。我们要满怀信心地迎接这一新形势,开创汉学研究的新天地。

中国文化能否为"文明的共存"作贡献

文 | 汤一介

[汤一介(1927—2014),湖北黄梅人,哲学家、哲学史家、国学大师。本文摘编自《中外书摘》,2006年第6期]

化解冲突,需要我们从各个不同民族的文化中找出文明共存的资源。中国文化中的儒道两家可以为化解"文明的冲突"、实现"文明的共存"提供有意义的资源。

中国文化要对当今人类社会的"文明的共存"作贡献,必须对自身文化有所了解,即对自身文化有一个"自觉"。

所谓文化自觉,是指一定文化传统的人群对其自身的文化来历、形成过程以及特点、发展趋势等能作出认真思考和反省。应该说,中华民族正处在民族复兴的前夜,因此我们必须对中国文化有个自觉的认识,必须给中国传统文化一个恰当的定位,认真发掘我们古老文化的真精神所在,以便把我们的优秀文化贡献给人类社会;认真反省我们自身文化的缺陷,以便我们更好地吸取其他国家和民族的文化精华,并在适应现代化社会发展的总趋势下给中国文化以现代的诠释。

这样，我们国家才能真正走在世界文化发展的前列，与其他各种文化一起共同创造美好新世界。

中国传统文化中主要是儒道两家而且是儒道互补。当然，印度佛教传入后，对中国社会和文化也发生着重要影响。现在我想讨论一下儒道思想理论能否对"文明的共存"提供有意义的资源。

儒家的"仁学"为"文明的共存"提供了有积极意义的资源

《郭店楚墓竹简·性自命出》中说："道始于情。"这里的"道"说的是"人道"，即人与人的关系的原则，或者说社会关系的原则，它和"天道"不同，"天道"是指自然界的运行规律或宇宙的运行法则。人与人的关系是从感情开始建立的，这正是孔子"仁学"的基本出发点。"仁爱"的精神是人自身所具有的，而爱自己的亲人最根本。但是"仁"的精神不止于此；爱自己的亲人，这只是爱，爱自己的父亲，再扩大到爱别人，这才叫作"仁"。对父母的孝顺要放大到爱天下的老百姓。"仁学"是要由"亲亲"扩大到"仁民"，也就是说要"推己及人"。做到"推己及人"并不容易，必须把"己所不欲，勿施于人"，"己欲立而立人，己欲达而达人"的"忠恕之道"作为"为仁"的准则。如果要把"仁"推广到整个社会，这就是孔子说的"克己复礼曰仁，一日克己复礼，天下归仁焉"。

自古以来把"克己"和"复礼"解释为两个平行的方面，我认为这不是对"克己复礼"好的解释。所谓"克己复礼曰仁"是说，只有在"克己"基础上的"复礼"才叫作"仁"。费孝通先生对此也有一解释："克己才能复礼，复礼是取得进入社会、成为一个社会人的必要条件。扬己和克己也许正是东西方文化的差别的一个关键。"这是很有道理的。"仁"是人自身内在的品德，"礼"是规范人的行为的外在礼仪制度，调节人与人之间的关系使之和谐相处。要人们遵守礼仪制度必须是自觉的，出乎内在的"爱人"之心，才符合"仁"的要求。

所以孔子认为，有了追求"仁"的自觉要求，并把这种"仁爱之心"按照一定规范实现于日常社会之中，社会就会和谐安宁了。孔子和儒家的这套思想，对于一个国家的"治国"者，对于现在世界上那些发达国家的统治集团，不能说是没有意义的。如果把孔子的"仁学"理论用于处理不同文明之间的关系，那么在不同文明之间就不会引起冲突以至于战争，从而实现"文明的共存"。

孔子的"仁学"理论虽然不能解决当今人类社会存在的"文化的共存"的全部问题，但它作为一种建立在以"仁"为本之上的"律己"的道德要求，作为调节不同文化之间关系的一条准则，使不同文化得以和谐相处，无疑仍有一定的现实意义。

要使不同文化之间和谐相处并不容易，孔子提倡的"和而不同"可以提供极有意义的资源。孔子认为，以"和为贵"而行"忠恕之道"的有道德有学问的君子应该做到在不同中求得和谐相处；而不讲道德没有学问的人往往强迫别人接受他的主张而不能和谐相处。如果把"和而不同"用作处理不同文化之间关系的原则，对于解决当今不同国家与民族之间的纷争应有非常积极的意义。

现在西方国家的有识之士都认识到不同文明之间应能共存。不同民族和国家应该通过文化的交往与对话，在对话（商谈）和讨论中取得某种"共识"，这是由"不同"到某种意义上的相互"认同"的过程。这种相互"认同"不是一方消灭一方，也不是一方"同化"一方，而是在两种不同文化中寻找交汇点，并在此基础上推动双方文化的发展，这正是"和"的作用。其中，德国思想家哈贝马斯提出了"正义"和"团结"的观念；我认为，把它们作为处理不同民族文化之间关系的原则，是有意义的。哈贝马斯的"正义原则"可理解为，要保障每一种民族文化独立自主、按照其民族的意愿发展的权利；"团结原则"可理解为，要求对其他民族文化有同情、理解和尊重的义务。不断通过对话和交往等途径，总可以在不同民族文化间形成互动中的良性循环。不久前去世的德国哲学家伽达默尔提出,应把"理解"扩展到"广义对话"层面,主体与对象(主观与客观或主与宾)才得以从不平等地位过渡到平等地位;反过来说,只有对话双方处于平等地位,对话才可能真正进行并顺利完成。可以说,伽达默尔所持的主体——对象平等意识和文化对话论,正是我们这个时代所需要的重要理念。这种理念,对我们正确深入地理解中外文化、民族关系等,具有重要启示。但是,无论是"正义"和"团结"原则,还是"广义对话论",都要以承认"和而不同"原则为前提,这样,不同文化传统的民族与国家才能获得平等权利和义务。儒家"和而不同"原则应成为处理不同文化之间的一条基本原则。罗素说:"不同文明之间的交流,过去已经多次证明是人类文明发展的里程碑。"当今人类社会,需要的正是不同文化在相互吸收和融合中发展不同的文化传统的特色,以期达到在新的基础上的"文化的共存"。

道家的"道论"能为防止"文明的冲突"提供有意义的资源

如果说孔子是一位"仁者",那么老子则是一位"智者"。《道德经》中,"道"是基本概念,而"自然无为"(顺应自然规律,不做违背自然规律的事)是"道"的基本特性。今日人类社会之所以存在种种纷争,无疑是由于贪婪追求权力和金钱引起的。那些强国为了私利,扩张势力,掠夺弱国的资源,实行强权政治,正是世界混乱无序的根源。帝国霸权正是"文明冲突"的根源。老子说:古代圣人曾经说过,"我无为而民自化,我好静而民自正,我无事而民自富,我无欲而民自朴。"意思是说,掌握权力的统治者不应该对老百姓作过多的干涉(无为),不要扰乱老百姓的正常生活(好静),不要作违背老百姓意愿的事(无事),不要贪得无厌地盘剥老百姓(无欲),这样老百姓就会自己教化自己(自化),自己走上正轨(自正),自己富足起来(自富),自己生活朴素。

如果对这段话给以现代诠释,那就不仅可以使一个国家内部安宁,而且对消除不同文明之间的冲突无疑有重要意义。为什么今日世界人类社会处在一种十分混乱不安定的状态？这完全是由人自身造成的，特别是那些"新帝国"的领导者造成的，他们违背了"天道"，失去了"人心"，奉行的是"损不足以奉有余"。"文明的冲突"论与其背后的"新帝国"论有着密切联系。

为了社会的和平和安宁，老子强烈地反对战争。《道德经》第三十一章说："夫兵者，不祥之器，物或恶之，故有道者不处。"（打仗用兵是不吉祥的东西，大家都厌恶它，所以有道德的人不使用它）战争总要死人，总要破坏生产，使社会秩序破坏。老子又说："以道佐人主者，不以兵强天下，其事好还。师之所处，荆棘生焉，大军之后，必有凶年。"（我们应该用道德来告诫领导者，不要用兵力逞强于天下。用兵这件事一定会得到报应。军队所到的地方，就会破坏一切，使荆棘丛生。大战之后，一定会是荒年）反观各国历史，无不如此。从历史上看，发动战争的人虽然一时可以得逞，但最终总要失败。世界各国应从《道德经》中吸取智慧，认识到强权政治、霸权主义从长期的世界历史发展看是没有前途的。

老子思想对消解"文明的冲突"论、"新帝国"论是十分有价值的。当然，两千多年前的老子思想不可能全然解决当今人类社会的问题（包括各民族之间的矛盾、冲突等），但是他的智慧之光对我们应有重要启示。我们应该做的，是如何发掘和发挥他的思想精华并给以现代诠释，使之有利于人们得到某些宝贵启示。

在不同民族和国家之间，由于宗教信仰的不同、价值观念的不同、思维方式的不同可能引起冲突，甚至可能由冲突导致战争。但是，是否必然要引起冲突，能不能化解冲突、使之不因文化的不同而导致战争，这就需要我们从各个不同民族的文化中找出文明共存的资源。如上所述，中国文化中的儒道两家可以为化解"文明的冲突"、实现"文明的共存"提供有意义的资源。我相信，在各民族、各国家的文化中同样有可以化解"文明的冲突"并实现"文明的共存"的有价值的资源。是用"文明冲突论"来处理各民族、国家间的问题,还是用"文明共存论"来引导人类社会走向和平共处,这是当前必须认真考虑和慎重选择的问题。反对"文明冲突"论,倡导"文明共存"论,无疑是人类社会的福祉。《尚书·尧典》说:"协和万邦。"中华民族和其他许多民族一样是伟大的民族,有很多灿烂光辉的历史文化传统,对人类社会是极为宝贵的财富。我们对这笔财富应善加利用,使之为实现不同文化之间的协调共存,推进世界各种文化之间的交流,作出应有的贡献。

试谈中国的智慧

文 | 李泽厚

[李泽厚（1930—　），湖南宁乡人，哲学家、美学家、思想史学家。本文摘编自《中国古代思想史论》，生活·读书·新知三联书店，2008年]

中国实用理性不仅在思维模式和内容上，而且也在人生观念和生活信仰上造成了传统，这两者不可分割。中国神话传说中，如女娲造人已区分贵贱，似乎命由天定；西方《圣经》却是上帝造人后，人背叛上帝，被逐出乐园而与命运相斗争。一般思想史喜欢说西方文化是所谓"罪感文化"，即对"原罪"的自我意识，为赎罪而奋勇斗争：征服自然、改造自己，以获得神眷，再回到上帝怀抱。《圣经·旧约》中描述的耶和华和撒旦的斗争，是心理上的巨大冲突，并非人世现实的纠纷，它追求的超越是内在灵魂的洗礼。虽然这种希伯来精神经由希腊世俗精神的渗入而略形缓和（《新约》以后），但是个体与上帝的直接精神联系，优越于其他一切世间（包括父母）的关系、联系和秩序这一基本模式始终未变。以灵与肉的分裂，以心灵、肉体的紧张痛苦为代价而获得的意念超升、心理洗涤以及与上帝同在的迷狂式的喜悦……便经常是以个人为本位的西方"罪感文化"的重要环节。人们把人生的意义和生活的信念寄托于神（上帝），寄托于超越此世间的精神欢乐。这种欢乐经常必须是通过此世间的个体身心的极度折磨和苦痛才可能获有。这是基督教以及其他好些宗教的特征。下面是看报偶然剪下的一则材料，具体细节不一定可靠，但它在表现自我惩罚以求超越的宗教精神上仍是可信的，特抄引如下：

据路透社报道，最近马来西亚有许许多多的印度教徒群集在吉隆坡附近一个大雾笼罩的石灰穴洞口上，庆祝泰波心节（悔过节），他们用利针戳穿自己的舌头，或将一支手指宽的铁杆穿过自己的脸颊，去击鼓和歌颂他们的家庭和朋友。他们用铁扣针、铁链和尖利凶器来"惩罚"自己，表示对神忏悔和诚心。这些教徒在进行这种活动的过程中都晕倒过去。

这只是一种较低级的宗教，远不及基督教的深邃精致。基督教把痛苦视作"原罪的苦果"，人只有通过它才能赎罪，才能听到上帝的召唤，才能达到对上帝的归依和从属，痛苦成了入圣超凡的解救之道。把钉在十字架鲜血淋漓的耶稣作为崇拜的对象，这种情景和艺术，在中国文化传统中便极少见，甚至是格格不入的。

这只是肉体的摧残，还有精神的折磨。陀思妥耶夫斯基小说中的那种"灵魂拷问"便是例子，它们都是要在极度苦疼中使人的精神得到超升。这种宗教精神在西方文化中非常重要。例如马克斯·韦伯最著名的理论，便是清教徒的宗教信念，刻苦、节约、积累和工作，产生了资本主义。这在根本上说不正确，但它毕竟强调表述了这种极端克己、牺牲一切以求供奉上帝的西方宗教精神对历史的巨大推动作用。中国虽然一直有各种宗教，却并没有这种高级的宗教精神。中国的实用理性使人们较少去空想地追求精神的"天国"；从幻想成仙到求神拜佛，都只是为了现实地保持或追求世间的幸福和快乐。人们经常感伤的倒是"譬如朝露，去日苦多""他生未卜此生休""又只恐流年暗中偷换"……总之,非常执着于此生此世的现实人生。如果说海德格尔认为人只有自觉地意识到他正在走向死亡才能把握住"此在",他是通过个体的"此在"追求着"存在的意义";实际上如同整个西方传统一样,仍然是以有一个超越于人世的上帝作为背景的话;那么孔子说"未知生焉知死;未知事人,焉知事鬼",死的意义便只在于生,只有知道生的价值才知道死的意义(或重于泰山或轻于鸿毛),"生死"都在人际关系中,在你我他的联系中,这个关系本身就是本体,就是实在,就是真理。"鸟兽不可与同群,吾非斯人之徒而谁?"自觉意识到自己属于人的族类,在这个人类本体中就可以获有自己的真实的"此在"。因之,在这里,本体与现象是浑然一体不可区分的,不像上帝与人世的那种关系。这里不需要也没有超越的上帝,从而也就没有和不需要超越的本体。正如章太炎在驳斥康有为建立孔教所说"国民常性,所察在政事日用,所务在工商耕稼,志尽于有生,语绝于无验"(《太炎文录·驳建立孔教议》),亦即"体用不二"。"体用不二"正是中国哲学特征"天人合一"的另一种提法。与印度那种无限时空从而人极为渺小不同,在中国哲学中,天不大而人不小,"体"不高于"用","道"即在"伦常日用""工商耕稼"之中,"体""道"即是"伦常日用""工商耕稼"本身。这就是说,不舍弃,不离开伦常日用的人际有生和经验生活去追求超越、先验、无限和本体。本体、道、无限、超越即在此当下的现实生活和人际关系之中。"天人合一""体用不二"都是要求于有限中求无限,即实在处得超越,在人世间获道体。

中国哲学无论儒墨老庄以及佛教禅宗都极端重视感性心理和自然生命。儒家如所熟知,不必多说。庄子是道是无情却有情,要求"物物而不物于物",墨家重生殖,禅宗讲"担水砍柴",民间谚语说"留得青山在,不怕没柴烧",等等,各以不同方式呈现了对生命、生活、人生、感性、世界的肯定和执着。它要求为生命、生存、生活而积极活动,要求在这活动中保持人际的和谐、人与自然的和谐（与作为环境的外在自然的和谐与作为身体、情欲的内在自然的和谐）。因之，反对放纵欲望，也反对消灭欲望，而要求在现实的世俗生活中取得精神的平宁和幸福，亦即"中庸"，就成为基本要点。这里没有浮士德式的无限追求，而是在此有限中去得到无限；这里不是陀思妥耶夫斯基式的痛苦超越，而是在人生快乐中求得超越。这种超越即道德又超道德，是认识又是信仰。它是知与情，亦即信仰、情感与认识的融合统一体。实际上，它乃是一种体用不二、灵肉合一，既具有理性内容又保持感性形式的审美境界，而不是理性与感性二分、体（神）用（现象界）割离、灵肉对立的宗教境界。审美而不是宗教，成为中国哲学的最高目标，审美是积淀着理性的感性，这就是特点所在。

自孔子开始的儒家精神的基本特征便正是以心理的情感原则作为伦理学、世界观、宇宙论的基石。它强调，"仁，天心也"，天地宇宙和人类社会都必需处在情感性的群体人际的和谐关系之中。这是"人道"，也就是"天道"。自然、规律似乎被泛心理（情感）化了。正因为此，也就不再需要人格神的宗教，也不必要求超越感性时空去追求灵魂的永恒不朽。永恒和不朽都在此感性的时空世界中。

你看，大自然（天）不是永恒的么？你看，"人"（作为绵延不绝的族类）不也是永恒的么？"天地之大德曰生""生生之谓易"。你看它们（天地人）不都在遵循着这同一规律（"道"）而充满盈盈生意么？这就是"仁"，是"天"，是"理"，是"心"，是"神"，是"圣"，是……中国哲学正是这样在感性世界、日常生活和人际关系中去寻求道德的本体、理性的把握和精神的超越。

体用不二、天人合一、情理交融、主客同构，这就是中国的传统精神，它即是所谓中国的智慧。如前面所多次说过，这种智慧表现在思维模式和智力结构上，更重视整体性的模糊的直观把握、领悟和体验，而不重分析型的知性逻辑的清晰。总起来说，这种智慧是审美型的。

因为西方文化被称为"罪感文化",于是有人以"耻感文化"或"忧患意识"来相对照以概括中国文化。我以为这仍不免模拟"罪感"之意,不如用"乐感文化"更恰当。《论语》首章首句便是,"学而时习之,不亦悦乎?有朋自远方来,不亦乐乎"。孔子还反复说,"发奋忘食,乐以忘忧,不知老之将至云耳","饭蔬食饮水,曲肱而枕之,乐亦在其中矣"。

这种精神不只是儒家的教义,更重要的是它已经成为中国人的普遍意识或潜意识,成为一种文化——心理结构或民族性格。"中国人很少真正彻底的悲观主义,他们总愿意乐观地眺望未来……"(《秦汉思想简议》)

因之,"乐"在中国哲学中实际具有本体的意义,它正是一种"天人合一"的成果和表现,就"天"来说,它是"生生",是"天行健"。就人遵循这种"天道"说,它是孟子和《中庸》讲的"诚",所以,"诚者,天之道也;诚之者,人之道也",而"反身而诚,乐莫大焉"。这也就是后来张载讲的"为天地立心",给本来冥顽无知的宇宙自然以目的性。它所指向的最高境界即是主观心理上的"天人合一",到这境界,"万物皆备于我"(孟子),"人能至诚则性尽而神可穷矣"(张载),人与整个宇宙自然合一,即所谓尽性知天、穷神达化,从而得到最大快乐的人生极致。可见这个极致并非宗教性的而毋宁是审美性的。这也许就是中国乐感文化(以身心与宇宙自然合一为依归)与西方罪感文化(以灵魂归依上帝)的不同所在吧?包括鲁迅,也终于并不喜欢陀思妥耶夫斯基,这大概不会是偶然吧?我们今天应继续沿着鲁迅的足迹前进。鲁迅一生不遗余力地反国粹、斥阿Q,要求改造国民性,而其灵柩上却毫无所愧地覆盖着"民族魂"的光荣旗帜。坚决批判传统的鲁迅恰恰正代表着中华民族开辟新路的乐观精神:"日新之谓盛德""日日新,又日新"。现在的问题是不能使这种所谓"乐观"和开拓变为一种浅薄的进化论、决定论,而应该像鲁迅那样在吸取外来文化影响下所生长和具有的深沉的历史悲剧感、人类命运感……这样,它才真正具有现代型的巨大深厚无可抵挡的乐观力量。

由于"乐感文化"所追求的"乐"并非动物式的自然产物，而是后天修养的某种成果，它作为所谓人生最高境界，乃是教育的功效，所以儒家无论孟荀都主学习、重教育；或用以发现先验的善（孟子），或用以克制自然的恶（荀子）。它们所要求的人格塑造是以仁智统一、情理渗透为原则，实际是孔子仁学结构向教育学的进一步的推演。一方面它要求通过培育锻炼以达到内在人格的完成和圆满；另一方面，由于肯定人生世事，对外在世界和现实世事的学习讲求，也成为塑造的重要方面和内容。"我善养吾浩然之气"与"博施济众"从内外两个方面以构成所追求的完整人格即建造个体主体性。这也就是所谓"内圣外王之道"。

如果说，孟子、《中庸》和宋明理学在"内圣"人格的塑造上作了贡献的话，那么荀、易、董和经世致用之学则在培养人格的"外王"方面作出了贡献。所谓"现代新儒家"轻视或抹杀后一方面，并不符合思想史和民族性格史的历史真实。我之所以要强调荀子，并一直讲到章学诚，也是针对"现代新儒家"而发的。

儒学之所以成为中国传统思想主干的另一原因，如同中华民族不断吸收融化不同民族而成长发展一样，还在于原始儒学本身的多因素多层次结构所具有的乐观的包容性质，这使它能不断地吸取融化各家，在现实秩序和心灵生活中构成稳定系统。由于有这种稳定的反馈系统以适应环境，中国思想传统一般表现为重"求同"。所谓"通而同之"，所谓"求大同存小异"，它通过"求同"来保持和壮大自己，具体方式则经常是以自己原有的一套来解释、贯通、会合外来的异己的东西，就在这种会通解释中吸取了对方、模糊了对方的本来面目而将之"同化"。秦汉和唐宋对道、法、阴阳和佛教的吸收同化是最鲜明的实例。引庄入佛终于产生禅宗，更是中国思想一大杰作。在民间的"三教合流""三教并行不悖"、孔老释合坐在一座殿堂里……都表现出这一点。中国没有出现类似宗教战争之类的巨大斗争，相反，存别异乃求大同，由求同而合流。于是，儒学吸取了墨、法、阴阳来扩展填补了它的外在方面，融化了庄、禅来充实丰富了它的内在方面，而使它原有的仁学结构在工艺——社会和文化——心理两个方面虽历经时代的推移变异，却顽强地保持、延续和扩展开来。而这也正是中国智慧中值得注意的一个特色。也许，这正是文化有机体通过同化而生长的典型吧。

大体来看，中国传统思想的哲学方面经历了五个阶段。在先秦，主要是政治论的社会哲学，无论是儒、墨、道、法都主要是为了解答当时急剧变动中的社会基本问题，救治社会弊病。在秦汉，它变化为宇宙论哲学。到魏晋，则是本体论哲学。宋明是心性论哲学。直到近代，才有谭嗣同、章太炎、孙中山的认识论哲学。而在这所有五个阶段中，尽管各有偏重，"内圣外王""儒道互补"的实用理性的基本精神都始终未被舍弃。孙中山提出"知难行易"学说，开始在认识论上有突破中国实用理性的经验论、真正重视知性的近代趋向，但显然没能得到充分发展。

马克思主义输入中国后，中国传统意识形态才发生了迅速的改变。但是，为什么马克思列宁主义会这样迅速地和忠挚地首先被中国知识分子而后为广大人民所接受所信仰？这便是一个很值得思考的问题。当然，主要原因在于中国现代救亡图存即反帝反封建的紧急的时代任务，使进步的知识分子在经历了许多挫折和尝试错误之后，选择和接受了这种既有乐观的远大理想和具体的改造方案，又有踏实的战斗精神和严格的组织原则的思想理论：马克思列宁主义的实践性格非常符合中国人民救国救民的需要。但是，中国传统的民族性格、文化精神和实用理性是否也起了某种作用呢？重行动而富于历史意识，无宗教信仰却有治平理想，有清醒理知又充满人际热情……这种传统精神和文化心理结构，是否在气质性格、思维习惯和行为模式上，使中国人比较容易接受马克思主义呢？以前一些人常说，马克思主义不适合中国国情，但实际的事实却恰恰相反，马克思主义不仅在中国成功地领导和完成了一场翻天覆地的人民战争，在整个中国社会中生了根，而且在这个过程中，从毛泽东的军事政治战略到刘少奇的个人修养理论到邓小平的"实事求是是毛泽东思想的精髓"和"两个文明"（物质文明与精神文明）的提法，已经使马克思主义很大程度上中国化了，即与中国社会斗争的实际、思想意识的实际结合起来了。因之，如果将马克思主义与许多其他一种近现代哲学理论如新实在论、分析哲学、存在主义等相比较，马克思主义对中国人也许是更为亲近吧！这也说明马克思主义在中国的传播发展结合传统进一步中国化当非偶然插曲，而将成为历史的持续要求。相反，那些过度烦琐细密的知性哲学（如分析哲学）、极端突出的个体主义（如存在主义），对中国人的心理结构和文化传统倒是相距更为遥远和陌生。我们可以吸收融化其中许多合理的东西（如严格的语合分析、思辨的抽象力量、个体的独立精神等），但并不一定会被它们所同化，倒可能同化它们。所以，即使从中国思想历史的传统看，也似乎不必过分担心随着现代化的来临，许多外来思潮如存在主义等将席卷走中国的一切；相反，我们应该充满民族自信去迎接未来，应该更有胆量、更有气魄和智慧去勇敢地吸取外来文化和融化它们。

文化自信的本质与当代意义

文 | 陈先达

[陈先达（1930—   ），江西鄱阳人，哲学家、教育家。本文摘编自《中国特色社会主义理论》，2018年第3期]

传统是非常重要的。从个人来说，从生到死有一定的时间段，人人如此。惟独传统和内在于传统的伟大精神、智慧与理念没有时间段，它超越时间。

中国现在已经不再像旧中国那样在世界政治舞台缺位，或扮演敬陪末座没有发言权的"小媳妇"角色，而是带着中国特色社会主义建设的伟大成就，带着构建人类命运共同体的主张，带着解决世界所面临的问题的中国方案、建议和话语，自信地走向世界政治舞台的中心。

文化的发展史犹如绵延的万里群山，其中有低谷、有平原、有高峰。只有群星灿烂、高峰迭起、蔚为壮观，才是一个拥有如此丰富文化遗产的文化大国、文化强国的样子。建立一个文化繁荣兴盛的大国，其难度堪比建设一座精神的万里长城。

有个学生问我：什么是文化自信，文化自信的主体是谁，信什么？我参观故宫看到的是琳琅满目的珍藏国宝,无非是展品;参观长城,巍峨雄伟,气势逼人,无非是旅游景点;参观国家图书馆,诸子百家,各种类书汗牛充栋,无非是藏书。放在书店就是文化商品,在课堂里就是课本。凡此种种与文化自信有什么关系?他深感困惑。

习近平总书记在党的十九大报告中提出要"引导人们树立正确的历史观、民族观、国家观、文化观"。这为我们从理论上阐明文化自信提供了重要指导。文化自信是对中华文化的历史起源、发展、精神特质和精髓的总体性判断,是秉持对中华文化的科学、礼敬、继承、创造性推进的基本立场和态度。只有坚持历史唯物主义文化观、立足于国家和民族的前途与命运高度才能理解文化自信问题,否则我们看到的只是文化的物质载体或各种文化具体的物化形态,彼此分离,一枝一叶,无法把握中国文化的内在总体精神和文化自信问题的当代价值。"不谋全局者不足谋一域",在文化自信的理解上也是这样。

文化自信:新时代的大问题

文化问题的研究具有时代性。不同时代提出什么样的文化问题是时代的反映。文化问题的研究,随着社会时代不同会提出不同的问题,而不同问题显出不同的时代特征。

如果说,斯宾格勒的《西方的没落》反映的是对西方资本主义社会发展前途的失望,亨廷顿的"文明冲突论"则是西方把由于向外扩张引发的矛盾转变为以文明冲突作辩护的政治需要;西方马克思主义和西方"新左派"对文化问题的研究,是由于无力为解决资本主义问题找到出路,聚焦于对西方资本主义发达工业社会的文化批判。在当代,文化成为一个世界热点问题,是与资本主义工业化、城市化所引发的精神失衡相联系,与道德失范、审美价值失落、信仰缺失相关。总之,人们的精神处于一种饥渴状态,对人文精神的追求大大促进了文化的研究。在世界范围内,文化问题研究属于文化学范围,是文化学者们的任务。

西方不存在特别突出的文化自信问题。几百年来,西方一些发达资本主义国家处于强势地位,向外输出所谓西方文明,对它们来说,主要是存在文化自大和文化霸权。西方文明优越论和以救世主的姿态向外输出西方文明与文化殖民,是西方资本主义世界几百年中处于主导地位的文化观。虽然近些年也有学者写过关于西方文化衰落的著作,如美国学者阿瑟·赫尔曼的《文明衰落论——西方文化悲观主义的形成与演变》,但只是对历史上几位哲学家关于西方文化衰落的叙述,跟文化自信问题没有特别直接的关联。

文化自信问题在当代中国之所以成为一个问题,既是基于近代先进的中国人在民族苦难和奋斗中民族自强和文化自觉的展示,又是当代中国面临的民族伟大复兴对文化自信和文化自觉的迫切需要;既是对全体中国人树立文化自强自信心的鼓舞,又是对当代一切否定中华民族文化的回击,包括多年由于受侵略、受压迫造成的某些人中残存的民族自卑情结的解扣。现在国内国外、网上网下都有些言论,贬低中华文化,否定中华民族的历史贡献,否定近代以来中国人民的奋斗史,歪曲中国共产党的历史、中华人民共和国历史,歪曲改革开放历史,就更需要对中国人民和中华民族的优秀文化和光荣历史,加大正面宣传力度,增强做中国人的骨气。习近平总书记强调:"坚定文化自信,是事关国运兴衰、事关文化安全、事关民族精神独立的大问题。""大问题"这个提法是对文化自信问题在中国特色社会主义建设中所处重要地位的重大判断。

"四个自信"是习近平新时代中国特色社会主义思想的重要组成部分,是以习近平同志为核心的党中央擘画未来、绘制蓝图,为中国实现社会主义现代化强国,实现中华民族伟大复兴而奋斗的理论和精神支柱。尤其是其中的文化自信,由于文化的特殊本质和功能,发挥着更基础、更广泛、更深厚的作用,因而对道路自信、理论自信和制度自信具有文化和精神支撑作用,与坚持中国特色社会主义道路、理论、制度具有不可分割的内在联系,构成习近平新时代中国特色社会主义思想的重要组成部分。正如习近平总书记指出："增强文化自觉和文化自信，是坚定道路自信、理论自信、制度自信的题中应有之义。"

谁的自信：中国共产党和中华民族的自信

文化自信，当然不是文化的自我自信。文化并非主体，主体是人。在当代中国，文化自信的主体是中国共产党和中华民族。中国共产党是中国革命、社会主义建设、改革开放的领导者，也是中华优秀传统文化的继承者和创新者，是红色文化和社会主义先进文化的创建者。在当代中国，中国共产党代表社会主义先进文化的前进方向，离开中国共产党领导下的革命胜利，当然不可能有文化自信。

中国共产党是中国工人阶级的先锋队，同时是中国人民和中华民族的先锋队。中国共产党的自信是深深植根于我们民族的文化血脉之中的，是从人民的拥护和爱戴支持中吸取力量的。中国共产党的文化自信，同时是中华民族的自信和中国人民的自信。文化自信的主体，是中国共产党、中国人民和中华民族的统一。其中，由于以马克思主义为指导，中国共产党的成立是中国开天辟地的大事，它是有理论、有组织、有纪律，站在时代前列、引导时代潮流的政治集团，因而成为中华民族和中国人民的领导核心，是文化自信的主体。要问文化自信是谁的自信，首先是中国共产党人的自信。

当然，中国共产党的文化自信主体地位和中华民族作为文化自信主体地位是一致的。中国共产党人是中华民族的优秀儿女。没有中华民族的文化自信，就不可能孕育和培养中国共产党人的文化自信。文化具有地区性，不同地区有不同的地区文化；民族有民族文化，中国各个民族有自己的民族文化。地区文化，具有地区性，它的范围可以界定；各个民族文化具有鲜明的民族性，可以识别。但中华各民族有着共同的主体文化。中华民族文化不是各民族文化的叠加、总和，而是各民族文化长时期逐渐融合而成的占主导地位的文化,是既超越地区、超越民族又体现在地区文化和民族文化之中的中华各民族的共同的文化。因而中华民族共同文化也就是中华文化。习近平总书记指出:"中华民族有着强大的文化创造力。每到重大历史关头,文化都能感国运之变化、立时代之潮头、发时代之先声,为亿万人民、为伟大祖国鼓与呼。"中国共产党的品格就代表了中华民族的不屈不挠、自强不息的民族品格。中国共产党人的文化自信就是凝聚并代表中华民族的文化自信。

文化自信不能离开国家。正确的文化观不能离开正确的国家观。国家对于共同文化的形成和认同至关重要。要形成和维护一个统一的中华民族文化,必然要有一个统一而非分裂的国家。民族是文化的主体,而文化是民族的灵魂,中国各民族的生存和发展离不开统一而强大的国家保障。当一个国家被消灭或处于分裂时,它的文化发展也会中断。世界四大文明古国,只有中国文化没有中断,因为中国自古至今始终是中国。中国有过分裂,但统一是主导的。即使当时存在不同的民族政权,它仍然处于中国这个大的疆域之内,因而极容易统一,中华民族的文化保存和继承相对完好。历史证明,当国家分裂,文化发展的血脉会中断,何谈文化自信!

当代中国的文化自信,同时是中国人民的文化自信。或许有人说,这是空话。你看近百年来中国人是一盘散沙,是用革命烈士的血蘸馒头治病的愚民,是围观看杀头的看客。不错,鲁迅先生曾经深刻批评这种国民劣根性,但他不是把批评矛头指向人民,而是批判旧的社会和旧的制度。鲁迅没有失去对中国人和中华民族的自信。他说过:"我们自古以来,就有埋头苦干的人,有拼命硬干的人,有为民请命的人,有舍身求法的人……这就是中国的脊梁。"他强调,中国并没有失掉民族自信力。近代中国人一盘散沙是统治者的"治绩"。中国近代表现的国民劣根性并非中国人本质特性,而是朝廷腐败和社会腐败的"治绩"。

中国共产党始终坚持历史唯物主义,始终坚持马克思主义的人民群众观。"我们中国人是有骨气的。"毛泽东说:"自从中国人学会了马克思列宁主义以后，中国人在精神上就由被动转入主动。从这时起，近代世界历史上那种看不起中国人，看不起中国文化的时代应当完结了。伟大的胜利的中国人民解放战争和人民大革命，已经复兴了并正在复兴着伟大的中国人民的文化。这种中国人民的文化，就其精神方面来说，已经超过了整个资本主义的世界。"不依靠人民，不以人民为中心，所谓中国共产党人的文化自信，就会是一句空话。

文化自信当然包含人数众多的与人民同呼吸共命运的知识分子和文化人的自信。各个文化专业领域的专家、学者、非物质文化的创造者和传人都能从自己专业领域发现文化自信的历史根源和文化传统，也都能以自己的创造性贡献强化人民的文化自信。改革开放以来，尤其是党的十八大以来，中国学者和专家以一个拥有丰富文化传统和当代文化的文化自信大国学者参与世界的文化交流极为平常。可以预见，在世界文化学术论坛和文化交流中，中国学者将会日渐增多。单面输入和接受的时代已经结束。中国学者广泛参与世界文化的交流，就是文化自信的一种表现。

当然，我们不能把文化自信问题只归结为文化人的自信。我们有些学者津津乐道民国时的学者如何如何，仿佛那时是中国文化的鼎盛时期，中国有着充分的文化自信。这是一种错误的历史观和文化观。毫无疑问，民国时期出现过一些有贡献的著名学者，中国人不会忘记他们的文化功绩和学术贡献。但是当时的中国，国势孱弱，文盲众多，是在国际上没有发言权的中国。如此中国，中国人的文化自信、中华民族的义化自信从何而来？仅仅靠少数文化名人，不可能撑起民族自信的大厦。

文化自信问题不仅属于文化，它与国家的强大、民族的独立不可分。在20世纪30年代，曾发生过中国文化的出路何在的争论，参加者主要是文化学者，无论是全盘西化论者还是中国文化本位主义者，都无法真正确立中国文化的自信。全盘西化论者固不用说，即使文化本土派也并未真正理解中华传统文化的精髓所在。在文化范围内争论中国文化出路和自信问题是不可能解决的。毛泽东在 1940 年撰写的《新民主主义论》，站在马克思主义文化观的高度，把文化问题、中国向何处去的问题与中国出路联系在一起讨论。《新民主主义论》第一章开头提出的就是"中国向何处去"的问题，紧接着第二节的标题是"我们要建立一个新中国"。并且明确提出了中国文化的领导权和指导思想：这种文化"只能由无产阶级的文化思想即共产主义思想去领导，任何别的阶级的文化思想都是不能领导的。"中国向何处去的问题不解决，中国不获得解放，不建立社会主义制度，是不可能实现中华民族文化伟大复兴、重新树立民族文化自信的。

信什么：中国文化特有的精神标识

要坚定文化自信，不能只看到物，看到文化的载体，而要理解中华文化的深层内涵。无论是文物还是典籍，都只是文化的载体，文化的主体是人，而灵魂是载体中的内在精神。如果我们从故宫无数国宝级的藏品中，从难以计数的中华优秀传统经典中，从万里长城和中国历朝种种巧夺天工的文物和建筑中，看不到其中蕴藏的中华民族的创造力，看不到蕴涵的中国精神、中国智慧、中国理念，当然无法理解为什么我们能从中获得树立文化自信的信心。因为文化自信，是从中国历史和无数经典中包含的丰富的哲学智慧、政治智慧、历史经验和治国理政理念体悟到经典中包含的作为独特标识的中国精神、中国智慧、中国理念，从如此众多的巧夺天工的文物中发现中华民族的创造力和生命力。

中华文化丰富的内涵和精髓，可不是走马观花式地参观、旅游，漫不经心地阅读能把握的，需要正确的文化观和理解水平。在艺术品市场的拍卖中，我们从艺术品市场对一幅字画、一件青铜器、一件名贵窑瓷的天价中，惊讶地看到它们的商业价值，但不意味着人们懂得它们的文化价值，更何况有能力把这些被拍卖的艺术品与文化自信联系在一起。马克思说过，"贩卖矿物的商人只看到矿物的商业价值，而看不到矿物的美和特性"，"对于没有音乐感的耳朵来说,最美的音乐也毫无意义"。文化的本质和文化自信是建立在对中国文化载体中内在蕴藏的中国精神、中国智慧和中国理念的总体性理解基础上的。它体现在中国物质文化和非物质文化中,贯穿于中华优秀传统文化、红色文化和社会主义先进文化之中。

为什么毛泽东在《中国革命和中国共产党》这样一本论述中国革命和中国共产党的书中要从中国历史开始,说:"在中华民族的开发史上,有素称发达的农业和手工业,有许多伟大思想家、科学家、发明家、政治家、军事家、文学家、艺术家,有丰富多彩的文化典籍。在很早的时候,中国就有了指南针的发明。在一千八百年前,已经发明了造纸法。在一千三百年前,已经发明了雕版印刷。在八百年前,更发明了活字印刷。火药的应用,也在欧洲人之前……有文字可考的历史。"毛泽东如此充满信心地重述中国历史、中国的文明发展史和文化发展史,为对中华民族做出卓越贡献的人物而自豪,就是因为中国的历史,中国的文明史、文化史、发明创造史和历史杰出人物,体现的是中华民族自强不息的奋斗精神、巨大的创造力和丰富的智慧。我们的先人能做到的,我们中国共产党人一定能做到,一定会不辱先人,继承这种精神,完成中国革命大业并继续建设一个美好的新中国。

传统是非常重要的。从个人来说,从生到死有一定的时间段,人人如此。惟独传统和内在于传统的伟大精神、智慧与理念没有时间段,它超越时间。你看,孔子、孟子、老子、庄子已经逝世两千多年,李白、杜甫、王维、白居易、苏轼、辛弃疾、陆游、姜白石这些著名诗人词人,也都逝世千年以上,至于许多国宝的年代难以确定,都是古董。可文化并不会因为年代久远而丧失它的价值。其中承载的思想仍然在哺育一代代中国人,后人从阅读、诠释中理解其中蕴藏的精神、智慧和理念。

流传至今的古代文物中保留的文化信息仍然存在,它的精美绝伦技艺和艺术精神仍然在向当代人传达我们祖先的智慧和创造力。现在不是在呼唤工匠精神吗?看看我们祖先制造的青铜器、瓷器,看看景泰蓝,看看种种光彩夺目、令人叹为观止的工艺制品,那才是真正的工匠精神。我想起了《庄子·知北游》中的"大马捶钩"的故事,"大马之捶钩者,年八十矣,而不失豪芒",一生"于物无视也,非钩无察也"。庄子别有寓意,但就捶钩技术来说,也算是一种"精于一"的工匠精神。农业时代的工艺也许过时,但这种一丝不苟精益求精的精神,对处于工业化或后工业化时代的我们,仍然具有榜样作用。

有些人指摘马克思主义哲学是机械唯物主义,认为它不承认精神、思想和理念的作用,这不是误解就是有意曲解。马克思主义的唯物主义是辩证唯物主义,它主张社会存在决定社会意识,高度重视社会意识的能动作用。马克思的名言:"哲学把无产阶级当作自己的物质武器,同样,无产阶级也把哲学当作自己的精神武器。"你看,马克思承认精神是一种武器,承认思想的能量如闪电雷鸣。它一旦沁入人的心灵,就会发挥无比巨大的威力。在我看来,没有一种哲学比马克思主义哲学更重视人的主观能动性。不承认精神作用的"马克思主义",是对马克思主义的嘲弄。中国古人都懂,"夫形者,生之舍也;气者,体之充也;神者,生之制也。一失位,则三者俱伤矣""此三者,不可不慎守也"。

有人说,现在我们不是已经全盘西化了吗,还讲什么中国的文化自信?我们穿西装、吃西餐,我们乘坐的飞机、高铁,使用的手机、电话,等等,不都是源自西方吗?各个民族的文明从来都是相互影响的。我们可以说"胡化",我们许多蔬菜水果源自当时的西域;我们也可以说,日本、韩国和越南汉化、唐化;也可以说,现在的西方正在中国化,因为我们的日用产品,包括具备技术含量的高端产品不断出口到西方,到处可以看到"中国制造"甚至是"中国创造"。把文明的传播、相互引进借鉴和全盘西化混为一谈当然是错误的。全盘西化的本义不是指文明和文化的交流,而是指出弃自己的民族文化传统和历史传统,企图变成另一个国家的翻版。这是不可能的。我们的改革开放让中国参与世界性交往,但中国仍然是中国,中国文化仍然是中国文化。

没有一个民族能完全抛弃自己的文化传统，因为文化融于血脉之中，成为民族的灵魂。我们的生活方式，我们的绘画，我们的文学艺术——总之，凡是中国人在灵魂深处都会有中国文化的胎记，中国人的创作不可能完全脱离中国传统的影响，都会在不同程度上保有我们文化的民族特色。当然，我们并不排斥西方文化，相反我们应该吸取西方优秀文化，但它不能改变中国文化的民族特色。毛泽东在与音乐工作者的谈话中用织帽子来比喻，说学外国织帽子的方法，要织中国的帽子。外国有用的东西，都要学到，用来改进和发扬中国的东西，创造中国独特的新东西。还说，应该越搞越中国化，而不是越搞越洋化。"洋为中用"，这是毛泽东的一贯主张。

文化自信当然包括对中国革命斗争中创造出的红色文化的自信。红色文化和我们的实际生活，和实际斗争是紧紧结合在一起的。我们不是生活在古代的中国，而是生活在现代中国。由于不存在时代隔膜，它们用不着诠释、解读、争论、辨伪、考证或者各自立说，也容易为人民理解和接受。

《红色家书》和《烈士诗抄》中一封封充满家国情怀的家书，一首首充满炽热革命激情的绝命诗，其中包含的杀身成仁、舍生取义、视死如归的精神，继承了中国传统文化中移孝作忠的爱国主义精神，更加具有现实的教育意义。习近平总书记多次指出，"中国革命历史是最好的营养剂""历史是最好的教科书"，强调"要把红色资源利用好、把红色传统发扬好、把红色基因传承好"。习近平总书记赞扬"红船精神"是中国革命精神之源；中国共产党的历史上形成优良的革命精神，无不与之有着直接渊源。无论是井冈山精神、长征精神、延安精神、西柏坡精神，都是"红船精神"的继续发扬。"红船精神"的核心就是革命精神，是共产主义的理想和信仰。

文化自信是不能断流的。在社会主义条件下，文化自信当然要更重视对社会主义先进文化的自信。它是植根于优秀传统文化，直接继承"红船精神"开辟的革命文化，又是基于中国社会主义建设实践的新的文化。社会主义社会是人类社会发展的新形态，人类历史从来没有出现过的社会形态。如果说，社会主义社会是人类社会发展的规律，是预示着人类发展的总方向，那社会主义文化就是一种更具先进性的文化，具有人类文化发展方向的导向性的文化。社会主义先进文化正在建设中。体现社会主义先进文化精神和社会主义核心价值观的模范人物、道德榜样，就在我们生活中。

如果要问文化自信究竟信的是什么？可以肯定地回答：信的是中华优秀传统文化内含的中国精神、中国智慧和中国理念，信的是红色文化中的革命精神和共产主义理想和信念，信的是把国家、社会和个人提升到以社会主义核心价值观为主导的社会主义文化的先进性。

文化自信的使命：建立社会主义文化强国

中国历史上本来就是文化古国、文化大国、文化强国。近百年的列强侵略掠夺，使中国国弱民穷、科学落后、文盲遍地，文明古国成为文化弱国。中国人民解放战争的胜利使中国人民站起来了，经过七十多年的社会主义建设和改革，中国迎来了富起来、强起来的新时代。

习近平总书记在党的十九大报告中强调要"不忘初心，牢记使命"。习近平总书记掷地有声的誓言，代表中国共产党为中华民族伟大复兴而奋斗的决心，也代表了近百年来中国历史上为中华民族文化复兴而前仆后继、英勇牺牲的烈士的初心。中国共产党从来没有忘记自己的初心，没有忘记无数曾经为中华民族的复兴，为建立自由、民主、独立的强大中国而牺牲的烈士。矗立在天安门广场中心的人民英雄纪念碑上镌刻着的碑文，就是要子孙后代牢记为革命而牺牲的先烈的初心。

"不忘初心"，也是近百年来革命烈士头可断、血可流，永不动摇、奋斗到底的决心。我想起了秋瑾的咏梅诗："冰姿不怕雪霜侵，羞傍琼楼傍古岑。标格原因独立好，肯教富贵负初心？"秋瑾是为革命而牺牲的女中豪杰，她的初心就是推翻腐败的清政府，追求国家的自由和富强。秋瑾以自己在浙江绍兴轩亭口英勇就义,诠释了自己的不忘初心,也代表了一大批民主革命时期为中国革命牺牲的烈士的初心。

中国共产党不忘初心,牢记使命,实现中华民族伟大复兴,其中就包括中华民族文化的复兴,包括推动社会主义文化繁荣兴盛,建设文化大国、文化强国。没有文化的复兴,也就没有全面实现现代化,中华民族的复兴就会因缺乏精神和文化的支撑而后劲乏力。

推动社会主义文化繁荣兴盛,建设社会主义文化强国是一项非常困难而长期的任务。因为时代、条件、环境的不同,发展面向现代化、面向世界、面向未来的,民族的、科学的、大众的社会主义文化,比毛泽东当年在《新民主主义论》中提出的文化建设任务更为艰巨。在一个国际交往频繁,各种文化碰撞和相互交融,思想多样、利益多样的当代中国,各个人文社会科学学科的构建,社会主义文学艺术的繁荣发展,用社会主义核心价值观培育全体人民尤其是青年一代,都需要坚持不懈。这个任务在一定意义上比其他建设更困难,因为它涉及的是人,而人的理想和信仰会遇到各种不同的价值观壁垒障碍。思想是个最微妙最难深入的领域,对有些人一定意义上可以说是个黑洞。这是个任何压力和强迫都无效的领域。文化领域是知识分子最为集中的领域。要讲究文化建设的领导方法,要贯彻党的知识分子政策和文化政策,要吸取过去的经验和教训,充分调动广大知识分子与文化工作者的积极性和爱国主义热情,使文化建设成为广大知识分子和文化工作者的一项自觉的任务。

文化建设不等同于意识形态建设,但其中确实存在意识形态问题。文化建设属于意识形态领域中的建设,不可能去意识形态化、去政治化、去中国化。文化建设,既要巩固马克思主义在意识形态领域的指导地位,坚持以马克思主义为指导,坚守中华文化立场,又需要立足当代现实,结合时代条件,创造出具有时代价值、反映人民愿望的高水平的文化产品。

文化的发展史犹如绵延的万里群山,其中有低谷、有平原、有高峰。

文化名人和传世巨著的出现,并非累世能见。中国特色社会主义新时代应该创造条件以便培养更多的文化名人和出现更多的名篇巨著。只有群星灿烂、高峰迭起、蔚为壮观,才是一个拥有如此丰富文化遗产的文化大国、文化强国的样子。建立一个文化繁荣兴盛的大国,其难度堪比建设一座精神的万里长城。

"长风破浪会有时,直挂云帆济沧海。"在推进社会主义文化繁荣兴盛、建设社会主义文化强国的过程中,一切有责任感、使命感的文化工作者,一定要不辜负我们的时代、不辜负我们的党、不辜负人民对我们的期待,以自己的作品推动文化自信走向更高层次。

解读文明历史　增强文化自信

文｜李学勤

［李学勤（1933—2019），北京人，历史学家、古文字学家。本文摘编自《社会科学战线》，2013年第3期］

2012年11月15日，习近平同志在当选为中共中央总书记后，与中外记者见面，作了重要讲话。他在讲话中回顾历史时说："我们的民族是伟大的民族。在五千多年的文明发展历程中，中华民族为人类文明进步作出了不可磨灭的贡献。"这是对我们文明历史的高度概括和热情肯定。

我们中国人从来十分重视自己民族的历史。我们有汗牛充栋的历史载籍，有悠久丰富的史学传承。历史是中华民族优秀文化不可或缺的核心，也是我们文化创造取之不竭的源泉。曾经有外国著作讲中国人是"历史的民族"，这在一定意义上确实是恰当的。

五千多年源远流长的文明历史，使每一个有见识的中国人引以自豪，支撑着中华民族的自尊心和凝聚力，使我们得以树立坚定的文化自信。"中国古代文明属于全民族，属于世世代代的人民，是全人类珍贵的遗产……爱国需要读史。人们说，无论是学社会科学的，还是学自然科学的，都应看一部关于历史的简明而可靠的书。'历史上写着中国的灵魂,批示着将来的命运。'(鲁迅《华盖集》)学习和了解历史是人类共同的追求。中华民族光辉灿烂的文化是由五千多年历史进程炼凝荟萃而成。"以上这些非常精辟的话并非出自历史学者之口,而是自然科学家宋健先生在1996年说的。我以为所有持"历史无用"观点的人,都应该体味一下上面的话。

五千多年的文明历史诞生和发展了中华民族的文化传统。让我们考虑五千多年的时间意味着怎样的概念。古人说30年为一世,这对于人间世代间隔的估计可能嫌略长一些,如果以一个世代平均25年推算,五千多年就相当于约二百代人。这二百代的中国人,怎样从原始蒙昧进步为文明,怎样建立了幅员辽阔的国度,创造了高度发达的文化,体现出何等的智慧、才能和勇气,在世界上起了多大的影响,对人类作出了哪些贡献,给今天的我们留下了什么经验和教训。这里正有着许许多多的重要课题,等待我们思考、探索和解明,下面我试提出几点,与大家商榷。

揭示中华文明起源形成的机制

一个文明所具有的文化特点,每每是在该文明开始形成的时期就已经初步存在了,因而对文明的考察必须追溯其起源。具体说来,中华文明起源的问题,便是探讨中华民族是在什么时候、什么地方、以怎样的形式跨进文明时代的。

大家都熟悉,中国是古代世界中有自己独立起源的文明的国家之一。与我们大略同时进入文明的,在欧亚大陆及北非还有埃及、美索不达米亚、印度等古国。文明的产生和形成是一个相当长的过程,一定要讲出某个古国在哪一具体年代成为文明,是没有什么意义的。我们只要了解到在大约五千多年前,这些古国先后形成了文明,也就足够了。

可是有些人不相信中国有那样长远的文明历史,他们不承认中华文明有自身独立的起源,而主张中国文化的外来说,特别是西来说。这种观点出现颇早，极端的实例如德国学者祈尔歇，他讲中国人都是《圣经》人物闪的一支后裔，漂流转徙到了中国，带来了文化。其中的文字源于埃及，只是中国人未能全部掌握，结果成了汉字。类似的荒诞说法还有不少，有的还遗留到现代。

中华文明的西来说，根源在于以欧洲为中心的文化传播论，以致不相信中国的先民有独立创造文明的能力和智慧。这种观点在学术史上曾有不小影响，在中国发现仰韶文化的瑞典著名考古学家安特生也曾为这种说法所沾染，中国多位考古学家通过一系列考古工作和研究，才得以驳正。西来说以及其他中华文明的外来说，近年来已较少出现，但中华文明如何起源形成的问题，仍然摆在我们前面。

曾长期在美国哈佛大学任教的张光直先生，在他晚年论述中国文明起源时说："我觉得，我们需要做一些很重要的工作，就是要把西方社会科学的法则来和中国丰富的历史经验加以对比，看看有多少是适用的，有多少是不适用的。我相信大部分代表人类的法则是可以适用的，但有一部分是不能适用的。这些不能适用的部分有的就牵涉到文明城市和国家的起源问题。"张光直先生这里说的"法则"，用我们更习惯的话讲，就是"规律"。

人类历史有其普遍的规律，有在规律下显示的共同性、一致性，但不同民族、国家的历史又有其本身的特殊性、个别性，而我们对历史普遍规律的认识，是通过各个民族、国家具体历史的综合比较来萃取的。例如现在大家讨论文明起源，涉及判断是否属于文明的标准，一般流行的说法有一定规模的城市、礼仪性建筑物、文字的发明和金属器（青铜器）的使用等。我曾多次说明，这三四条标准是以若干外国古代文明的材料为基准的，并且从开始提出便有争论。

实际上，城市、文字、金属器等都是文明因素，在各个古代国家、民族间其发展都是不平衡的。正是这种不平衡，使各自走向文明的轨迹不同，构成了文明起源过程的多样性。像中国这样地域广阔、人口众多的国家，其文明的兴起应当有其特有的途径。从中国的历史实际出发，深入进行考察探讨，必将使我们对人类文明早期发展的规律有更深刻的认识。

探讨中华文明绵延持续的原因

中华文明与古代埃及、美索不达米亚等文明一样，是人类最早创立的有独立起源的文明之一，然而和其他大约同时期起源的古代文明不同的是，中华文明不仅兴起甚早，而且传流久远，延续至今。古代埃及、美索不达米亚等地的古文明，很早就绝灭了，直到近现代，才在考古学家的发掘中陆续显现出来。还有稍晚出现的希腊、罗马古典文明，当时繁荣昌盛，留下深远的影响，不过到了中世纪，仍然归于中断。惟有五千多年前始源的中华文明，尽管经过世世代代，风风雨雨，却能一直流传下来，不曾断绝。其中原因，难道不是特别值得思考探索吗？

记得前几年，我在中国科学院研究生院组织的论坛演讲，提到中华文明绵续不绝，认为是比所谓"李约瑟问题"更难回答的问题。论坛上有听众要求我要给一个解释，我想到的是：中国的文化传统有个特殊优长之处，就是包容性。我们文化传统的包容性兼及对内与对外两个方面。

对内的，是指国内各地区、各民族在文化上的互相影响交流，融会贯通。史学界同仁都注意到，改革开放以来，我们有一个非常重要的理论趋向，是强调我们中国从来是多地区、多民族的国家，而光辉灿烂的中华文明是各地区、各民族的人民共同创造的。恰恰是由于有多地区、多民族的文化来源，使我们的文化传统有多彩的面貌、多样的成果。

对外的，是指中国人一贯善于学习和引进外国先进的、有益的文化。我们有时形象地将这种学习、引进喻为"取经"，实际上中国历史中的"取经"，即吸收印度等地的文化学术，在史籍中有极多的描述记载。至于近代中国人之对待西学，更是众所习知的了。现任俄罗斯远东研究所所长的汉学家季塔连科便说："中国文化的特征之一就是从不机械地学习外国文化，而是把一切外国的经验'中国化'。"这一点乃是中华文明历久弥新的原因之一。

论证中华文明演变进步的轨迹

上面说到中华文明不仅传流久远，而且是历久弥新，这已经谈到中华五千多年文明的又一特点，即在历史上不断更新和进步。在这个方面，我们不同意中国历史和文化的停滞论。

停滞论可以承认中国有五千多年的文明历史，然而否认这五千多年历史是一个不断进步的演化过程。持停滞论者主张中华文明是落后的，而且是不变的，中国历史纵然有种种变化，自整体来看，其实质是停滞不前的。所有变化只能限于循环的运动，周而复始，没有真正的进步可言。

这种理论代表人物，可举出从德国到美国的魏特夫，他晚年撰写的《东方专制主义》一书，曾在我们这里引起过不少讨论。魏特夫认为中国的社会是以水利为基础的专制主义社会，中国的自然地理环境决定了没有大型的水利工程，就不能维持必要的农业生产，而这样大型的水利工程，必须有专制主义的政权才能建设和控制，从而这样的社会及其文化是停滞不变的。魏特夫主张，中国人自己不可能改变历史，只有西方文化的输入才能打破循环，使之有根本的改变。

停滞论不符合中国的历史实际。尽管史学界对中国历史划分为哪些阶段以及如何划分，迄今还有不少不同见解，但是中国历史，包括社会史和文化史，都可以而且必须划分为演变递进的若干阶段，则是显然易见的。只有以发展的眼光看待，才能说明五千多年文明历程的真相。

阐述中华文明对人类作出的贡献

我们说中国历史不断演进发展，并不等于说我们的文明历史没有曲折和停顿。特别是到近代，中华民族深陷于危机苦难之中，我们文明的命运也面临危殆，遭到怀疑、蔑视、歪曲，以至于否定。

比如说中国历史上没有科学，只有技艺；没有哲学，只有思想；没有宗教，只有迷信；没有医学，只有巫术……其实完全不是这样，只是用西方的概念来套，没有与他们一样的科学、哲学、宗教、医学……中华民族有自己的文化传统，曾经发展到高度，影响到世界，乃是不争的事实。

最近看到一本外国学者罗伯特·洛根写的书，题目是《字母表效应》，他认为："字母表为发明之母。与中国象形文字不同的是，字母表和拼音文字培育了西方人分析和逻辑的抽象能力，西方文化中的独有特征——典章化法律、一神教、抽象科学、逻辑和个人主义——也与此息息相关。"这样说，似乎中国人命定不能有现代的文明了。有意思的是，与这本书中文版问世差不多同时，中国科学院院士汪品先先生提出要"培育一个以汉语为基础的创新平台"，因为"汉语有着不同于拼音语言的优势"，"它的形象性传递的不仅是读音，还有画面，包含的信息更丰富"。

对于中国文明历史产生种种误说的原因之一，是我们还没有更多更深入地说明和介绍我们民族在历史上曾作出的贡献，也没有充分认识中国文化传统的优长和不足之处。进一步研究解读五千多年的文明历史，将能丰富我们的文化内涵，增强我们的文化自信，为今后世界的文明进步作出新的贡献。

文化自信与文化定力

文 | 王　蒙

[王蒙（1934—　），河北南皮人，作家、学者，原文化部部长、中国作家协会副主席。本文摘编自《上海文学》，2016年第3期]

中国文化面临"千年未有之大变局"

我们中国是一个在文化上充满了优越感的国家，是个既吸收各个方面的外来影响，又从来没有怀疑过自己的文化优势的这样一个国家。我们中国过去就不知道，也不相信世界上有和中国一样的很多其他国家。我们只知道中国是最伟大的。所以当英国想打开清政府的大门，想和中国通商的时候，中国的回答是：我们不需要和你通商，我们这里什么都有，我们一应俱全，用不着和你通商。

可是近二百年来，中华民族经历了空前危局。中国文化面临"千年未有之大变局"。

当我们一遇到西方的船坚炮利——这种强大的机械化的军事力量、物质力量、商业力量、商业竞争，和我们中国一直得益于自己所讲的"仁义礼智信"——我称它为古道热肠,就是我们相信的中国最好的时期是越古越好,碰撞上了,就出现了大变局。全傻了。

这里我要说一句话,就是大家不要认为文化是都已经兑现了的东西,文化包含着人的一种追求、一种理想,这种追求和理想未必能够百分之百地兑现,尤其是在你的有生之年兑现。

比如西方的基督教文化非常好。西方的基督教文化他们都做得到吗?打你的左脸,把右脸伸过去?没有哪个西方人,你打他的左脸,他会把右脸伸过来。这是不可能的嘛!是不是?见到别人不信基督教,就说是迷途的羔羊,等等。这些东西都是实现不了的。爱敌人,实现得了吗?是不是?美国人实现了爱敌人吗?当年那希特勒——法西斯德国,更没有实现。

所以文化里头它包含着许多你所向往的,但不是完全能够实现的东西。中国的文化,时间太长了,几千年,越来越多地暴露了向往和现实之间的距离。你的言说、你的理论、你的语录和你的行为之间的距离。譬如说我们看《红楼梦》,它没有受西方思潮影响,既没有受民主、自由、人权这一套的影响,也没有受阶级斗争、革命、暴力、生产力与生产关系的矛盾理论的影响,可《红楼梦》里的主人公并没有把仁义道德搞得很好啊,反而很差、很恶心。尤其是《红楼梦》里的男人,只有贾政——贾宝玉他爹相信这个。贾琏相信吗?贾珍相信吗?贾敬也不相信,贾敬他炼丹去了,炼完丹,吃到肚子里面都是结石,吃了一肚子结石,最后死了肚皮都是硬的。

所以这是一方面的矛盾。尤其到了清朝,除了刚才说的追求与现实,言论与行动之间的矛盾以外呢,更可怕的矛盾出现了,就是在中国文化之外,还有一个非常强势的文化——西方的文化,产业革命带来的文化,科学技术带来的文化,商业文明,商业竞争。所谓"物竞天择,适者生存",这样一套"争"出来的文化,不是"让"出来的文化。我们的固有文化提倡的就是让,谦谦君子。

异质的文化太厉害了呀!

文化焦虑

香港回归的时候,谢晋先生执导了一部电影叫《鸦片战争》。这部电影没有受到特别的重视,其实,影片中,谢晋有很深刻的思考。里面有一些令人非常痛心的画面。英国议会进行辩论,要不要对中国出兵,只差一票通过,在这些议员发言的时候,有一个议员拿着一个挺大的瓷器,说你们看见了吗,这就是中国,然后往地上"啪"的一摔——不堪一击。

还有一个场面,鸦片战争失败以后,皇帝撤了林则徐的职,然后派了他的弟弟,一个亲王,到这里主持求和。请英国军舰的舰长司令上来参观,好吃好喝好待遇,然后参观他们的炮台。这英国司令看了以后说这就是你们的炮台吗?说是。这就是你们的海防吗?回答说是。然后这英国人说,对不起,告诉你们,你们这全是垃圾。这样一种心情呀,太可怕了呀。

《鸦片战争》那个电影结尾的时候,是道光皇帝带着他的儿子、女儿、孙子、曾孙,一大堆,其中还有那一岁的,在地上爬的,在大清的祖宗牌位前哭成一团——说对不起祖宗。

这些我都称之为文化焦虑。就是我们由文化的优越一下子堕入到文化焦虑的深渊。

挫折、焦虑、失败、救亡变成了文化的主题,在这个时候呢,当然也仍然有一些老爷子,说我们的文化很好啊,很精致啊,我们的汉字很美丽啊,我们的瓷器烧得好啊,我们是讲孝悌、忠信、礼义、廉耻的啊。西方那些国家连什么叫孝都不知道。

但在大的时代背景下,这样的调子,被认为是昏聩、腐朽。那个阶段,延续到后来很长的一段时间,如果一个人热衷于古书,还在那里摇头摆尾于文言文,简直是人人得而诛之。

晚清以来,中国的有识之士,一方面是忧虑自己的传统文化难以应对陌生的异己的世界,突然暴露出千疮百孔,是否气数将尽;另一方面是怕挟着军舰大炮的强势的西洋文化会把自己的文化传统战胜与吃掉。各种对于文化问题的讨论充满悲情、激动人心、争执不休。这样的紧张性，使人进退都不好掌握。学西方（包括苏俄）学多了，怕是丢了祖宗；学少了，怕是不能自立于世界民族之林。继承传统，多了，怕是复古封建；少了，怕是丢了民族特色。

文化激进主义

在这种文化焦虑当中呢，我又引出第三个范畴来，叫文化激进主义——一种强度的文化焦虑必然会推进选择一种文化激进主义——把已有的文化成果视之为毒药，视之为垃圾。五四新文化运动就已经够激烈的了，在猛烈批判中国的传统文化上一个赛一个，不管是左派、右派，都是批判传统文化的。当然后来都有变化。

胡适等一些人提出了打倒孔家店。要跟欧美特别是美国一比较，便知道我们的中国事事不如人，只能误国误民。吴稚晖，国民党的元老，提出来把线装书扔到茅厕里去。鲁迅答记者问，给青年推荐什么书？他说："我以为要少——或者竟不——看中国书，多看外国书。"

他有一个解释："我看中国书时，总觉得就沉静下去，与现实人生离开；读外国书——但除了印度——时，往往就与人生接触，想做点事。"中国人是提倡静的。

更激烈的还有钱玄同，说什么"人过四十，一律枪毙"呀，"废除中文"呀。"废除中文"的说法，一直坚持到中华人民共和国成立以后。那不是开玩笑的人，那不是"愤青"，那是吕叔湘先生。吕叔湘先生的名言就是，我们中国一定要让汉字加封建专制主义被民主加拉丁化拼音文字所取代。当然，这个观点已经被否定了，汉字不可能被废除，而且完全可以和现代化接轨。

这些方面都有一些非常激烈的意见。那就是不但要否定中国的这一套传统文化中的这些东西，而且还要否定西方已有的基督教文明已有的一大部分。马克思和恩格斯说阶级社会是人类文明的史前社会。只有消灭了阶级以后,人类的文明社会才刚刚开始。那就是说到19世纪,20世纪为止,人类文明尚未开始,因为它有阶级,它有私有财产,这也是很激烈的。在20世纪60—70年代中,我们常常朗诵、背诵、引用马恩的语录:就是要和人类迄今为止的一切所有制的形式决裂,要和迄今为止的人类的一切文明观念形态决裂,那时候常讲的就是"两个决裂"——这也是激进。

文化激进主义还有一个很表面、很通俗的象征,就是全盘西化。胡适就是全盘美化的代表。他不遗余力地,非常真诚地介绍美国怎么好,我们应该学习美国。他甚至一直在幻想去说服蒋介石,让蒋介石接受美国的这一套政治观念。

我认为中国的全盘西化还有一个代表,不太西,但是比中国靠西,就是全盘苏化,完全俄化,代表人物就是王明。王明就是要按苏联的那一套模式来解决中国的问题。

激进主义有时候并不是政治上的统一派别,但是在文化上采取特别激烈的态度,而且这些人很容易被喝彩。鲁迅先生有一个观点,说中国人历史太久了,惰性太深了,讲什么都没有用了。

"中国人性情是总喜欢调和、折中的。譬如你说,这屋子太暗,须在这里开一个窗,大家一定不允许的。但如果你主张拆掉屋顶,他们就会来调和,愿意开窗了。没有更激烈的主张,他们总连平和的改革也不肯行。"毛主席的说法就是矫枉必须过正。本来孔子的学说是矫枉不要过正,中庸之道。毛主席说在中国矫枉必须过正,不过正就没法矫枉。他提倡这种文化激进主义。这不是偶然的,也不是前贤有什么毛病,而是确实中国这个文化太优越了。年深日久、积重难返,想改变它太困难了。

但是我们也可以说,我更愿意说,正是五四新文化运动拯救了中国的文化,拯救了中华文明。因为如果你不接受这些新的东西的洗礼,不接受这些新的观念的冲击,那么中国呢,就至今仍然处在晚清的窝窝囊囊的那样一种状态。

正是因为五四时期吸收了这么多新名词，新观念。我们考证一下，我们现在讲的社会主义核心价值观，我们也经过一个很长的过程，到十八大所提出的那些词，有很多是中国传统文化里所没有的。"民主"，中国传统文化中有吗？"自由"，中国传统文化中有吗？"平等"，中国传统文化中有吗？"法治"，中国传统文化中有吗？还有许许多多的。所以正是五四运动，引进了许多新的文化。虽然它激烈一点，虽然有些具体的说法和做法现在不可能按它那个办。但是它赋予了中国文化以新的生命，激活了中国文化那些最积极的部分，它推动了中国文化的重生。

谈到中国文化，我有一个小学同学，他后来到台湾去了，他和我同岁，但是因为我上学早，我后来又跳了班。这个小学同学叫林毓生，他长期在美国威斯康星大学执教。他提出来对中国的传统文化要进行"创造性的转化"。他这个说法和习近平总书记去年底在曲阜的说法是衔接的，就是中国的文化具有一种进行创造性转化的可能。

文化对接

这里我谈第四个观念，就是中国传统文化和世界先进文化的对接。这是可能的，不要认为中国文化是一个封闭的文化、僵死的文化，是一个生硬的、呆板的文化，不是。中国文化从来不拒绝吸收外来的影响。

在北京，北京的语言吸收的满语、蒙古语、阿拉伯语、波斯语，很多人现在都不知道。北京有很多说法，管"犄角"叫"旮旯"，这是满语。到现在，赶着牲口，赶马车，往左拐是"咦咦咦"，往右拐是"喔喔喔"，这是满语，"嗅"是左，"喔"是右。

北京人喜欢吃的一种点心，叫萨其马，"萨其马"是蒙古语"狗奶"的意思。这个多了。至于吸收西方的各种语言更多了，有的在八国联军以后才流行起来。比如"看看"说"喽喽"，就是"look"，沙发就是音译

"sofa"。还有一大批是从日语转过来的,是日本用日文当中的汉字翻译外文的词,包括"共产主义",这是日文的翻译;"社会主义",这是日文的翻译;"动员",这是日文的翻译。我们本身从来不是不开放的。

第二呢,中国文化确实是非常大,非常广,里面有很多本身就互相不完全一致的东西,各种悖论都存在。"非礼勿视,非礼勿听,非礼勿言,非礼勿动。"这是中国文化,但是"马无夜草不肥,人无外财不富",这也是中国文化呀,流氓文化呀,贫民文化呀,游民文化呀,也不能说它没有啊,这不算中国的,算外国的?《水浒传》里面的文化就和《论语》里面的文化不一致啊,它上哪里一致去啊?所以中国文化有很强的丰富性。"君君臣臣父父子子","君要臣死,臣不敢不死。父要子亡,子不敢不亡",这是中国文化。但是《三国演义》里没完没了的抓着降将就说,"良禽择木而栖,良将择主而事",就是可以双向选择,你一样可以选择你的老板。

最主要的是,中国文化有一种积极向上的进取精神,你从最古老的《易经》上看,它就给你来一个"天行健,君子以自强不息"。这个不得了的呀,这就是中国文化能够和现代性能够衔接的阳光大道。《大学》上讲"苟日新,日日新,又日新",中国还讲"穷则变,变则通,通则久"。——这是鼓吹改革的呀,中国人脑筋不死。

所以中国的文化是可以往现代性上走的,虽然现代性本身又带来很多新的问题,这我另说。

中国经历了这么一个复杂的过程,我们看到中华文化的古老,看到中华文化的不够用,但是我们也看到了中华文化的适应性有自我调整和自我更新的能力,有汲取和消化外来影响的能力。因为什么东西到了中国都要变样,被称之为本土化。

1998年,我被美国康涅狄格州的一个大学请过去待过一个学期。那个时候我就谈过这么一个观点,我说所有的外来影响到了中国它就要发生变化。譬如可口可乐,以中国大陆为例,改革开放以后,可口可乐来了,一开始不成功。何以见得不成功呢？在北京，可口可乐刚来的头一年，出现了喝一杯可口可乐赠送一个杯子或给一个盘子的这种优待措施，可见它卖不出去，它滞销。现在呢，喝的人越来越多了，但是到了中国它会变样。当时我说这话并不知道情况，我在那里说完，回到北京，立刻就发现，北京人已经把可口可乐当成了解表的中药。小感冒，可口可乐煮姜丝，餐馆都可以提供。因为它有一点咖啡因，喝了精神会好一点。原来鼻涕邋遢的，喝完这个也觉得舒服一点。还有更伟大的发明——中国台湾的三杯鸡。三杯鸡是什么呢？一杯可口可乐，一杯干红（把法国也消化进去了），再来一杯酱油。就这三样煮鸡，煮出来味道不错。

它到了中国是变的。只有无可救药的教条主义者才没完没了地抠那些字眼儿。

文化自信

前边都是谈历史，对历史的回顾。现在我们有了一种前所未有的对传统文化的热情，这原因很简单，因为我们国家有了巨大的发展。因为我们国家和过去相比，已经抬得起头来了，挺得起胸来了。因为我们国家已经对自己的前途有了自信，所以才有了文化自信，你如果连对你自己的前途都没有自信你还文什么化呀？

我们所说的文化自信就包括了对传统文化中积极的、优秀方面的自信，就包含了我们对自己发展模式的自信，也包含了我们对自己文化的这种汲取能力、选择能力、消化能力、调整能力、本土化能力，以及识别能力、分析能力的自信。

我们的文化不是一个脆弱的文化，不是手指头一捅就破一个窟窿的，捉襟见肘、岌岌可危的文化。我们的文化呀，是一个能够和世界对话，能够和世界打交道，是能够既保持自己的种种特色，又不拒绝任何外来的有益影响的一种文化。

如果有这样一种观念,简直是不得了的事情。很多东西一开始是不可思议的,想一想我们现在所接触的文化现象、文化产品、文化观念,和二十年以前、三十年以前、四十年以前相比,我们已经有了多么大的开拓和进展。有些很小的事情,我觉得不是什么大事,可是当初这都不得了啊。20世纪80年代我刚从新疆回来的时候,李谷一唱了一首《乡恋》,用的气声,《人民日报》上都有权威写文章批判她,邓丽君就更不用说了。

我们精神生活的空间确实是在不断地扩展,包括一些名词,我们放进社会主义核心价值观里边的,那比过去不知道宽广多少。"以人为本",过去也是不能讲的啊。五十年前你讲"以人为本"试试?弄不好,后果是不堪设想的呀。所以我们接受了许许多多的东西,但是接受完了以后呢,我们仍然是中国的文化。

文化定力

我是一个写小说的人,所以我谈文化,带有文人谈文化的特点。我还告诉各位,我有一个独特的体会,因为有一阵西方世界谈要对中国进行和平演变。中国对这个也很紧张,老怕被别人和平演变了。我最近怎么体会到我们中国也有能力给洋人和平演变了呢。现在很多洋人到中国,你去他家的时候,弄一大盘生菜,两片面包就算是请你吃了午饭。可是他要是到你家里,你要是给他这个,他甚至很公开地提出来说:你们家吃饭怎么这么简单呢。搞关系、送礼、变相行贿、许愿,包括文化人,都已经走中国这个路子了。

影响互相的,所以我谈的文化定力是什么呢?我们面对外来的影响,我们要有自己的选择,有自己的冷静,不要害怕,没有什么了不起的,也不要紧张,也不要简单地肯定或者否定。

钱锺书先生学贯中西,文通古今。他有一句名言:"东学西学,道术未裂,南海北海,心理攸同。"

中学和西学，道就是原理，术就是方法。不管是中学还是西学，它的原理和方法并不是可以完全断裂的。那么南海和北海，东西南北各个地方，全世界的心理也是有它的一致性、共同性的。

所以，第一就是要能够选择、调整和理性地对待。第二呢，就是要追求在今天的文化生活中一定的平衡，这个非常重要。现在的文化生活，我们的精神空间都空前地扩大了。可是这个扩大当中呢。需要有一定的平衡。有些休闲型、娱乐性、搞笑性的节目是可以有的。赵本山的节目我也看，小沈阳的节目我也看。潘长江，他演得好我也可以看。当然很庄严、很郑重、很主流的我觉得也很好，也可以看。

问题是我们要保持一种平衡，我们不能全部都是搞笑的节目。我们不能全是通俗的只追求收视率或者是发行数，不能全是这种东西。我们要有大众的、通俗的节目。什么达人秀，这样的节目也很好，我也很喜欢看。但是你要有一些高端的节目、一些高端的产品，你要有一些高端的文化的从业人士，要有文艺的大家。否则，就会出问题。有一个玩笑话说，中国自古就说，楚辞、汉赋、唐诗、宋词、元曲、明清小说，那么到了20世纪、21世纪这一段，咱们什么最发达呢？后来有人就说，手机段子。这你对后世就不好交代啊。现在，很多来自微博上的各种警句，一下子会点击超过三百万，比你的书发行量大多了！这是文化的高端精品吗？我现在常常感到糊涂，因为我的心目中，什么人是作家？李白是作家，屈原是作家，曹雪芹是作家，你一辈子写一百万条微博，又该怎么看呢？其实，能够代表人类智慧的高端精神产品毕竟还是太少了。苏联作家爱伦堡说，在文学上："数量"的意义非常小，一个托尔斯泰，比一千个平庸的小说家还重要。所以我们要通过引导、专业化的、有公信力的评论，通过我们的奖励、奖评制度，让文化生活能够达到平衡。

我在《人民日报》上已经多次写过文章，有的地方好像还被当格言一样的录下来，我就是说，通俗无罪，通俗不可怕，但是如果只剩下了通俗，这是不能容忍的。我们需要有高端，需要有引领。同样，我们大量的吸收外国的东西也无罪，但是我们不能忽视弘扬我们自己本民族的东西。关键就在这里。

大家现在很关心这个问题，我也很关心这个问题。我在许多报纸上，都写过文章。我说咱们现在汉语的水平在降低，已经没法办了。把简体字还原成繁体字以后，笑话百出。"王后"，就是现在这个"王后"，他干脆还原成繁体字双立人那个"後"，就是后边的"后"了，国王后边。用错了字就是一塌糊涂。

这话说远了，我说这话的意思是我非常赞成加强汉语学习。但是现在有人一提加强汉语学习就认为是学英语造成的，这个观点我非常反对。哦，学英语学得好，汉语就不行啦。我们提一提英语好的人吧，哪一个汉语差？胡适、林语堂、钱锺书、季羡林、谢冰心、金克木、辜鸿铭，哪一个汉语差？连中文都不好，在家里和老婆孩子说话都说不好，怎么学英语呢？不可能的啊。

现在的作家里头有几个是英语好的？过去哪个作家英语不好？或者别的外语，鲁迅不搞英语，他是日语啊，巴金，法语、英语、世界语。所以我们在遇到这些文化的问题的时候，我们所谓定力就是我们要看得很全面。不要轻易制造什么问题。

第三，就是要加强我们的文化整合能力。在中国今天最需要的就是文化整合，因为几千年来我们吸收的东西太多了。孔孟之道，对我们当然是有意义的啊。孔子讲做人，讲修身，讲待人接物，有的时候讲得太漂亮了，现在谁也没他讲得好，我们需要。马克思主义我们也需要，如果把马克思主义也丢了，我们还怎么往下混呢？毛泽东思想，邓小平理论，三个代表重要思想，科学发展观，中国梦，往底下越讲越多。

我是河北省沧州市南皮县人，南皮县最有名的人是张之洞，张之洞临上任之前呢，他请他的老师，姓鹿。老师送他十六个字，这十六个字学问深了:"启沃君心,恪守臣节,厉行新政,不悖旧章"。"启沃君心"就是你要对上,"启"就是"启发",要启发皇上,他这话也够厉害的。"沃"就是"丰富",丰富皇上,皇上不可能什么事都知道。"恪守臣节",你启发完了,你按你的规矩办事,你是臣子,不要替皇上办事,替皇上办事你要倒霉,只能把国家弄乱,要"恪守臣节"。"厉行新政",你要推行改革开放。然后"不悖旧章"。太了不起了这个人,但是能够不违反原来的老规矩吗?都要违反,否则你给自己的阻力太大。这就是一种中国文化的整合性,他把新和旧整合到一块。

如果我们今天没有这种整合能力,我们随时就会发生文化冲突。民族主义的、爱国主义的、共产主义的、延安作风的、井冈山传统的、什么先进的西方的管理方式的、民主自由人权的,因为现在我们这些东西我们都不能够简单地否定。所以如果我们有足够的汲取、选择的能力,消化、本土化的能力,平衡、引领的能力和充分地加以整合的能力,我们在文化上就能够充满自信,就能有更大的定力。

礼乐文明与文化自信

文 | 张立文

[张立文（1935—　），浙江温州人，中国人民大学哲学系教授、孔子研究院院长、国学研究院院长。本文摘编自《孔学堂》，2015 年第 1 期]

中华传统礼乐文化是中华民族文化自信、制度自信的体现，是中华文明的标志，是中华文化核心的、首要的价值，也是实现人的道德和培养人格的、使人之所以成为人的一种实践的活动。

《礼记·乐记》曰："礼者别宜，乐者敦和。"礼讲分别，乐的核心是和谐。礼乐在中华文化中，是作为制度来规定的，在"二十四史"中，《史记》称"书"，如《礼书》《乐书》。《汉书》称"志"，如《礼乐志》。圣人"象天地而制礼乐，所以通神明，立人伦，正情性，节万事者也"。"志"是记载国家的大礼，是天地万物的位序，社会礼仪，伦理道德等的总和。礼乐作为国家制度是人人必须遵守的。

人的任何活动都应该合于礼、合于乐，如果不合礼乐，就不能说是合法、合理的。我曾写过一篇文章，讲服饰文化，服饰是一个民族精神的体现，是一个民族的标志和符号，是这个民族精、气、神的表征，是这个民族的个性象征。现在我们出国,或者接见外宾,都要求穿"正装"。所谓"正装",应该是指中华民族的正统服装。西装对于我们中华民族来说,不能说是"正统"服装。我在这篇文章中,就讲我们到底应该怎样穿服装,才是合乎礼。在二十四史,如《后汉书》中《舆服志》记载:"夫礼服之兴也,所以报功章德,尊仁尚贤,非其人不得服其服,所以顺礼也。"说明穿衣服是一种国家制度,必须合乎礼。穿西装就不合乎中华民族的礼义。中华民族几千年来有璀璨的、辉煌的服饰文化。虽自古以来不断沿革,但都是传统服饰文化的传承和发扬,"王者必因前王之礼,顺时施宜,有所损益,即民之心,稍稍制作,至太平而大备"。"后王"继承、损益"前王"的礼乐文化(包括服饰文化),如唐代的服装既传承又创新,非常漂亮华丽,明清的服装也是如此,即使是民国时期孙中山制定的中山装(前面是五个扣子,寓意五族共和,从中国传统思想来讲是五行——金木水火土;有四个兜兜,这个不是让你去贪污的,装得多,而是要关爱士农工商、国之四民。《管子》讲"礼义廉耻,国之四维",每个袖口有三个扣子,可以讲是天地人,是有传统文化的内涵的。另外,唐装的五个扣子和两个兜兜是讲阴阳五行)。都是传承损益中华民族传统礼乐文化来制定的,可是西装有什么中华民族文化元素和内涵?没有。这是不合乎礼的,照搬、照抄西方服饰,是没有民族文化自觉、文化自信、文化自尊的表现。

程颐说:"推本而言,礼只是一个序,乐只是一个和。……天下无一物无礼乐。""天下无一物无礼乐",就是说天下每一事物都渗透着、体现着传统礼乐文化。阿拉伯国家领导人出国,都穿民族服装。服饰作为一个民族精神的体现,民族的标志和符号,是不能丢的,在国际舞台上,人家一看就知道你是哪个民族的代表,也代表着一个民族的性格、气质和精神。

《荀子·乐论》:"乐也者,和之不可变者也。礼也者,理之不可易者也。"礼乐是不可废弃、变易的,礼乐是社会文明的标志,乐的起源是防止纷争,《史记·礼书》载:"礼由人起,人生有欲,欲而不得,则不能无忿,忿而无度量则争,争则乱,先王恶其乱,故制礼义以分之。"以维护宗族安全,社会稳定。礼乐具有不同的功能:"乐以治内而为同,礼以修礼而为异。同则和亲,异则畏敬。和亲则无怨,畏敬则不争。揖让而天下治者礼乐之谓也。"乐治内而和亲,以移风易俗,礼修外而畏敬,以国治民安。其社会功能可以分为这样的几个方面:

一是经国序民,伦辈定位。《左传》讲:"礼,经国家,定社稷,序民人,利后嗣者也。"礼是管理国家,稳定社稷,使老百姓都遵守秩序,又能使后来子孙得利。社会首先要有秩序,古代的礼当然具有等级意识,公侯伯子男不能相互僭越。这个秩序要求每个人各安其位,各负其责。如果没有秩序天下就乱了,所以中国古代很讲秩序,譬如《周易》卦画,六横是从下到上,代表天地人,最上两爻是天,中间两爻是地,最下两爻是人,这是次序,所以《易传》讲"立天之道,曰阴与阳;立地之道,曰柔与刚;立人之道,曰仁与义"。天地人三才之道,六个字代表六个爻。比如乾卦,从下到上六爻的秩序分别为初九、九二、九三、九四、九五、上九。有秩序社会才能安定,没有秩序,社会就要乱套了。过去一段时间内,人际关系称谓无序,所有人都称同志,父亲是同志,领导是同志,老婆是同志,儿子也是同志,都是同志。到了文化大革命时期,所有人都称师傅。人与人之间就没有了分别。中国古人很聪明、很睿智,将社会上复杂的人际关系归为"五伦"——父子、君臣、夫妇、兄弟、朋友。依据不同的伦辈关系,制定不同的道德规范,以便于遵守执行。当前,应该依据社会变化发展的实际情况,研究概括出最基本的人际关系,搞清楚现在究竟有几伦之后,制定相应的伦理道德,才可具体去实践。社会秩序与伦辈关系有密切联系,最基本的人际关系,要确定下来,比如父亲对儿子应该讲义;母亲对儿子应该讲慈;儿子对父母应该孝敬,等等。孔子讲"君君、臣臣、父父、子子",用现代的话来说,就是当领导的就要像个领导的样子,当父亲就要像个父亲的样子,当儿子就要像个儿子的样子。这个"样子"就是人依据其所处的伦辈所应尽的责任和义务，这样社会有序，就不会乱套。这就是经国序民，伦辈定位。

二是克己复礼，教化正俗。《论语》讲"克己复礼为仁，一日克己复礼，天下归仁焉。为仁由己，而由人乎哉！"人要自身行仁，就要"克己"，简单地讲就是约束自己。"克"字有不同的含义，比如《周易·蒙卦》九二爻辞"纳妇吉，子克家"，这里的"克"不是克除、去掉，而是"成""能"的涵义，有成就、能成家的意思。"克己复礼"，是说要克制自己、约束自己；克制自己什么呢？就是克制自己的欲望。欲望不能膨胀，人的欲望是无底洞，一些人贪了很多钱，觉得还不够，还要贪更多的，无穷无尽，结果毁了自己。又如权力欲，有这样的一个现实的例子，一个人原来在一个部门工作，刚开始是一个一般的职工，他追求这个部门领导的女儿，结婚了，得到提拔；之后又认识了比他的丈人更高职务的领导，于是就故伎重演，去追更高领导的女儿，结果成功了，职务又提升了；后来见到更高领导，他又离婚去追求领导的女儿。这说明欲望是没有止境的，这种把结婚作为满足权利欲的工具、手段，而完全不讲基本道德，以牺牲别人的青春和幸福，满足自己的权力欲望。现实中很多人欲望膨胀，最终导致身败名裂。"克己"就是要克制、约束自己的欲望，我们并不是要禁欲，灭人欲，如果说一个社会、一个人一点欲望都没有，那人就没有前进的动力；而是说要"克己"。

怎样"克己"？孔子讲"非礼勿视，非礼勿听，非礼勿言，非礼勿动"。"视"就是"看"，"非礼勿视"就是不要邪视，要正视。"听"就是要听正言，不要听那些拍马屁的话，现在很多人喜欢听歌功颂德的话。有的人喜欢听奉承、吹捧的话，之后就飘飘然，不知道自己是什么人了。"听"应该听不同的意见。《春秋左传》中记载晏婴与齐景公有一段对话，在讲到和同分别时，"君所谓可而有其否焉，臣献其否以成其可；君所谓否而有其可焉，臣献其可以去其否。"君主认为是对的，作为大臣，应该指出还有不对的地方，使对的方针政策更加完善；如果君主认为不好的，就应该指出里面还有合理的部分,使方案更完善起来。晏婴认为和与同的区别就在这里,君主应该听从不同的、正确的意见,才能使方案更加完善,不要偏听偏信,不要独断专行。"同",就是君主说好,他就说好;君主说不好,他就说不好,这就是佞臣。"非礼勿言","言"也要正言,不要造谣生事,编造假信息,讲话要负责任。"非礼勿动",人的行为活动应该符合伦理道德,符合礼的规范。"正视""正听""正言""正动",如此,就会堂堂正正地做人。

礼乐具有教化的功能,《论语·子路》记载,孔子讲:"礼乐不兴,则刑罚不中,刑罚不中,则民无所措手足。"礼乐如果不兴盛,刑罚便不能正确地判别,刑罚判别不得当,百姓就会连手脚都不知道摆在哪里才好。春秋时"礼崩乐坏",季氏作为大夫,却僭用"八佾舞于庭",违反了礼乐制度,孔子知道后,说"是可忍也,孰不可忍也"。八佾是天子乐舞,诸侯是六佾乐舞,大夫是四佾乐舞,孔子认为,礼乐制度的破坏,伦理规范的伦丧,刑罚也就不得当了。孔子又讲"不学礼,无以立",不学礼人就立不起来。《论语·宪问》曰:"文之以礼乐,亦可为成人矣。"遵守礼乐教化,人就可以成为一个人了。《礼记·曲礼》中讲"是故圣人作,为礼以教人,使人以有礼,知自别于禽兽"。以礼教化人,人就知道与禽兽的区别了,这是说人之所以为人,就在于懂得礼,懂得礼义,做人如果不懂得礼义、礼貌,那么这个人作为一个人的资格也就不那么完全了。

三是和合心性,培养人格。礼乐能调整人的情绪,陶冶人的情操,健全人的心性。《荀子·乐论》记载:"乐中平则民和而不流,乐肃庄则民齐而不乱。""故先王导之以礼乐而民和睦。"怎么来调和自己的心性,培养自己的道德情操,完善自己的人格?人都有自己的人格理想,但究竟怎样算是人格理想?佛教要成佛,要成为一个有觉悟的人;道家要成仙,通过修炼成为一个长生不死的人;儒家要成圣,要成为一个道德高尚的人。儒释道都有一个理想人格,指出人应该向哪个方向努力,如果一个人没有理想目标的话，那么这个人也就稀里糊涂的过一辈子。人格理想是调节人的心性的一种方法，孟子讲，要"尽心知性知天"，要"尽心"，彻底认识善心，然后体认本"性"，进而"知天"；《周易》中也讲"穷理尽性而至于命"，"穷理"就是要知道事物的本来的性质，才能"尽性"，认识事物的本性，进而才能掌握"命"。"命"就是事物的规律性、必然性。一个人如果认识了天，掌握事物的必然性，那你的心性就会达到一个平衡、和谐、和合。这也是讲每个人都要认识自己，就像雅典德尔斐神庙讲的"认识你自己"。从人类产生到现在几万年，尽管人一直在认识自己，但还是没有认识完，人是一个谜，对于这个迷，我们现在依然在不断地求索。但人心是最基本的求崇对象，人的活动、观念、道德的出发点是人心，就是佛教讲的"一念"，一念恶就是恶，一念善就是善。人往往掌握不了"一念"，比如说贪污，刚一开始肯定很犹豫，如果一念善，坚决不要；或者一念恶，收了，这都是心的一念之间。

《汉书·礼乐志》讲，"礼节民心，乐和民声"。礼乐节制、和谐人民的心声，使人改恶向善，消忿而和。荀子讲"导之礼乐"，民众就会很和睦；乐如果中平，民众就会"和而不流"；乐如果比较庄严，民众的道德就会齐一而不会乱。

人之为人，应该有一颗善心，应该具有不忍人之心，见小孩子将要掉进井里，就去救他，孟子讲这并不是为讨好某人，不是要得到某种利益，也不是为了得到名誉，而是出于仁者的一种本然的不忍人之心。现在有老人摔倒在路上，没有人去扶；孩子被车撞到，没有人去救，比较典型的是南京的彭宇案，这都是我们社会的风气不正，造成人心冷漠。要发扬"老吾老以及人之老，幼吾幼以及人之幼"的道德精髓，改变社会风气，建设人间和谐社会。

四是礼乐善心，感天通神。《礼记·乐记》："礼乐不可斯须去身，致乐以治心。"认为礼乐能够治理人心，荀子《乐论》中也讲到，父子兄弟在一起听音乐时,就会受到一种和亲的感悟;君臣上下在一起听音乐,则莫不和敬;长幼一起听音乐,就会心情愉悦而和顺。古人在吃饭的时候听音乐,可能是有助于促进食欲、帮助消化。过去有一个报道,说奶牛听音乐,产奶就会增加,这也是有一定道理的。当然,有的音乐也会激起人的一种奋斗的情感,比如《十面埋伏》。嵇康在他被迫害致死的时候,奏了一曲《广陵散》,嵇康笑着面对死亡,就像苏格拉底。人的生与死本来就是自然的事情,就像庄子妻子死了,鼓盆而歌,天地与我为一,齐万物、齐生死。音乐能够使一个人的心灵平和、和谐。

现代社会应该加强心理咨询机构的建设,使人有倾诉自己心里苦闷、焦虑的场所,使人的心结解开,让人从苦恼、焦虑中解脱出来。人怎样解脱自己?需要提升道德修养,礼乐也可以使人的品质修养得到升华,《礼记·乐记正义》中讲"乐能感人使善心生矣"。调节人欲,使人向善,符合天理。《汉书·礼乐志》讲:"故乐者,圣人所以感天地,通神灵,安万民,成性类者也。"乐具有感天通神的功能。《周易·乾卦文言》讲;"夫大人者,与天地合其德,与日月合其明,与四时合其序,与鬼神合其吉凶。"礼乐可以使人与天地、日月、四时、鬼神相合,达到天人合一境界。

礼乐的功能,对于改善我们的心灵,求得心灵的平衡,提升我们的道德,健全我们的人格等等,都有很大的作用。中华民族本来是礼仪之邦,现在我们反而不太讲礼乐,文明礼貌缺失了。礼乐文明应该从细小事做起,这才无愧礼仪之邦的荣誉。中国古代八岁上小学,小学教育的一个重要的内容就是洒扫应对之道,包括待人接物的基本道理和行为。礼就是讲文明,《周易·贲卦·象传》讲:"文明以止,人文也。观乎天文以察时变,观乎人文以化成天下。"最早把人文与文明联系在一起,没有人文精神,人们的素质不高,就没有礼貌,没有文明的行为。其实,文明就是教化,礼乐也是教化,我们要大力发扬礼乐文化,这是中华文化自信的表现。

也说"文化自信"

文 | 陶富海

[陶富海（1935— ），山西襄汾人，文博研究馆员，丁村文化和晋南民俗文化专家。本文摘编自《山西日报》，2012年10月26日]

眼下常听到一个叫"文化自信"的词。其实，早些年我国著名社会学家费孝通先生就认为，"生活在一定文化历史圈子的人对其文化有自知之明，并对其发展历程和未来有充分的认识"，就是自信。无论是一个国家还是一个民族，甚或一个政党，只要对自身文化的价值有充分的肯定，并对这种文化价值的生命力存有坚定的必胜信念，这就叫自信。

中华民族文化自信的气度，是民族自信心和自豪感的力量源泉，这也在漫漫历史长河中永远保持了自己的文化本色，同时兼纳外来的文化为己用，才形成了对自己独具特色的民族文化的自信，从而创造了辉煌灿烂的中华文明。

然而，文化自信是有基础条件的。一个有几千年文明史、有十几亿诚信勤劳勇敢的人民、有广袤的疆土、丰富的宝藏、有传统的道德文化和民俗文化、有新征程的奋斗目标、有美好的幸福前景，同时，又有很高国际威望的国家和民族，又有什么理由不自信呢？有了民族的自信，才能建立自尊，有了自尊，就能自立，只要自立，就能自强，这是自然而然的一条民族自强之路。

早在清代晚期的洋务派代表张之洞就提出了"中学为体，西学为用"的观点，毛泽东同志也曾提倡"洋为中用"，实际上都是在绝对相信自己的民族文化的前提下，提出引进西方的一些东西，主体仍是中华民族的本土文化，"西学"只是为我所用而已。这里的关键词是"用"，而不是"替"。

笔者丝毫没有抵制当下流行的许多"洋俗"的意思，但总觉得不该冷落属于国粹的传统民俗。

如今，洋节比中国节还多；好好的黑头发偏要染成牛毛黄；牛仔裤子偏要拿来当时髦，还故意弄得破烂不堪，美其名曰乞丐服；本来是为工薪族安排的快餐，偏拿来当美食糊弄孩子们，从小就吃成三高；喝洋酒、吃洋奶、用洋药、穿洋服……不一而足。虽然都是"舶来的时髦"，但毕竟已经形成了气候，而且对传统文化也有着吸纳与借鉴的作用，应该也算是好事，但这是不是从另一个角度显示着对自己文化的不自信呢？

吸纳不是替代，日本的和服、韩国的韩服、印度尼西亚的白帽、沙特的长衫……哪个不是他们的国粹？他们并不因为发展而放弃，尤其是日本，时到今天，女儿出嫁时仍要随嫁一袭昂贵的和服作为嫁妆，这何曾不是对自己文化的自信？

笔者在陪同外交家冀朝铸先生参观丁村民俗博物馆时，他曾感慨地说，祖国的优秀传统民俗就是国粹啊！他说，他在美国，西装革履，人们老把他误认为日本人或韩国人，大家都穿的一样，都是黄皮肤，非得自己说我是中国人，他们才拍拍脑袋，"哦，你是中国人"。他还说，我们应该在许多外交场合着中式服装，以显示中国的古老文化。无疑，这就是对自己文化的自信。

尽管世界上不管哪类文化，都应该是由多重不同文化融合而成的。但有一个主体与客体的区别，尽管各自都强调自己文化的纯正性，但铁的事实表明，各种文化都是主体兼容客体的变一元为多元的构建模式，这是文化构成的共同规律。但是，丢掉主体而被客体取代，就是自身民族文化的灭亡，这种悄无声息的灭亡形式更可怕，因为它是建立在对自己文化的不自觉和不自信上的一种必然后果。

建设文化强国，就是中华民族对自己文化充分自信的表现，这种自信心，会迸发出无限力量，从而造就一个更加伟大的自强不息的民族。

中华文明的历史启示

文 | 袁行霈

[袁行霈(1936—),江苏武进人,古典文学专家。北京大学中文系教授、北京大学国学研究院院长、中央文史研究馆馆长。本文摘编自《求是》,2014年第17期]

和平、和谐、包容、开明、革新、开放,是回顾中华文明史所得到的主要启示。

凡大体上处于这种状况的时候,文明就繁荣发展,而当与之背离的时候,文明就会减慢发展的速度甚至停滞不前。

和平、和谐。中华文明植根于东亚大陆一片广袤的土地上,中华民族安土重迁,热爱和平。和谐与和平都基于一个"和"字。和谐是和平之上的一种更高、更美的境地,包括人与自然的和谐、人与人的和谐,以及个体的人自身的和谐。中华文明的历史告诉我们,文明的发展离不开和平、和谐,惟和平才能使文明的成果得以保存,惟和谐才能使文明稳步发展。

包容。中华文明是一种包容性很强的文明,中国人常用"海纳百川"来形容一个人的气度胸襟,这四个字也可以用来形容中华文明的品格。中华文明的历史告诉我们，文明的发展需要包容，"山不厌高，海不厌深"，惟包容才能百川汇海，惟包容才能不断壮大。

开明。开明的核心有四点：一是民为贵。孟子说："民为贵，社稷次之，君为轻。"这已成为经典性的话语。二是广开言路。班彪说："从谏如顺流。"这是明君的必要条件。三是举贤授能。《礼记》说："尚有德，尊有道，任有能，举贤而置之。"这是治理国家的重要举措。四是以法为准。唐太宗说："法者，非朕一人之法，乃天下之法。"其中包含了一定程度的法治思想。中国人往往将"盛世"与"开明"联系起来，称之为"开明盛世"。中华文明的历史告诉我们，文明的发展需要开明，惟开明才能广得人心，惟开明才能云蒸霞蔚。

革新。中华文明在世界四大古老文明中，虽不是最早的，却是惟一没有中断过的。其中的原因之一就是中华文明中包含着变易的思想，具有自我更新的能力。验之以中华文明的历史，几千年来不知经过多少次大大小小的变革。就带有全局性的制度而言，从分封制到郡县制，从察举制到科举制，从城市的里坊制到街巷制，每一次变革都带来文明的长足发展。中华文明的历史告诉我们，革新是文明发展的必由之路，只有不断革新才能不断前进，只有不断革新才能保持旺盛的生命力。

开放。中国的汉唐盛世，都是开放的朝代，中外文化的交流十分活跃。汉代通西域，带来了中亚和西亚的文明。公元纪元前后，佛教传人中国，在思想观念、生活习俗和文学艺术等方面，对中国固有文化产生了深远的影响。向西方学习经历了从科学技术的层面到政治、人文层面的深化过程。种种新事物迅速出现，中华文明开始逐渐融入世界文明的主流之中。直到今天，打开大门与走向世界，是仍然在继续的历史任务。

中华文明的历史告诉我们，开放是文明发展的重要条件，惟开放才能吸取其他文明的长处，惟开放才能自立于世界民族之林。

中华文明——惟一未中断的文明

文 | 许嘉璐

[许嘉璐（1937— ），江苏淮安人，全国人民代表大会常务委员会第九届、十届副委员长，中国民主促进会第十届中央委员会主席。本文摘编自《山西青年》，2013年第19期]

在近三十年的快速发展历程中，外来的文化汹涌澎湃地进入中国。最初人们对外来文化感到好奇和新鲜，后来发现事物并不那么简单，并且有一些不适应中华国土的东西出现。人们心里面的中华传统丢失得太多，外来的文化水土不服，出现了社会上的文化饥渴。这样，内外两个因素促使我思考：中国的文化怎么了？

有些西方学者提出了"文明冲突论"，代表人物是亨廷顿，他的学生弗朗西斯·福山出版了一本书，名为《历史的终结与最后之人》。他们认为，世界上最好的文明就是西方的基督教文明，宣称美国的价值观，美国的民主、自由与人权，以及为此而设计的种种制度是人类历史上最美妙、最完备，能给全世界带来幸福的制度，人类历史必然是全世界走向这种制度的历史；一旦实现了这种制度，实现了这种文明，人类的历史进程就终止了，因此说是"历史的终结";而具备美国价值观、伦理观、人生观的人,是地球上最后之人。

这些观点给我刺激很大。再来看人类近百年的历史,19世纪风行的殖民主义所体现的就是这种文化理论;第一次世界大战也符合这个理论;二次大战也符合这个理论;冷战结束之后的科索沃战争、伊拉克战争等,也无不在实践中印证着这个理论。

农耕文明与游牧文明

人类历史上有四大古文明:两河流域文明、埃及文明、印度文明、中华文明。其他三种文明都曾经中断过,而惟有中华文明没有中断,这说明中华文化在延续力上有自己的优势。

中华传统文化基于农耕生产,最后定型的也是在长期的农耕生产中成长的文化,我们的优势在这里;在进入工业化社会以后,我们的局限也在这里。在农耕社会,农人辛苦劳作两三年,使一块黄土从生地变成熟地,人们不愿意再卷起铺盖卷到别的地方重新开荒,所以轻迁徙重稳定。耕几亩地,一两个人不行,就希望整个家族一起耕作;为了保收成还要修水利,修水利也是一家一户做不了的,因此农业社会还讲究更大范围的合作。

等到产生私有制,分成家庭,出现了原始的"联产承包",又开始讲继承。土地要继承,农具要继承,农耕生产的技术也要继承。讲继承就带来一个敬祖的文化。同时,农耕生产需要逐渐积累。因此,人们不敢随意挥霍,在生活上尽量克制与节俭,省下东西留给孩子,自己的精神也留给孩子,用精神把现在和未来联系起来。

基督教文化最初是犹太文化,犹太教是游牧民族的宗教,当时犹太人是靠游牧生活的;伊斯兰教也是游牧社会产生的宗教。游牧社会与中国农耕社会相比,首先和大自然的亲近不如农耕社会。游牧要逐水草而居,无须对放牧的地方进行过多的观察、研究、爱护、治理,也不修水渠,因此对大自然的观察没有农耕社会那样细腻，也没有那样的深厚感情。其次，游牧社会不太讲继承，一块草地，能承载多少牛羊或者马匹是有规律的，一对夫妇能够放牧多少牲畜是有常量的，孩子长大了，就分给他若干只牛羊单独去过，所谓继承就这一次，没有什么生产工具，也没有什么技术。再次，一般的放牧都是个体放牧，无须这家跟那家有亲密的合作，在生产上、生活中互助很少。最后，游牧社会重掠夺与贸易，因为牛羊马牲畜所提供的生活资料有限，至于其他的生活用品包括铁器、铜器都需要别的地方生产。

有学者认为，我们应该向西方学习，学习文艺复兴时期以人为本的人文精神。事实上，最早的人文精神产生于中华民族。孙中山先生，在1923年3月到12月期间，在今天的中山大学的中山堂，曾经做过几十次讲演，讲解他的三民主义。其中谈到民权的时候他就说："我不赞成提倡什么平等，中国人向来是平等的。"这是什么意思呢？在西方、在中世纪，那个民族太不平等才提出平等；而我们一向比较平等，任何一个平民经过苦读和修养最后都可以做到宰相。

中国传统文化的核心是"和合"

中华文化的核心就是伦理观、价值观、世界观。

伦理观很多前人概括过：忠孝、仁爱、信义、和平，仁义礼智信等，还有学者提出应该是人，人是核心的核心。我认为中华的伦理观是忠、孝、仁、义、信。忠孝是连在一起的，实际上也是一种仁。子曰："仁者爱人。""仁"左边是单立人、是个人，右边是二，两个人相处的原则就是仁。孝由此而生，父慈，爱自己的孩子，孩子应该孝敬父母，这个爱在父子两代人之间是以孝来体现的。

我们的价值观是什么呢？就是：修身、齐家、治国、平天下。首先是自己要修养好，要学习，要深思。然后由己及人、及妻子（古代以男性为中心）、及孩子、及兄弟。如果自己的修养三尺高也让其他人都达到三尺高，这就是所谓的齐家。为什么用齐字？齐就是等，自己修养好了让全家人都达到这个水平，就等同了。其次，要把家里的道德伦理治家的方法再扩大开去，要治国，国不是自己的，因此是去"治"。最后是平天下。平是什么意思？是均衡。不是要争夺天下，而是大家都平衡、平均，这样就和谐。

儒家特别强调君子慎独，就是独处无人监督的时候、没人教导的时候，自己提高自己。宋代理学大家概括了君子修身的方向，从那以后一千多年成为知识分子的座右铭，即所谓"为天地立心，为生民立命，为往圣继绝学，为万世开太平"。

什么叫"为天地立心"？天地是无知的，但是天地的规律、大自然的规律就是它的心，我们要总结大自然的规律，总结一切客观的包括社会的人事的规律。"为生民立命"，生民用的是《诗经》里面的词，就是老百姓，为老百姓立命。

老百姓立命之本在哪里？应该帮助老百姓有一个生存的环境，有一个美好的追求，有一定的物质与精神条件。"为往圣继绝学"，这是讲传统。张载有感于古代原有一些精粹的儒家思想后来不大提了，所以他说要把往圣绝断的学说继承下来，让它传下去，主要指的是儒家的核心。最后，"为万世开太平"，不是为万世创太平，开太平是开个头，后人继续做。这就是中国人的价值观。

世界观就是一句话：唯物。中国的所谓天并不是神，更不是人格神。神是什么？就是大自然。中国的逻辑是，人就是人，天是大自然，人不是大自然生出来的，但是大自然的一部分。

回过头分析一下我们文化的三个层次。底层是什么？就是刚才所说的伦理观、价值观、哲学观等等，其实就是"和合"，显然是农耕社会的特点，是超时空的。中层，在我们的风俗、礼仪、宗教、艺术、制度、法律里面都体现了底层。例如，过年过节走亲戚全家团圆，这就是和合。我们根本的东西在于中层和表层时时体现。今天来不及讲佛教，原始佛教传到中国，经过千年的改造到唐代形成了禅宗,禅宗也体现了中华文化、和合文化。

中西方文化之异同

首先,中华文明和其他文明孕育和生长的背景不同。别的文明主要是在游牧时代产生和定型的。

由此带来第二点,精神来源不同。我们的精神来源于现实,来源于生产和生活,西方精神来源是神。

第三,人与人间关系不同。在这一点我们有优势,我们讲和睦、合作,讲义、讲各守其分,但并不妨碍个人努力,改变自己的命运。同时,农业社会必须构建一个金字塔式的国家机构和统治体系社会才能稳定,这样就讲等级,等级要靠仁、义、礼、信来维持。而西方文化中人和人之间的关系不重继承,人跟人之间讲竞争。

第四,人和天的关系不同。按照《圣经》上所说,地球上的一切都是上帝造的。这是一种启示,大自然是供人类使用的,是上帝关爱他的孩子们,创造了山川、草木、果实,因此人就应该是利用天、战胜天、改造天。这在启蒙思想家那里有明确表述。这样一来,天人是两分的,人定胜天。现在全世界环境的恶化,莫名其妙的疾病突如其来等等,都是这一逻辑的结果。而中国人是敬天、胜天、补天。"女娲补天"暗意就是人类应该"补天",这个补天我加了引号,是补大自然的不足。这样,我们就是天人合一。第五,对待现实和未来的关系不同。我们重现实,重继承,重精神的传播;而西方生来就重享受,为什么呢?皈依上帝,救赎,就能回到上帝身边,否则就下地狱。

中国传统文化与现代文明

文化发展有三个特点。第一是线性的特质,即不间断地随着人类的足迹、人类的历史、人类的生产逐步向前发展。第二,在发展过程中不断吐故纳新。文化是生活方式，是人区别于动物的标志。第三，文化发展是由表及里的演变。不同文化之间接触，最初吸收对方的，最初感觉到冲击的全是表层，如衣食住行。

中华传统文化当中带有普世性的成分。同时，中华传统文化中有时代性的成分，因此有些适合古代不适合现代。愚忠、愚孝不值得提倡，等级森严不值得提倡，重视个人义务忽视个人权利不值得提倡，重视道德规范忽视法律管理不值得提倡。但是也不能走向另一个极端，只讲法不讲道德，否则那个法就无法执行。

优秀的传统文化与时代精神相结合，是中华文化发展的重要途径。什么是优秀文化？第一，鼓励人向上；第二，让人追求崇高；第三，"人化"的东西。既然文化是人区别于动物的一个标志，所以文化就是人化。时代的精神主要在时代特色，当今时代特色是经济全球化、科技现代化、文化多元化和一体化的斗争以及中华的复兴。对于经济全球化，我们要保持清醒的头脑。科技发展也是两面刃，需要有清醒的认识。

对于今天的时代精神，我认为是文化的自觉，就是代表中国先进文化的前进方向。首先是文化自觉，其次是制订国家文化发展的战略，第三要文化体制改革。什么叫文化自觉？我定义为国家的决策层和学术层对文化发展演变的规律，全球文化的走势，民族文化的过去、现在与未来具有清醒的、科学的认识。有了认识就自觉了。比如宗教问题，农村问题，社区文化问题，非物质文化问题，文学创作、艺术舞台，等等，要有清醒的、科学的认识。

以儒家核心价值观对话西方

·文│杜维明

[杜维明（1940— ），广东南海人，现代新儒家学派代表人物，哈佛大学亚洲中心资深研究员、北京大学高等人文研究院院长、国际儒学联合会副会长、国际哲学学会院士。本文摘编自《中国社会科学报》，2011年6月2日]

我们现在谈的软实力，主要是指约瑟夫·奈提出的"软实力"概念。当时，他提出"软实力"这个概念是旨在思考美国力量能维持多久。赞同"软实力"这种提法的人认为，美国并非单指罗马文明，而是罗马文明与爱琴海文明的综合，它除了政治、军事和经济力量，还有文化力量，现在必须提升这种文化力量，使之成为软实力；只有依靠软实力，美国宰制的时间才能够更长，影响才可能更深。我同意这一观点。

软实力这种提法从长远看不会一成不变，它更多是一个策略性的提法。在同一时代，其他一些概念也被提了出来，包括福山的"历史终结"和亨廷顿的"文明冲突"。这些论调的基本着眼点都是如何回应来自西方以外力量对西方构成的冲击。现在重新看这些问题，我想大家已经形成了新的共识：

"历史终结论"的提法是荒谬的;在亨廷顿在世时,我和他也曾讨论过"文明冲突论"这个问题,假如确实存在文明冲突的威胁,那么文明间的对话就更有必要了。

我曾在联合国作过一个关于全球化与文化多样性的报告,提出:假如没有对话,抽象的普世主义就会造成霸权;假如没有对话,对于每一个特殊民族的认同就会变成封闭的特殊主义,甚至会变成原教旨主义,乃至带有侵略性。所以大家相互间一定要通过对话把这些困难消解掉,即使无法消解,也可以因此而把各个复杂面体现出来。美国总统奥巴马拿到诺贝尔和平奖,争议非常大,但是他的一个非常大的贡献,我认为是一个十分了不起的贡献,就是把小布什政府的单边主义给整个消除掉了。他强调对话,到伊斯兰世界去对话,到埃及去对话,到非洲去对话。美国也因此从一个单边主义的宰制性力量成为了一股协调的力量,无论协调是否成功(因为其中有很多利益相互牵制),但是有无自觉性本身就构成了很大的差别。

如今,随着中国经济的发展,中国社会内部发生了很大的变化,中国正在走向多元。中国社会对外的态度也在发生巨大转变,大家不再像一百年前那样总是拿中国糟粕的糟粕与西方精华的精华做对比。中国政府目前也正在努力建设一个与外界对话的平台。在这个过程中,我们应该认识到,软实力这种提法是一个错误的引导,我们不能人云亦云,跟着提软实力。西方在提软实力时提倡民主政治,目前西方的软实力非常大,不要说美国,就连欧洲任何一个国家或者日本,其软实力都远远超过中国的软实力。在西方明显占强势的情况下,我们与西方之间想要进行平等的对话几乎是不可能的。

因此,我们首先要问自己,为什么要谈软实力?中华民族的文化认同到底是一个宰制性的权力斗争还是已经达到了一个更高境界?我认为它已经达到了一个更高境界。美国的政治纯粹是地方政治,很难跳出国家利益这个层面,但是中国民众对"天下"这个观念习以为常。假如现在中国要考虑中华民族的价值,当我们的利益与世界的利益发生矛盾有冲突时,我想很多人会把世界利益作为我们利益的基础。这种"天下"的观念是十分了不起、在西方非常少见的资源。像这种观念，还有仁义礼智信，这些都是儒家的核心价值观，他们虽然来自地方，但都得到人们普遍认可。世界上，不讲仁、没有正义、没有智慧、没有礼让，可以吗？显然是不可以的。因此，我有一个期待，就是把儒家的核心价值观发展成为亚洲价值，并建立起自己的核心价值，这样才有可能做到与西方的核心价值在平等互惠的基础上进行对话。而只要双方能坐下来对话，中间的交互影响就可能出现。

儒家提倡的很多价值在西方没有受到足够的重视，如责任、同情的价值等，这就需要我们政府和社会上每一个人的共同努力。西方讲理性、法治还有个人尊严，我们讲"和谐社会"，这与个人尊严不应该有矛盾冲突，尽管我们的重点不一定相通。现在"和谐社会"最大的考验，是能不能做到尊重截然不同的他者。拿中国国内来讲，如果国内不和谐，不要说把"和谐社会"的观念输出，就连国内都没有市场。假如我们无法处理好民族问题，就不"和"了。这就要求我们对"异"有深刻的了解。和谐必要的条件是"异"，没有"异"就没有"和"，不同的佐料才能烹饪，不同的颜色才能作画，不同的音乐才能谱曲，因此"和"绝对不等同于"同"，"和"的对立面是滑落到"同"，这一点必须引起注意。比如在处理民族问题上，如果不了解他们的宗教，不了解他们的信仰，不了解他们对文化的执著，不了解他们的历史，不了解他们人格在塑造文化中起的重大作用，就很难实现彼此之间真正的对话。

所以这不仅仅是软实力的问题，中国政府提出的对话问题有没有吸引力才是非常关键的，只有通过吸引力才能很好地把中国的核心价值阐发出来。在西方，已经有很多重要的思想家对启蒙所起的作用作了严厉的批评，这其中包括女性主义者、环保主义者、文化多元主义者等，他们提出了很多问题。我们应该同这些力量对话，促进与西方进行"平等的"对话。

传统文化如何进入现代生活

文 | 刘梦溪

[刘梦溪（1941— ），山东黄县人，中国艺术研究院终身研究员、《中国文化》杂志创办人兼主编。本文摘编自《劳动报》"品位"栏目，2019年5月19日]

  中国传统文化进入现代生活，是我们研究历史文化的人一直以来的期待。但传统文化是个庞杂的范畴，以前并不这样笼统的标称，而是研究哪一部分就用这一部分的内涵加以标称。如经济史、政治史、法律史、宗教史、哲学史、艺术史、文学史等，都是研究历史文化的一个个具体领域，或一个方面。把传统文化单标出来，是对传统和现代做了一个区隔。中国从传统走向现代的过程，是一个很长的历史过程。曾经作为社会发展阶段理论模式的"五种生产方式论"，学术界现在不再使用了。因为中国历史上没有出现过一个资本主义的社会阶段，而且被称为"封建社会"的阶段，延伸有两千多年，也不符合中国历史的实际。那么中国的历史发展过程，就社会形态而言，应该做怎样的描述和区分呢？在一时找不到划分的准确概念标识的情况下，先以传统和现代做一个二分，是有道理的。

只就传统文化来说,其内涵也是浩如烟海,宽博无垠。大量的文本典籍是传统文化中非常突显的部分。按传统的典籍分类,经、史、子、集四部类,每一部的书籍都多到不知凡几,汗牛充栋不足以形容。而地上地下的文化遗存,更是多得无法计数。何况还有非物质文化遗产的系列。不过,所谓传统文化,其实就是传统社会的文化,它们是能够看得见、摸得到的那一部分我们祖先的智慧结晶。但传统文化和文化传统不是同一个概念,传统文化背后的那个精神连接链,才是文化传统。文化传统是看不见的,它充溢流淌在不同民族的从古到今的人们的精神血液中。

这里还须辨析传统文化和国学两个概念。这两个概念是不同的,不应该加以混淆。传统文化如前所说,是一个涵蕴多重的极为宽博的范畴。所以章太炎称之为"国故",胡适之解释为所有过去的历史文化。而国学所涉及的,则是对传统文化进行学术研究。显然经过如此定义的国学,只是一部分专业人士致力的领域,跟一般民众没有关系,甚至跟此专业领域以外的其他专业人士,也没有多大关系。所以1938年5月,当20世纪的一位一流的大儒马一浮先生,在浙江大学举办国学讲座的时候,他给国学下了一个不同于以往的全新的定义。他说:"今先楷定国学名义。举此一名,该摄诸学,惟六艺足以当之。六艺者,即是《诗》《书》《礼》《乐》《易》《春秋》也。此是孔子之教,吾国两千余年来普遍承认一切学术之原皆出于此,其余都是六艺之支流。故六艺可以该摄诸学,诸学不能该摄六艺。今楷定国学者,即是六艺之学,用此代表一切固有学术,广大精微,无所不备。"马一浮还说,"六经"是中国文化的最高的特殊的形态。"六经"里面有两个系统:一个是学问系统,一个是价值系统。学问系统是很烦难的,所以治经学历来不易,只有少数专家才毕生沉潜其中。不仅是文本本身的问题,重要的是要有小学的基础。由小学入经学,是古代治经的不二法门。所以清儒的口头禅是"读书必先识字"。但"六经"的价值系统则是面对所有的人的。中国文化的基本价值、核心价值,可以说都在"六经"。特别是诞生最早的

《易经》,固然是无可否认的占卜之书,但它同时更是中国文化论理价值的渊薮。

近年来,我从以《易经》为代表的"六经"里面,也包括后来作为"十三经"组成部分的《论语》《孟子》《孝经》里面,梳理抽绎出五组价值理念:一是诚信,二是爱敬,三是忠恕,四是知耻,五是和同。最后的一组"和同",就是孔子说的"和而不同"。"敬"是人的自性的庄严,即自尊、自重、志不可夺。孔子说的"三军可夺帅也,匹夫不可夺志也"的"志",就是"敬",就是不可易、不可被夺的人的自我精神的庄严。我认为"敬"是一个终极价值,已经进入了中华文化的信仰之维。"恕"就是"己所不欲,勿施于人",亦即将心比心、换位思考,自己不喜欢、不希望的事情不强加于人。"己所不欲,勿施于人"现已成为世界公认的道德金律。"知耻"是《礼记·中庸》里的话,原文是"好学近乎知,力行近乎仁,知耻近乎勇",并说知道这三者,就知道什么是"修身"了。耻感是人之所以为人的不可或缺的从心理到生理的一种感受。所以做错了事,说了不合适的话,有了失礼行为,会感到不好意思。孟子讲的"四端"中的"羞恶之心",就是"知耻"。按孟子的说法,如果没有"羞恶之心",人就是非人了。同样,其他三"端":恻隐之心、是非之心、辞让之心,缺了哪一"端",在孟子看来,也都不具备人的资格。所以我提出,"修身"应该从"知耻"开始。"和同"指"与人和同"。世界上,人与人之间的差异,并不像人们想象的那样大。所以不同的人,可以互相交流沟通;不同的文化,可以对话互阐,可以跨文化沟通对话。《易经》"系辞"的两句话:"天下同归而殊途,一致而百虑。"把"与人和同"的思想概括无遗。《易经》的"同人"一卦,则是"与人和同"思想的全方位演绎。说到底,传统文化进入现代生活,最主要的是传统文化中的这些具有永恒意义的精神价值。《易经》的"文言"有两句话:"君子进德修业,忠信所以进德也;修辞立其诚,所以居业也。"试想,人生在世,何欲何求无非是让自己修为得更好些,并希望事业有成,使成就感给自己带来快乐与荣誉。那么"进德修业"四个字可以说将人生志业的全部要义概括无遗。而"进德"靠的是"忠信",事业有成靠的是"立诚"。与人相处,则靠的是"和同",即"君子和而不同",即使不同,也可以共处于一个统一体中。所以我认为,一个是"己所不欲,勿施于人",一个是"和而不同",是中国文化的大智慧,事实上给出了人类麻烦的解决之道。

"六经"中的这些价值理念,都是永恒的价值理念,永远不会过时。正如熊十力所说,它们是中国人做人和立国的基本精神依据。关键是需要让这些价值论理跟现代人建立有效的联系,使之成为每个人精神血脉的一部分。所谓传统文化进入教育环节,国学和教育结合,其精要之点,即在于此。价值教育是国学教育的核心,施行得体,可以补充百年以来施行的单纯知识教育的不足。班固在《汉书·艺文志》里说得明白,"六艺之文:《乐》以和神,仁之表也;《诗》以正言,义之用也;《礼》以明体,明者著见,故无训也;《书》以广听,知之术也;《春秋》以断事,信之符也。五者,盖五常之道,相须而备,而《易》为之原。故曰'《易》不可见,则乾坤或几乎息矣',言与天地为终始也。至于五学,世有变改,犹五行之更用事焉。古之学者耕且养,三年而通一艺,存其大体,玩经文而已,是故用日少而畜德多,三十而五经立也。"此段话的意思,一是说仁、义、礼、智、信"五常"之德,具在"六经";二是说《易》的地位最不同寻常,"与天地为终始",是其他五"艺"之"原";三是说由《乐》《诗》《礼》《书》《春秋》形成的五种专门学问,如同金、木、水、火、土"五行"的更替一样,在不同的世代会有不同的呈现。至于如何学习和研读"六经",班氏给出了"玩经文"的三字诀窍。"玩经文"的"玩",是欣赏、玩味的意思,绝不含玩耍之义。就是反复阅读、反复欣赏、反复研习六经的文本,其结果必然是读书千遍,其义自见。《易经》"系辞"上所说的"是故君子居则观其象而玩其辞",也是这个意思。并不需要逐词逐句的背诵,能够理解六经文本的义理精神、"存其大体"就可以了。而"六经"对于玩味诵习者所能够发生的影响,也不在于日常的有用还是无用,主要是通过对"六经"文本的玩味、赏析、研习,受其熏陶,可以收到"蓄德"的效果。"六经"是德教之书,于此可以得到证明。

"六经"文本读起来不无烦难,但《论语》事实上可以作为"六经"的简要读本,如同马一浮所说,《论语》里面有"六艺",《论语》可以直接通"六艺"。孔子讲的道理,其实就是"六经"的基本道理,只不过通过夫子的言传身教,化作了日用常行,变得更为亲切、近人、易入。这是"四书"中另外的《中庸》《大学》《孟子》,犹不能与之相比并者。《论语》是中国文化宝藏的宏明正学的第一代表,绝对堪称"思无邪"的传世圣典。传统文化进入教育,首先应该让《论语》成为各级学校的教科书,先选读,后全读,分级分层,循序渐进,由浅入深。而且应该以诵读白文(不加注释的文本)为主,祈以几十年、上百年之后,使之成为中华儿女的文化识别符号。同样,学习国学,我认为正途也应该从诵读《论语》开始。

文化怎么自觉

文｜冯骥才

[冯骥才（1942— ），浙江宁波人，作家、文学家。本文摘编自《党建网》"文化讲坛"栏目，2011年8月29日］

"文化自觉"如何避免变成一个空洞口号

近年来，一个概念愈来愈响亮，这个概念是"文化自觉"。此于知识界是高兴的事，因为这个很早就发自知识界的声音开始有了社会回应。

三十年来，中国社会在进入经济全球化之后显示出蓬勃与雄劲的活力。尽管"两个文明一起抓"提得很早，颇具远见，但对于贫困太久的中国来说，物质性的财富既是迫不及待的需求，又是挡不住的诱惑，故而长期以来"两个文明"一直处于"一手硬一手软"。于是，物质殷富与精神匮乏荒唐搭伴带来的种种问题日渐彰显。这便是提出"文化自觉"的深切现实背景，也是其意义重大之所在。

当今，是由于人们在现实中痛感到了文明缺失后果之严重，才关注到了文化自觉的必要。关注总是好事，但不是说"文化自觉"，文化就自觉了。

重要的是什么叫文化自觉，谁先自觉，怎么自觉。不弄清这些根本问题，"文化自觉"最终会变成一个空洞的口号，真成了喊文化自觉就文化自觉了，甚至会搞偏，红红火火闹一闹"文化"，好像文化就自觉就繁荣了。

什么叫文化自觉？

依我看，人类的文化（或称文明史）分为三个阶段。第一是自发的文化，第二是自觉的文化，第三是文化的自觉。以文字为例——在原始时代，人们为了传达讯息与记事，刻划各种符号于岩壁，却并不知道这是一种文字，是文化，这便是自发的文化阶段；后来人们知道这种符号功能的重要，开始自觉去创造与应用，这便进入自觉的文化阶段；人类由自发文化迈入自觉文化是文明的一大进步，然而更重要的是对文化的自觉。具体到文字上说，就是如何科学地规范文字、保护濒危文字等。

文化的自觉就是要清醒地认识到文化和文明于人类的意义必不可少。反过来讲，如果人类一旦失去文化的自觉，便会陷入迷茫、杂乱无序、良莠不分、失去自我，甚至重返愚蛮。

文化自觉还有一个重要方面，是建设当代文化高峰的自觉。

文化应该谁先自觉呢？

首先是知识分子。我写过这样一句话："当社会迷惘的时候，知识分子应当先清醒；当社会过于功利的时候，知识分子应给生活一些梦想。"知识分子天经地义地对社会文明和精神予以关切、敏感，并负有责任。没有责任感就会浑然不知，有责任感必然深有觉察，这便说到了知识分子的本质—先觉性。先觉才会自觉，或者说自觉本身就是一种先觉。

我们说责任，当然不仅仅是说说而已，而是要去承担。这道理无须多说，从雨果到晚年的托尔斯泰，从顾炎武到鲁迅，他们的言行都在我们心里。然而我们当今有多少人像他们那样勇于肩负这样的时代使命？这不能不做深刻反省。

再有，国家的文化自觉同样至关重要。

以我这些年从事文化遗产保护时的亲身经历，我以为国家的文化自觉是有的。比如知识界提出的对非物质文化遗产保护的观念与种种措施都得到国家的接受。在确立文化遗产日、传统节日放假、制定与颁布《中华人民共和国非物质文化遗产法》、建立非物质文化遗产名录等方面，国家都一步步去做了。可是，在我们口口声声说的"经济社会"中，文化到底放在什么位置？还有宏观的国家文化方略到底是怎样的？仍需要明确。

文化只有顺从其本质与规律去发展，才是科学的发展

在现实中，问题最大的倒是在政府的执行层面上。或由于长期以来重经济轻文化，或由于与政绩难以挂钩，致使文化在经济社会中处于弱势。文化的缺失不会显现在任何一级政府当年的统计表中，但日久天长便峥嵘于各种社会弊端上，并积重难返。因此说，政府的执行层面的文化自觉成了关键。若要使这一层面具有文化自觉必须有切实办法。否则，文化在这个层面必然化为几场大轰大嗡、明星云集的文化节和一大片斥资数亿的文化场馆。因为，当前文化的遭遇，往往是要么依附于政绩，要么与经济开发挂钩，化为国内生产总值；文化失去了本身最神圣的功能——对文明的推进，还有自身的发展与繁荣。任何事物只有顺从其本质与规律去发展，才是科学的发展。违反其规律与本质就是反科学——在文化上就是反文化的。当然这就更说不到文化自觉了。

我们现在常把文化自觉与文化自信并提，这十分必要。这两个概念密切相关，当然还有各自的内涵。文化自觉是真正认识到文化的重要性和自觉地承担；文化自信的关键是确实懂得中华文化所具有的高度和在人类文明中的价值。否则自信由何而来？

我对文化自觉的理解是，首先是知识分子的自觉，即知识分子应当任何时候都站守文化的前沿,保持先觉,主动承担;还有国家的文化自觉,国家也要有文化的使命感,还要有清晰的时代性的文化方略。只有国家在文化上自觉,社会文明才有保障。当然,关键的还要靠政府执行层面的自觉,只有政府执行层面真正认识到文化的社会意义,文化是精神事业而非经济手段,并按照文化的规律去做文化的事,国家的文化自觉才能真正得以实施与实现。上述各个方面的文化自觉最终所要达到的是整个社会与全民的文化自觉。只有全民在文化上自觉,社会文明才能逐步提高、放出光彩。

关于文化自信的浅思

文丨仲呈祥

[仲呈祥（1946— ），上海人，文化学者，中央文史研究馆馆员，中国文艺评论家协会主席。本文摘编自《团结网》"文化观潮"栏目，2016年7月12日]

习近平总书记在庆祝中国共产党成立95周年大会上发表的重要讲话中精辟指出："全党要坚定道路自信、理论自信、制度自信、文化自信。"众所周知，在此之前，我们一般都讲"三个自信"——道路自信、理论自信、制度自信；现在，习总书记又加上了文化自信，而且强调文化自信"是更基础、更广泛、更深厚的自信"。这确有深意藏焉，值得我们深长思之。

我们的道路是中国特色的社会主义道路；我们的理论是中国化、时代化、大众化的马克思主义理论，即毛泽东思想、邓小平理论、三个代表重要思想、科学发展观和习近平中国特色社会主义理论；我们的制度是中国特色社会主义制度。对这样的由中国共产党领导中国人民并团结各民主党派共同历经艰辛奋斗探索开创的道路、理论、制度，我们充满了自信，因为这极具中国特色，既符合人民的根本利益，又代表了历史前进的方向，且为全人类的国际共产主义运动增添了夺目光彩和成功经验。为什么在这"三个自信"之后，还必须强调文化自信呢？

我理解，在一般意义上讲，道路是方向，理论是指南，制度是保障。这三个方面坚守中国特色，坚定自信，不东施效颦，不盲目西化，不搞"去思想化"、"去价值化"、"去历史化"、"去中国化"、"去主流化"那一套，是确保实现中华民族伟大复兴的中国梦的必要前提。而道路、理论、制度的自信，追本溯源，都与中华文化有关。这恐怕正是强调文化自信"是更基础、更广泛、更深厚的自信"的缘由。记得早在2013年8月，习近平总书记在全国思想宣传工作座谈会上提出的著名的"四个讲清楚"中，就强调必须讲清楚自己国家和民族独特的历史传统、文化积淀、基本国情，走有自己特色的发展道路；讲清楚中华文化是中华民族最深沉的精神追求，是中华民族生生不息、发展壮大的丰富源泉；讲清楚中华优秀传统文化是中华民族最突出的优势，是我们最宝贵的文化软实力；讲清楚中国特色社会主义植根于中华文化的沃土，代表着人民的根本利益和历史前进的方向。习近平总书记讲中国特色社会主义不是植根于西方文明的沃土，也不是植根于经济繁荣的沃土，而是植根于中华文化的沃土。这就是说，西方文明中先进的东西当然要学习，要借鉴，但必须联系中国国情，辩证取舍，为我所用，断不可生搬硬套，误植为根，以有各美其美，强基固本，才能美人之美，进而做到美美与共，天下大同。这也就是说，经济诚然可以致富，文化方能致强，文化是民族的精神血脉和精神家园，文化是民族代代相传的自立于世界先进民族之林的精神根基。惟其如此，文化自信才是中华民族更基础、更广泛、更深厚的自信。

那么，文化自信的主要内涵是什么呢？我以为，一是要自信中华优秀传统文化蕴含着中华民族优秀的文化基因，彰显出中华民族的思维能力、精神品格和文明素质，体现了中华民族独特的美学风范，因而具有强大的生命力。从天人合一到道法自然，从自强不息到厚德载物，从廉洁为公到大同世界，从为生民立命到为万世开太平，从礼治仁义信到忠孝节义……所有这些文化基因，都可以"与当代文化相适应、与现代社会相协调"，实现"创新性的转化和创造性的发展"，成为构建中华民族当代精神的思想资源；二是要自信在中国共产党领导下人民创造的革命文化、红色文化的永生魅力。不忘初心，继续前进，开创未来，传承弘扬革命文化、红色文化，不断丰富提升中国特色的当代先进文化，是建设文化强国的题中之义；三是要自信社会主义核心价值观能够凝魂聚气，强基固本，成为全国人民团结奋斗的共同思想基础。有了这三个方面的文化自信，我们就可以顺理成章地自觉坚持把中国特色的社会主义道路植根于中华文化的沃土，自觉认识和处理好在理论上加强马克思主义在意识形态领域的指导地位与传承弘扬中华优秀传统文化的辩证关系，自觉认清中国特色的社会主义制度的形成沿革、文化根基和历史必然。

  文化自信是建立在文化自觉基础上的。文化自信须文化自觉，即自觉认清文化在人自身自由全面发展和社会文明进步中的独特地位和作用；而文化自信又反过来坚定和提升文化自觉，两者相辅相存，互补共进。文化自信攸关人的精神定力和人格情操，确为道路自信、理论自信、制度自信的内在基因，很重要的一方面即在于以文化人。文化乃人类独特的生存状态。完整意义的人，按照恩斯特·卡西尔的经典著作《人论》的说法，应当是既"为一定的传统文化所塑造又能创造出有别于传统文化的新文化的人"。所谓文化自觉，从根本上讲，就是要自觉以文化人，提高人的素质和境界，然后靠高素质、高境界的人去保障社会经济的全面协调可持续发展；而万勿盲目地急功近利地以文化钱，以牺牲人的素质和境界为代价，因为低素质、低境界的人势必会把即便搞上去的经济吃光喝光消费光！有了真正的文化自觉，才能树立真正的文化自信，从而以高远的人生境界和理想信仰去奋斗终生。

说经典

文 | 梁 衡

[梁衡（1946— ），山西霍州人，学者、新闻理论家、作家，曾任《人民日报》副总编辑。本文摘编自《2005中国最佳杂文》，辽宁人民出版社，2006年]

什么是经典？常念为经，常数为典。经典就是经得起重复，常被人想起，不会忘记。

常言道："话说三遍淡如水。"一般的话多说几遍人就要烦。但经典的语言人们一遍遍地说，一代代地说；经典的书，人们一遍遍地读，一代代地读。不但文字的经典这样，就是音乐、绘画等一切艺术品都是这样。一首好歌，人们会不厌其烦地唱；一首好曲子会不厌其烦地听；一副好字画挂在墙上，天天看不够。甚至像唐太宗那样，喜欢王羲之的字，一生看不够，临死又陪葬到棺材里。许多人都在梦想自己的作品、事业成为经典，政治的、文学的、艺术的、工程的，等等，好让自己被历史记住，实现永恒。但这永恒之梦，总是让可怕的重复之斧轻轻一劈就碎。修炼不够，太轻太薄，不耐用甚至经不起念叨第二遍。倒是许多不经意之说、之作，无心插柳柳成荫，不经意间成了经典。说到"柳"，想起至今生长在河西走廊上的"左公柳"，一百多年前，左宗棠带着湘军去征讨沙俄，收复新疆。他一路边行军边栽柳，现在这些合抱之木成了历史的见证，成了活的经典，凡游人没有不去凭吊的。"统一战线、武装斗争、党的领导"，这是中国革命的三大法宝，是中国共产党打天下的经典。但它的产生是毛泽东不经意间脱口说出的。1939年陕北公学的一批学生毕业要上前线，毛泽东去讲话说，"《封神演义》上姜子牙下山，元始天尊送他三样法宝：打神鞭、杏黄旗、四不像。今天我也送你们三件宝：统一战线、武装斗争、党的领导。"经典就这样产生了。莎士比亚有许多话，简直就是大白话，比如："是生还是死，这是一个问题。"还有托尔斯泰《安娜·卡列妮娜》的开头："幸福的家庭都是相似的，不幸的家庭各有各的不幸。"这些话被人千百次地模仿。就是《兰亭序》也是在一次普通的文人聚会上，王羲之一挥而就。当然，经典也有呕心沥血、积久而成的。像米开朗琪罗的壁画《末日的宣判》，一画就是八年。不管是妙手偶成还是苦修所得，总之，它达到了那个水平，后人承认它，就常想起它、提起它、借用它。它如铜镜愈磨愈亮，要是一只纸糊灯笼呢？用三五次就破了。

经典之所以经得起重复，原因有三：一是达到了空前的高度；二是有绝后的效果；三是上升到了理性，有长远的指导意义。经典不怕后人重复，但重复前人却造不成经典。

文化的发展总是一层一层，积累而成。在这个积累过程中要有个性，能占一席之地必得有新的创造。比如教师一遍一遍讲数理化常识，如果他只教书而不从事科研，一生也不会成为数学或物理科学方面的经典。因为只有像牛顿发现了万有引力，像伽利略发现了重力加速度，像爱因斯坦发现了相对论等才算是科学发展史上的经典；马克思创造了无产阶级专政理论，毛泽东创立了农村包围城市论，邓小平创立了中国特色社会主义理论等，这都是无产阶级革命和建设的经典。它是创新，不是先前理论的重复。唐诗、宋词、元曲，书法的欧、颜、柳、赵，王羲之的行书、宋徽宗的瘦金书都是中国文学艺术史上的经典。因为在这之前没有过，实现了"空前"，有里程碑的效果。只要写史，只要再往前走，就要回望一下这些高峰，它们是一个永远的参照点。

经典又是绝后的，你可以重复它、超越它，但不能复制它。

后人时时的想起、品味、研究经典的目的是为了吸收借鉴它，以便去创造自己新的经典。就像爱因斯坦超越牛顿，爱翁和牛顿都不失为经典。齐白石谈到别人学他的画说："学我者生，像我者死。"因为每一个经典都有它那个时代、环境及创造者的个性烙印。哲学家讲，人不能两次踏进同一条河流。比如我们现在写古诗词，无论如何也不会有李白、李商隐、李清照的神韵，岂但唐宋，就是郭小川，贺敬之也无法克隆。时势异也，条件不再。你只能创造你自己的高峰。惟其这种"绝后"性，才使它高标青史，成为永远的经典。

我们对经典的重复不只是表面的阅读，更是一次新的挖掘。

经典之所以总能让人重复、不忘、总要提起，是因为它对后人有启示和指导价值。"绣出鸳鸯凭君看，莫把金针度与人"，经典不只是一双绣鸳鸯，还是一根闪闪的金针。凡经典都超出了当时实践的范围而有了理性的意义，有观点、立场、方法、思想、哲理的内涵，惟理性才可以指导以后的实践。理性之树常绿。只有理性的东西才经得起一遍一遍地挖掘、印证，而它又总能在新的条件下释放出新的能量。如天然放射性铀矿一样，有释放不完的能量。范仲淹说："先天下之忧而忧，后天下之乐而乐。"司马迁说："人固有一死，或重于泰山，或轻于鸿毛。"邓小平说："不管白猫黑猫抓住老鼠就是好猫。"这都是永远的经典，早超出了当时的具体所指而有了哲理的永恒。就是达芬奇的《蒙娜丽莎》的微笑，朱自清《背影》中父亲的饱经风霜背影，小提琴曲《梁祝》中爱的旋律，还有毕加索油画中的哲理，张旭狂草中的张力也都远远超出自身的艺术价值而有了生命的启示。

总之，经典所以经得起重复是因为它丰富的内涵，人们每重复它一次都能从中开发出有用的东西，像一块糖，因为有甜味人才会去嚼。同样一篇文章，一幅画或一个理论，能经得起人反复咀嚼而味终不淡，这就是经典与平凡的区别。一块黄土，风一吹雨一打就碎，而一颗钻石，岁月的打磨只能使它愈见光亮。

经典常读，好像从来不需要多加饶舌。但2006年的读经典，却读出了若干文化事件：《易中天品三国》在西单图书大厦签售，惊动的是警察维持秩序；于丹签售自己的《论语》心得，几个小时就卖出一万多册……据说制造学术明星的"百家讲坛"，还有一系列备选人物等着讲后续的经典，连台湾大学哲学教授傅佩荣都表示，如果他来解《易经》，一定要让中小学生都能听懂。读经典的书卖过经典书本身，这是个不争的事实。在电视传媒上讲经典的人又比书斋学者要家喻户晓得多，这也是个不争的事实。

作家梭罗的时代，他心目中的经典是高远苍穹中的群星，需要人们仰望凝视。他甚至特别强调，"无论我们多么崇拜演说家的妙语如珠，最高贵的书写文字比起那些漂亮的口语，都好像高远的星空之于低处的浮云"。但是显而易见，今天的大众，好像已经缺少那种独自仰望星空的能力与定力，他们更愿意读到经典最通俗的解读版，以做补课之用。很少能反身自问：为什么读经典？这是已逝的意大利作家卡尔维诺做过的追问，译林社今年推出的他的一本书，书名就叫《为什么读经典》。他在其中给出一连串关于"经典"的精妙阐释，最有意思的一句是："一部经典是这样一部作品，它把现在的噪音调成一种背景轻音，而这种背景轻音对经典作品是不可或缺的。"

其实，任何时代读经典，都伴随着这样那样的背景轻音，经典也在这不同的轻音中，显示出对个体生命不同的价值。2006年经典虽然读得潮头涌动，又不免显得盲从附和。也许该听听不同的读经典的声音，看看自己更适宜于哪一种？

论文化自信

文 | 郭齐勇

[郭齐勇（1947— ），湖北武汉人，武汉大学国学院教授、博士生导师，贵阳孔学堂学术委员会主席。本文摘编自《孔学堂》，2017年第4期]

长期以来，对于中国文化，国人丧失了自信力。然而，时至今日，"文化自信"已然成为时代的话语，真是时势比人强！如何理解"文化自信"？如何减少盲目性，增强自觉性？本文略加讨论，就教于方家。

一、"文化自信"是对"文化自虐"与"文化自恋"的双重扬弃

清末民初，全盘反传统、全盘西化渐成主潮，国人对自己的文化妄自菲薄、自我矮化。胡适说："我们自己百事不如人，不但物质机械上不如人，不但政治制度不如人，并且道德不如人，知识不如人，文学不如人，音乐不如人，艺术不如人，身体不如人。"胡适的文化观虽然有批判传统惰性、针砭现实弊端的用意，但由此表现的文化虚无主义的态度和民族自信心的丧失，已达到无以复加的地步，是"文化自虐"的典型。

20世纪20至30年代和80年代，学界曾两度讨论国民性问题，受西方、

日本影响，国内学界很多人竟认为中国人的国民性只是"劣根性"，没有"良根性"，实际上是把人类所有的丑恶都集中在中国人身上。面对文化虚无主义与自戕主义的思潮，张岱年先生多次发表文章与演讲，指出：人们总是说国民性中有劣根性，诚然如此，是否也有良根性呢？"假如中华民族只有劣根性，那中华民族就没有在世界上存在的资格了，这就等于否定自己民族存在的价值……一个延续了五千余年的大民族，必定有一个在历史上起主导作用的基本精神，这个基本精神就是这个民族延续发展的思想基础和内在动力。"

张先生认为，中国文化有"良根性"，即中华民族的优良传统、习惯，"中华民族在亚洲东方能延续几千年，一定有它的精神支柱，没有这些，中华民族早就灭亡了。"这个精神支柱，就是民族精神。张先生指出，中华民族屹立于世界东方已经五千多年，过去的中国文明曾经对西方近代启蒙运动起过一定的积极影响，难道几千年的文化创造都是要不得的东西吗？是祖先低能，还是子孙不肖呢？

我们认为，只有批判传统才能真正继承传统，但真正的批判必须是全面深入理解基础上的内在性批判，需要以缜密功夫从中国文化思想系统自身的内在理路出发而对其做系统梳理，避免将某种特定的思想框架强加在传统中国文化之上。

不由分说，寻章摘句，以简单粗暴的方式来宰制、肢解传统，先人为主地把中国传统执定为粗糙、落后、保守云云，这类所谓的"批判"或美其名曰之"新批判"，实与中国思想文化毫不相干。

当下，中国文化的复兴已成大势，又有人不加分析地歌颂传统文化，陷入一种"文化自恋"情结，好像凡是国学、传统的都是好的。三十年来，笔者提倡弘扬优秀传统文化，一再两面批判、两面出击：一是批判"全盘西化"思潮，二是批判自恋情结，批判各种形式的伪国学。传统政治文化中的皇权专制主义是我们首先要深入批判的，这是我国健康现代化的严重障碍。

我们还及时批评了时下的国学热、儒学热、书院热中的负面，批判沉渣泛起，批评了把国学作为敛财手段的功利倾向和误人子弟的做法，强调正讲国学，让国学、儒学中的核心价值、做人做事的正道，创造性转化为现代人的人生智慧，以此安身立命。

"文化自信"是对"文化自虐"与"文化自恋"、西方中心论与中国中心观的双重扬弃。没有全面真正的继承，就不可能有文化创新。创新不仅要有厚重的历史感，具备深厚的理论功底，也要有时代精神，具有深刻的问题意识。创新固然是因应时代的挑战而生，但创新绝非无源之水、无本之木，它一定是对传统批判性的继承。弘扬传统文化并不是要昧于社会现实而开历史倒车，相反，恰好包含着批判现代性的负面，批判时俗流弊，抛弃五四运动以来相沿成习的对中国文化的某些误解、成见，调动并创造性转化传统文化资源，介入、参与、批判、提升、现实，促使传统与现代的互动，双向批判、双向扬弃，这才是我们应取的态度。

二、以"文化自觉"为前提的"文化自信"，有助于中国文化的"两创"

钱穆先生说："欲其国民对国家有深厚之爱情，必先使其国民对国家已往历史有深厚的认识。欲其国民对国家当前有真实之改进，必先使其国民对国家往历史有真实之了解。我人今日所需之历史智识，其要在此。"这就是对自己的文化要有一种自觉，这种自觉源自深度的理解。有"文化自觉"的"文化自信"，才是真正的自信，才有助于中国文化的创造性转化与创新性发展。中国文化，特别是儒释道，在两千多年来一直塑造和滋润着中国人的心灵，在近百年来则遭到了前所未有的指责和批判，这其中固然与"救亡"的时代背景有关，也与中国文化中的负面，即其中的僵化和异化有关，同时也与那一代知识分子的学识、心态乃至个人遭遇等有关，总体上表现为自信不足。

儒学等在当下中国得到重新认识和重视，呈现复兴之势（当然也有不少鱼龙混杂），这其中的原因也是多重的：中国经济的崛起、国势的强盛当然是一个重要原因，外来思想资源无法安顿大多数中国人的心灵也是一个重要原因，但最为根本的原因在于，中国文化、儒学中自身的价值理念仍具有生命力，比如仁义礼智信、孝悌忠恕等。

无论传统的农业社会，还是现当代的工业社会、信息社会等，只要是人类社会，无论其组织方式如何，要形成公序良俗，就离不开这些价值。此外，中国文化、儒学自身所具有的因时损益、与时俱进、自我更化的精神也是它葆有生命力而传承不断的重要原因。

新时代文化"两创"不是无源之水、无本之木。实际上，有本则不穷。相对而言，儒学与现实的脱节相比传统中国社会而言确实比较严重。在此方面，笔者认为，当今首要之计是注重和加强儒学的教育和普及，呼吁"四书"等儒家经典应该进大中小学课堂，要让儒学成为滋润中国人心灵的文化资源，成为党政干部的起码修养，笔者也曾呼吁并积极推进民间儒学的培育和发展，让儒学重新扎根于中国的这片土壤。

为政之道在于明德、亲民。王阳明解释"大学之道，在明明德，在亲民，在止于至善"（《大学》）时，特别强调在明明德的基础上亲民。他首先是强调为政者要修身以德，以仁德为核心价值，引领和实现政治的正义。官德不仅仅是一种职业道德，更是人的良知在政府事业上的直接运用。为官不讲官德，就是违背良知。进一步地来说，亲民就是要以民为本，视百姓为骨肉亲人，尊重民心民意，体察民间疾苦。在具体的政治实践中，阳明以高超的政治智慧，将社会教化、社会治理以及具体的行政手段结合起来，治理了很多难治之地，实现了民不骇政，四方咸宁。阳明的为官之道，对于今天加强党员干部修养，化解社会矛盾，转变政府职能等，有借鉴意义。阳明讲"知行合一"，"知"在这里指良知，阳明强调真知真行。阳明学告诉我们，要在日用伦常之间，在礼乐刑政之间，将"天地万物一体之仁"发用出来，用来敬老爱亲，用来修身齐家，用来尽伦尽职，为政理事。做一分，就体认一分良知，体认一分良知，就要行一分。这一点，可以赋予今人实践道德、完善自我的勇气。

要像孟子所说的那样"深造自得"，对自家文化经典要有全面而深刻的研读、理解和体证，惟其如此，方能"居安资深"，才能"左右逢源"，也才能有真正意义上的文化自信。其次，还应该带有批判的眼光和精神，不能堕入所谓"原教旨主义"。再次，官方和民间都应该积极推进灵根再植的体制机制之建构，比如以"四书"为核心的儒家经典纳入国民教育体系，把儒学纳入一级学科并且建设一批一流学科，恢复或重建民间书院及其功能，在有的地方尝试恢复庙学合一的传统，继续推进民间儒学的良性发展。最后，也有必要防止鱼龙混杂、国学骗术，警惕一些乌烟瘴气以国学之名沉渣泛起。

三、"文化自信"与建构人类命运共同体息息相关

今天，人类社会是一个相互依存的共同体已经成为共既然人类已经处在"地球村"中，那么全球的利益同时也就是各国自己的利益。可持续发展不仅关涉各国，而且关乎全人类的长久发展。中国文化长期以来讲可大而可久，"大"指的是空间，"久"指的是时间。

人类命运共同体的建设仍是一个长期、复杂和曲折的过程。如果各国能真正从全人类长远利益出发来考虑问题，而不是从短期国内需求出发来制定政策，一个更高程度的、走向共同繁荣的人类命运共同体完全是可以建成的。

钱穆先生九十五岁高龄时口授了他一生最后的"文化遗言"，即《中国文化对人类未来可有之贡献》一文。其中指出：中国文化中，"天人合一"是最重要的观念，是中国文化的归属之处。他深信，中国文化对世界人类未来求生存之贡献，主要也在于此。

中国文化、儒学，早在明清时代已经国际化，彼时的朝鲜、日本、越

南等皆为儒教国家,而且,彼时也不乏西欧传教士开始研习、翻译儒学经典。时至今日,中国文化、儒学更是在世界范围内得到了愈来愈多的研究和传播。为何如此?这原因是多重的,但最为根本的还是与中国文化、儒学自身的价值理念有关。中国文化、儒学当然可以为当今人类面临的共同问题和危机提供智慧和思想的资源,重"时"(比如《月令》)的观念、"天人合一""仁者与天地万物一体"的观念就可以为解决当代环境问题提供智慧,即要根本扭转近代西方以来所形成的那种征服自然、个人权利本位、刺激消费的观念。王阳明的"致良知",就是把"真诚恻怛"的仁爱之心发挥、扩充、实现出来,去应对万物,使万物各安其位,各遂其性。"致良知"包含着从人性上反思自己,反思人的贪欲、占有欲及人对自然万物自身权利与价值的不尊重,以及由此而产生的过度取用与开发。再如,儒家所提倡的仁者爱人(《孟子·离娄下》)、温良恭俭让(《论语·学而》)、反求诸己(《孟子·离娄上》)、和而不同(《论语·子路》),可以化解当代世界因宗教冲突等因素而引起的恐怖主义问题。儒学对待其他文明或外来文明,不像有的宗教那样排外,其基本原则就是"和而不同",宽容包容,尊重其他文明,并尽可能学习其他文明之长处。

推动建设人类命运共同体,源自中华文明的"天下"观念,"以和为贵"(《论语·学而》)"协和万邦"(《尚书·尧典》)的思想,"己所不欲,勿施于人"(《论语·颜渊》)的忠恕之道,人与自然、人与社会、人与人的和谐理念,都是中华文化的重要精神因素。为构建人类命运共同体注入中国智慧,贡献中国力量,是我们的职责。

破除西方中心主义是文化自信的前提

文 | 张西平

[张西平（1948— ），河南温县人，北京外国语大学教授、博士生导师、中国文化走出去协同创新中心主任、《国际汉学》主编。本文摘编自《前线》，2017年第1期]

一百多年以来，我们在学习西方的过程中，一些将西方文化神圣化的做法，使我们不能全面客观地认识西方文化。于是，在近代中华文化的更新建设过程中，我们的文化心态也发生变化，缺乏了文化自信。因此，实事求是地认识西方文化是恢复文化自信的关键所在。

一、在东西文化互动的历史中认识西方文化的东方之源

近代以来西方文化伴随着工业革命的成功成为一种强势文化，强大起来的西方将其成功归于其文化的支撑，在中国近代最流行的就是"现代与传统，东方与西方"的二元对峙。东方走向现代化只有走西方之路，只有批判自己的文化、学习西方的文化。西方文化优越论一直桎梏着我们对西方文化的认知和对自身文化的认识。这种认识掩盖了一个基本的历史事实，即东方

文化不仅是西方文化之根，同时也长期是西方文化发展的重要动力和精神导师。只是到了19世纪，西方取得了世界发展的领导权后，他们开始掩盖这一切，将西方文化说成是一个自我成圣的伟大文化，甚至将白种人说成是一种优于其他人种的文化。西方中心主义开始盛行。

　　让我们看看希腊文化与东方文化的关系。希腊是西方文化之根。而希腊文化的形成主要是受到埃及文化、亚述文化等东方文化的影响。希腊历史学之父希罗多德认为，希腊的纪念仪式、习俗都是从埃及搬来的。希腊人是从埃及那里学会了"占卜术，并将他在埃及学到的许多东西几乎原封不动地带到了希腊……希腊几乎所有神的名字都来自埃及"。为何希腊和埃及有如此紧密的关系呢？因为希腊曾经是埃及的殖民地。这些是有着历史学根据的，在希腊悲剧中仍可找到大量的埃及古代语言的残存。实际上，近东地区的美索不达米亚的居民创造了世界上早期的辉煌的文明。"这一文明对推动人类的进步发挥了巨大的作用。这一地区孕育了许多世界之最：诞生了世界上第一座城市；最早的议会制雏形；最早的国家行政学院；发明了世界上最早的灌溉农业，开展了人类最早的对外贸易，实践了最早的封建租佃制和资本主义生产方式；创造了人类最早的公司形式，最早的职业经理人，最早的股权激励形式；诞生了最早的文字，最早的学校，最早的图书馆；出现了第一次社会改革，第一部法典，第一起法律判例，第一部农人历书，第一部药典；产生了最早的宇宙观，最早的伦理观，最早的人本观，最早的科学知识；流传着最早的史诗与神话，最早的寓言，最早的谚语和格言，最早的爱情诗，最早的《圣经》故事原型；等等。"希腊正是从东方的两河流域文明和埃及文明中学习到了文字、文学、艺术、宗教，当然也包括科学技术才成长起来。希腊从巴比伦学到天文学和数学知识，学到巴比伦人发明的水钟、日冕和把一天分成十二部分的方法，学到巴比伦人观测到的黄道和黄道十二宫图，学到了埃及的几何学、日历和医学。西方一些严肃的学者完全承认这一点，他们认为所谓的西方文明即欧美文明，与其说起源于克里特、希腊、罗马,不如说起源于近东。为更加清晰地表达东方文化和西方文化的关系,学者们明确地说:巴比伦与亚述文明是西方的祖先,东方是西方文化之根,这才是真实的历史。

只是到了18—19世纪,西方才开始将自己和东方文化分开。他们说希腊文明是纯粹欧洲的,它和腓尼基人、亚述、苏尔美文化没有任何关系。在这个意义上德国哲学家雅斯贝尔斯提的"轴心说"都是值得怀疑的。文明的起源是古埃及文明、两河流域的古巴比伦与亚述文明、古印度文明和古代中国文明,希腊是进入不了这个圈的,在四大古文明中早已实现了文明的突破。希腊文明只是在巴比伦和亚述文明影响下发展起来的。

二、在全球经济发展中亚洲经济长期领先于欧洲经济

西方中心主义另一个重要的观点是:世界经济的中心是欧洲,欧洲开启了世界经济的网络,正是由于地理大发现,世界才走向全球化。"欧洲中心论者所提供的公元1500年之前的标准世界画卷包括两个核心特征:其一,世界陷入所谓的停滞的'传统',其二,世界分裂成孤立的被'非理性的'专制国家所统治(主要在东方)的落后的地区文明。因此,在公元1500年前,把世界看作是全球互相依存的任何想法都是难以想象的。反过来,欧洲中心论者推定只有到了1500年,随着欧洲作为先进文明的出现,欧洲的大发现时代开始了。而这反过来导致了那些造成各主要文明之间隔离的障碍被打破,从而为出现于19世纪并在1945年后发展成熟的西方全球化时代铺平了道路。"西方中心主义者为了强调1500年由西方人所主导的地理大发现的价值和作用,将在其之前的世界经济说成是完全分离、孤立展开的经济。其实完全不是这样。

实际上,全球化的时间要早于这个时间。蒙古铁骑所建立的草原帝国,开始使东西方的交流更为便利了。从1405年到1433年中国明朝的郑和船队已经进入印度洋,并到达东非海岸。早在唐朝和宋朝时就有大量的阿拉伯商人

住在中国南部的泉州等地从事贸易。

从公元1000年到1500年,印度洋一直是全球贸易的中心,阿拉伯商人掌握着从东非到红海口、波斯湾以及印度西海岸的贸易,印度商人控制着从锡兰到孟加拉湾再到东南亚的贸易,而中国人控制着从中国到印度尼西亚和马六甲海峡的南中国海洋的贸易。美国学者罗伯特·B·马克斯(Robert B. Marks)认为:"四大文明和经济实力中心为印度洋贸易提供了原动力,伊斯兰教的中近东、印度教的印度、中国、印度尼西亚或香料群岛。中国人把制造品——其中特别是丝绸、瓷器、铁器、铜器——运到马六甲,换取香料、新异食品、珍珠、棉织品及白银带回中国。印度出口棉纺织品和其他制造品到中东和非洲东部,其中一些纺织品还远达非洲西部。从非洲和阿拉伯人那里,印度人得到棕榈油、可可、花生和贵金属。……这种巨大的全球贸易的引擎主要是中国和印度。"

即便从1500年后,中国和印度在早期的全球化中有两个重要的贡献,正是中国和印度的这两个贡献,才推动了近代西方经济的兴起。

首先,中国对白银的需求直接推动了全球贸易的发展。中国在1750年以前有着世界上最完备的交通系统和农业社会时期最好的商品,这就是丝绸、茶叶和瓷器。正如一位历史学家所说,在15世纪,中国仍然是世界上最大的经济强国。中国从明代开始已经使用白银作为金属货币,它将丝绸、茶叶和瓷器卖给欧洲,然后从欧洲换回白银。由于当时中国的银价同世界其他地区相比比较高,因此,在全球的贸易中加速了白银向中国的流通。中国经济史家全汉昇在论述美洲的白银流向中国时指出:"从1592年到17世纪初,在广州用黄金兑换白银的比价是1:5.5到1:7,而西班牙的兑换比价是1:12.5到1:14。由此表明,中国的银价是西班牙银价的两倍。"因此,当时荷兰东印度公司和英国的东印度公司都把黄金—白银—铜之间的套利活动作为他们在世界范围进行贸易的主要内容之一。

其次,印度的棉纺品贸易直接推动了英国的发展。在当时的世界经济中，中国和印度是两个最重要的地区。"在印度，这些制造业主要是称雄世界市场的棉纺织业，其次是丝织业，尤其是印度生产最发达地区孟加拉丝织业。当然，制造业的这种竞争力也依赖于农业、运输和商业的生产力。它们提供了工业所需的原料、工人的食品，以及两者的运输和贸易，进出口的运输和贸易。"在17世纪后期，印度的印花棉布大量出口英国。还有人抱怨说，它悄悄走进我们的房间、我们的衣橱和卧室，窗帘、坐垫、椅子和桌子上，除了印花棉布或印度其他纺织品外几乎没有别的，至少床上是这样。总之，那些曾经以羊毛和蚕丝为原料的纺织品，不论是用于缝制女性的服装还是家庭的用具，几乎全部来自印度的贸易。英国所以要进口印度的棉布，是因为印度生产的棉布要比英国本国生产的棉布便宜得多。"1700年印度是世界上最大的棉纺品出口国，其纺织品不仅是为了满足英国的需要，而且也是为了全世界的需要。除印度广大的国内市场外，东南亚、东非和西非、中东和欧洲是其主要的出口市场。"

这样，我们看到在早期的全球化历史中亚洲起着重要的作用，中国和印度是当时世界经济的中心，正如《泰晤士插图世界史》中所说的："虽然人们很难准确地估量近代早期亚洲的经济总产量……但是人们所能见到的各种资料证明，东方的经济规模和利润比欧洲要大得多……在整个近代早期，世界工业的中心是亚洲，而不是欧洲。"

我们承认地理大发现对全球经济发展和社会发展的重大作用，但有三点不能忘记：第一，在地理大发现前，亚洲已经有了自己的贸易体系；第二，即便在地理大发现后，亚洲仍在世界经济中发挥着重要作用；第三，西方的地理大发现是在血与火中完成的，在道德上应该加以批评。

所以，西方中心主义者以西方经济的发展来论证其文化的优越，与历史事实不相符合。尽管以英国为代表的欧洲国家强大起来，其经济内在的因素和科技的进展也是重要的原因，但不能将其绝对化，应该看到亚洲经济的推动，是欧洲走上现代化之路的重要原因。同时也要看到欧洲对外的殖民侵略，对非洲、南北美洲原居民部落的灭绝，对中国的战争是他们走向世界强国的重要原因。在全球经济发展中亚洲经济长期领先于欧洲经济这一事实，使西方中心主义另一个重要的观点即世界经济的中心是欧洲不攻自破。

三、东方是欧洲近代思想形成的重要力量

由于近代以来西方逐步率先走向现代化，在他们强大起来以后，一些欧洲中心论者将自己的发展和成就说成是欧洲自身思想发展的结果，与其他文化没有关系，如他们说欧洲近代的进步起源于文艺复兴，和东方没有什么关系。

"欧洲并没有从东方汲取什么创造现代科学所不可或缺的东西；另一方面，其借鉴的价值仅仅是因为它被融入到了欧洲的理性传统之中。当然，这些理性传统是在（古）希腊创建的。"显然，这种说法并不符合历史的实际。希腊的典籍在中世纪后已经很难找到，希腊思想和文化保存于阿拉伯的百年译经运动，他们将希腊的文献绝大多数翻译成了阿拉伯文。文艺复兴就是将这些阿拉伯文的希腊文献重新翻译回意大利文等欧洲语言，从中发挥出新的思想。一些欧洲中心论者认为，阿拉伯人并未有多少新的思想，他们只不过是保存下来了希腊的文献。这种傲慢的态度违背了基本的历史。因为阿拉伯学者并不仅仅翻译了希腊的文献，他们也从波斯、印度以及中国吸收了大量的医学、数学、哲学、神学、文学和诗歌方面的成就。"然后，他们在犹太科学家和翻译家的帮助下，创造了一种新的知识体系，这不仅仅是对希腊知识的简单整合，也是对希腊思想的批判继承，同时使它们在新的方向上得到进一步的发展。"这个过程说明了这样的事实：巴格达处在全球经济的中心，它不仅接受了新的亚洲思想，而且对其重新改造，然后传播到伊斯兰教的西班牙地区。这一点，一些西方学者也是承认的，他们说"穆斯林所拥有的缜密思维和渊博学识，远远超过了从古罗马那里所获得的……在人类文明的历史上，可能没有人能够比他们（欧洲人）更安于窃用这些外族遗产

了,除非是希腊人在公元前6世纪就汲取了这些东方(埃及)文明"。

文艺复兴和启蒙运动是欧洲走向现代化之路的两个重要环节,而这两个西方最重要的文化变革都和东方有着密切的关系。

当来华的耶稣会士将中国经典陆续翻译成欧洲语言,在欧洲各国出版后,在欧洲逐步形成了18世纪的中国热。中国热表现出了中国古代文化对欧洲的影响。在社会生活层面,当时的欧洲上流社会将喝中国茶、穿中国丝绸的衣服、坐中国轿、建中国庭院、讲中国的故事作为一种时髦的风尚。Chinoiserie(中国风),这个词汇的出现,反映了法国当时对中国的热情。这"突出地反映了这样一个事实:在相当长的时期中,各个阶层的欧洲人普遍关心和喜爱中国,关心发生在中国的事,喜爱来自中国的事物"。

来华耶稣会士的关于中国的著作在欧洲的不断出版,特别是柏应理的《中国哲学家孔子》的出版,在欧洲思想界产生了深刻的影响。来华耶稣会士介绍的儒家思想的著作,所翻译的儒家经典引起了欧洲思想界的高度重视。

德国哲学家莱布尼茨是当时欧洲最关心中国的哲学家,他从孔子的哲学中看到自然神论的东方版本。在西方宗教的发展中,斯宾诺萨的自然神论开启了解构基督教人格神的神学基础,传统神学将自然神论视为洪水猛兽。从此斯宾诺萨只能生活在阿姆斯特丹,靠磨眼镜片为生。莱布尼茨通过自然神论来调和孔子与基督教的思想,"在这个意义上,莱布尼茨是当时惟一重要的哲学家,认为中国人拥有一门惟理学说,在某些方面与基督教教义并存。"尽管莱布尼茨的理解有其欧洲自身思想发展的内在逻辑,但他看到孔子学说中非人格神的崇拜是很明确的。

如果说莱布尼茨从哲学和宗教上论证了孔子学说的合理性,那么伏尔泰则从历史和政治上论证了孔子学说的合理性。《中国上古史》《中国哲学家孔子》等书中的中国纪年,彻底动摇了中世纪的基督教纪年。在《风俗论》这部著作中,伏尔泰第一次把整个中国文明史纳入世界文化史之中,从而打破了以欧洲史代替世界史的"欧洲中心主义"的史学观。他说,东方民族早在西方民族形成以前就有自己的历史，我们有什么理由不重视东方呢？借助中国、借助孔子，启蒙思想家们吹响了摧毁中世纪思想的号角。而伏尔泰这位18世纪启蒙运动领袖是穿着孔子的"外套"出场的，他的书房叫"孔庙"，他的笔名是"孔庙大主持"。

我们必须看到这段历史不仅说明"中国的'遗产'与所有其他文明国家的'遗产'已结合起来，显然纳入了一条正在实现世界合作大同的轨道"，显出了中国古代文化的世界性意义；同时对我们自身来说，这段历史又告诉我们：中国的传统并不是完全与近现代社会相冲突的，中国宗教和哲学思想并不是与现代思想根本对立的，在我们的传统中，在我们先哲的思想中有许多具有同希腊文明一样永恒的东西，有许多观念同基督教文明一样具有普世性。只要我们进行创造性的转化，中国传统哲学的精华定会成为中国现代文化的有机内容。东方在世界体系中也并非无足轻重，在西方走向世界时，东方无论在思想上还是在经济上都起着不可替代的作用。启蒙时期思想的实际发展过程，说明欧洲思想不是一个自我成圣的过程，仅仅回到希腊，西方思想家发展不来近代的启蒙思想观念。但西方思想的当代叙述完全不再提到这段历史，他们改写西方思想文化的发展史，并设置一个二元对峙的思想和文化发展的模式，将其作为训导东方国家的思想文化模式，至今一些西方文化思想领袖希望按照这样的逻辑继续改造这个世界，将其称为文化帝国主义是完全可以的。

破除西方中心主义是文化自信的前提。我们要通过历史说明西方文化和东方文化的历史渊源，破除19世纪以来将西方文化说成是自我成圣的神话，解除掉西方文化所披覆的神圣光环，将其还原成一个地域性文化，化解那种将西方文化等同于现代文化的神话。这是我们走向文化自信的第一步。当然，这个过程不是走向东方中心主义，不是否认西方文化对世界文化的贡献，不是停止我们学习西方优秀文化的步伐，而是以一种平等、实事求是的态度，在与西方文化的交流互鉴中丰富、完善、发展中国自己的文化。

中国文化的软实力

文 | 傅佩荣

[傅佩荣（1950—　　），中国台湾人，美国耶鲁大学博士（师从余英时），台湾大学哲学系教授。本文摘编自傅佩荣新浪博客，2012年9月27日]

在中国悠久的历史中，朝代虽有更迭，而文化总是一脉相承，展示某些基本理念。这些理念的主要成分是由《易经》、儒家与道家所构成的。我们今天肯定中国文化的软实力，首先必须辨明这些理念中的价值观，并且证明这样的价值观对现代人仍有重要的启发。

在变化中的因应之道

《易经》是探讨有关变化的书。在发明文字以前，人们如何掌握变化的现象，并且分辨它所造成吉凶祸福的后果？伏羲氏制作一组八卦的符号，用来象征具体事物，再由八卦组成六十四卦，代表各种复杂的形势与格局；然后提醒人要察觉自己在某种格局中的位置，以便采取合宜的作为。简单说来，《易经》教导我们观察自然界运行的规律与人际间互动的状况，并依此安排自己的言行。

最初，《易经》是帝王选择政策时的参考之一。古代设有太卜之官，以《易经》占卜为帝王献策。后代学者发挥哲思，把《易经》的原理应用于日常生活中，展现了一套做人处事的道理，称为义理。这套义理所要说明的是：居安思危，乐天知命。

先说居安思危。人在平安无事时，往往松懈心志或耽溺于逸乐，以为一切都没有问题；但是"变化"从未停止，在不知不觉中出现了危机，后果就不难想象了。因此，为了持盈保泰，必须要有忧患意识。人在平安时要有所警惕，相对于此，人在困难中不可灰心丧志，因为"变化"仍在进行，只要苦撑一段时日，终究会有新的转机。《易经》六十四卦的排列顺序就显示了上述智能。譬如，在泰卦（通顺）之后是否卦（阻碍），在剥卦（穷困）之后是复卦（重新开始）。

再说乐天知命。天代表形势与格局，命代表个人的遭遇。面对大势所趋，只能以乐观心情去理解及接受；碰上个人遭遇，与其随之喜乐，不如思索前因后果，找到改善自己生命质量的有效途径。因此，学习《易经》，使人领悟应该在自身的"德行、能力、智慧"三个方面精益求精。

不仅如此，《易经》所谓的变化，是把整个宇宙看成一个大生命，正如有机体，牵一发而动全身。因此，个人与万物息息相关，与人群更是声气相通。这种开阔的思维，使我们珍惜一切存在之物，更能善待自己的生命。

人生要追求止于至善

儒家对中国人的影响最为深远。自从汉代以后，儒家就成为帝王教导百姓的主要学说，也是帝王统治百姓的重要工具。这是因为儒家学说的三项特点：一，尊重传统（包括当前的统治阶级）；二，重视教育（以经典教育百姓，稳定社会秩序）；三，关怀社会（个人要在群体中实现自我的人生价值）。

儒家固然具备统治者所要求的条件，但是儒家学说的真正要旨不限于此。从孔子以来，就认为每一个人都应该修养自己的言行，要尊重别人像看待自己一般，"己所不欲，勿施于人"。学习要由五伦着手，亦即建立合宜的"君臣（领导与属下）、父母子女、夫妻、兄弟姐妹、朋友"关系，再推之于各种人际关系。因此，在儒家看来，所谓的"善"是指：我与别人之间适当关系的实现。

儒家强调个人行为必须出于真诚，真诚使人产生主动行善的力量。以真诚为基础，礼仪、音乐与一切教化才可顺利展示其作用。这种学说如果勉强用一句话来说明，可以称为"人性向善论"，而不是宋明学者所谓的"人性本善论"。人只要真诚，内心都会显示向善的要求，但由于善涉及我与别人的适当关系，所以人同时需要学习社会规范。儒家重视教育，其故在此。

在肯定人性向善之后，具体的人生之路该如何安排？答案是择善固执。谈到择善，所需要的是知识与智慧。知识使人明白行为的正确规范，智慧使人通权达变，能够在每一次的抉择中做成正确的事。至于固执，则不是顽固不知变通，而是勇于坚持原则，如仁与义，在必要时甚至可以牺牲生命。这种作为源自儒家的信仰。孔子与孟子都相信：天在决定人间的一切，人只须把握天所赋与的使命，知其不可而为之。人的使命不是别的，正是在肯定人性向善之后，要努力择善固执，而最终目标是止于至善。

孔子个人的志向印证了上述说法。他的志向是"老者安之，朋友信之，少者怀之"（使老年人得到赡养，使朋友们互相信赖，使青少年得到照顾）。这是要以个人之力谋求人类社会的大同境界。这种责任无比艰巨，并且至今未曾完成，但儒家学者在奋斗过程中始终保持悦乐的心情，相信个人在成就自己的生命目标时，将会促使社会不断走向更完善的状态。

儒家既关怀世间，又重视学习、修养自己，结果就形成了亚洲学者所谓的"现代化"所需要的伦理观念。

随顺自然的审美感受

儒家不论是对个人还是社会都会有一定的期许与压力。如果个人不得志或社会不安稳,许多人就会转向道家寻求出路。然而,道家只是人们逃避现实的借口吗?它的无为只代表消极无奈的态度吗?答案显然不会这么简单。道家的核心观念是"道"。在老子看来,万物皆源自于道,最后也将回归于道。因此,"道"这个字所代表的是"万物的来源与归宿"。我们不必争论什么是道,只需明白万物(以及人类)是有来源也有归宿的。这种观念从根本上化解了虚无主义的困扰。

既然如此,人生应该如何安排?只有一种合宜的做法,就是设法悟道。道是包含万物在内的一个整体,在整体中,一切变化都是相对的,互相制约的,因此人不必自作聪明,刻意要去完成什么。老子所说的"无为"是指"无心而为",亦即每个人做他份内的工作,但不必存有刻意的目的。庄子进一步强调"不得已",就是当各种条件成熟时,人就顺其自然。因此关键在于"判断"做一件事的条件是否成熟。这显然需要处世的智慧。这种智慧只有在虚静的心态中才会展现出来。

不仅如此,庄子指出:道是无所不在的。能从"道"这个整体的角度来理解万物,就会发现万物皆彰显了道的光辉,因而无一不值得欣赏。庄子又说:"天地有大美而不言。"亦即天地之间是美妙无比的。我们常说的"天人合一"一词就来自于庄子的观念,他的意思是:自然界与人类在道之中是合成一个整体的。现在这个词的意思是自然界与人类可以"和谐相处"。领悟了上述的整体观,当我们在面对个人的穷达、顺逆、福祸,甚至生死时,不就很容易化解各种激动的情绪了吗?毕竟再怎么变化,一切都依然存在于道之中。道像母亲一样,怀抱万物与人类,我们有如婴儿,又何必想象各种不必要的困扰与烦恼。这样的人生应该是充满喜悦与美感的。

结语

上述有关《易经》、儒家与道家的说明，是现代学者对古代经典的研究心得，关于这些经典，历代学者见仁见智，各抒己见，难免流于众说纷纭，而民间所熟知的往往只是一些格言名句以及基本的做人观念。因此，为了使中国文化的软实力发挥作用，并且为世人提供一套历久弥新的价值观，就还有极大的努力空间。在学者来说，要研究这些经典的现代意义，以求温故知新；在民间来说，要实践传统文化中的优良素质，以求安顿身心。我们认为，这样的软实力如果充分展现出来，将是使中国由强大迈向伟大的康庄大道，也是中国文化对整个人类文化所能作出的最大贡献。

"创造性转化"观念的由来和发展

文 | 陈 来

[陈来（1952— ），浙江温州人，哲学史家，清华大学国学研究院院长、中央文史研究馆馆员、中国哲学史学会会长。本文摘编自《中华读书报》，2016年12月7日]

按照习近平总书记系列重要讲话的精神，要处理好继承和创造性发展的关系，必须把"两有""两相""两创"的方针结合起来。"两有"即对古代的文化要有区别地对待、有扬弃地继承；"两相"即中华优秀文化必须与当代文化相适应、与现代社会相协调；"两创"即对中华优秀传统文化要实现创造性转化、创新性发展。"两有"是讲继承的区别原则，"两相"是讲继承的实践要求，"两创"是讲继承和创新的关系。继承是基础，转化是方向，创新是重点。只有这样，才能更加完整地理解、体现党的文化方针。

"创造性转化"在近年来已经成为大家耳熟能详的提法，但其提出和演变，还需要做些梳理，才能使我们对这一词语的使用有更清楚的认识。

一、林毓生的"创造的转化"

"创造的转化"这个概念本是美国华裔学者林毓生在20世纪70年代面对五四运动激进的文化思潮而提出来的,他本人也曾经说明他对应使用的英文为"creative transformation","创造的转化"是对这一英文的翻译。林毓生是研究中国近代思想史的专家,也是一位自由主义者,据他说,"创造的转化"这个概念,是他根据罗伯特·贝拉对"创造的改良主义"(creativereformism)的分析而提出来的。而贝拉则是受到德国社会学家马克斯·韦伯分析的影响。林毓生最早在1971年纪念其老师殷海光的文章《殷海光先生一生奋斗的永恒意义》提出"创造的转化"这个概念,主要针对五四运动时中国自由主义全盘否定中国传统,而希望自由主义的文化立场有所调整转变。他正式提出这个概念是在1972年的《"五四"时代激烈反传统思潮与中国自由主义的前途》一文之中。

"创造的转化"这一概念是针对五四自由主义对传统文化的否定态度而提出来的一种修正。林毓生把五四自由主义对传统文化的态度归结为"全盘反传统主义",他认为这是不可取的,这只能使得自由主义在中国的发展得不到任何本土文化资源的支持,反而使自己成为文化失落者。另一方面,他也强调这一立场与文化保守主义的区别,他反对"发扬固有文化""文化复兴"一类的提法,反对唐君毅等港台新儒家的文化思想,显示出他自己对这个概念的使用还是有着自由主义的印记。他还指出,一方面,"创造的转化"这个观念的内涵是重视与传统的连续性而不是全盘断裂,一方面在连续中要有转化,在转化中产生新的东西。所以新的东西与传统的关系是"辩证的连续"。

关于创造性转化这个观念的内容,林毓生多次做过明确说明,如:"简单说,是把那些这个文化传统中的符号与价值加以改造,使经过改造的符号与价值转变成有利于变迁的种子,同时在变迁中继续保持文化认同。"他所说的符号主要指概念和语句,他所说的变迁是指以自由民主为主的社会变迁。

因此，他对"创造的转化"概念的定义和说明可概括为三句话：一是把中国文化中的概念与价值体系加以改造；二是使得经过改造和转化的概念与价值体系变成有利于现代政治改革的种子；三是在社会变迁中保持文化的认同。其思想实质，是使社会变迁和文化认同统一起来，而不冲突；其基本方法是改造、转化传统的观念，但不是打倒传统的观念。而其局限性是，对传统观念的转化只是在"有利于自由民主"一个向度上。这是他作为自由主义者的明显局限。林毓生认为，仅仅从西方搬来一些观念，不但不能解决我们的问题，反而造成我们的危机，创造性转化是指从传统中找到有生机的质素，经过改造，与选择的西方观念价值相结合，而产生"新的东西"。比如"性善"可以作为这样的资源，经过创造转化，变成自由民主的人性论基础。又如"仁"在与"礼"分开后，仁成为个人的道德自主性的意义，与外在的民主法制制度进行整合。可见，他所说的变迁始终着眼在西方现代社会的政治建制。

从美国中国研究的学科史来看，林毓生的这个概念，表现出他的问题意识是费正清时代关注中国近代"变迁与连续"的主题。而他的态度则是以自由主义的身份对"五四"自由主义的文化观的一种反思和调整。他认为"五四"的经验教训是自由主义没有处理好"传统"和"文化认同"的问题，提出"创造性转化"作为新自由主义的文化态度，要求自由主义不再否定中国文化，重视中国人的文化认同，从而解决变迁与认同的冲突，使两者都能得到肯定。从20世纪70年代到今天，他对"五四"自由主义的文化观的批评和对文化认同重要性的补充，已得到不少自由知识分子的赞同。

虽然，"创造的转化"本是自由主义内部在文化上的调整，要求自由主义把"五四"对传统的"全盘否定"改变为"创造转化"，但林毓生自己后来也把它的应用作了扩大，使它不仅是对自由主义的要求，也希望使之成为一般人对传统文化的态度。近几十年来，海内外各界的人士广泛积极地利用

"创造的转化"这一观念形式,抽象地继承这一观念形式,但是,如果从我们今天对文化传统继承的立场来看,林毓生对"创造的转化"的具体理解,仍有很大局限性,这也是需要指出的。这主要是:第一,这一观念没有表达"继承"的意识,甚至和"弘扬"相对立,这样的立场不可能成为全面的文化立场,如果林毓生把他的观念概括为"辩证的连续""创造的转化"两句会更好;第二,转化的方向只是有利于与自由民主的结合,完全没有考虑与现代社会道德、伦理秩序、心灵安顿、精神提升、社会平衡的需要结合,这种转化就不能不是单一的、片面的。

二、墨子刻以"调适"批评"转化"

与林毓生同时代的美国中国学家墨子刻从一开始就对林毓生的"创造的转化"的观念提出异议,他从英文的语感出发,认为 transformation(转化)含有革命和根本改变的意思,而应当重视改良、调适(accommodation)。所以他提出了 transformation vs accommodation("转化/调适")的中国近代史研究框架。他认为,中国近代历史中的革命派属于转化型,改良派属于调适型,前者主张激烈转化,后者主张逐渐调适,而民国初年以来革命派代表的转化方向一直居于思想上的优势地位,他甚至称"五四"思想为转化思想。不过,"转化/调适"这一框架更多地是来处理革命和改良的分别,并不像林毓生的"创造性转化"观念是专对思想文化的激进化倾向而发。墨子刻学生黄克武的《一个被放弃的选择》一书中即运用了这一框架对梁启超作了新的研究。

在墨子刻看来,"转化"是根本改变,是在性质上发生变化,属于革命派思维;这与改良、调整的观念不同,故墨子刻用 aceommodation(调适)来说明与革命思维不同的改良方针。在中文中,"转化"虽然不一定有革命式的决裂意义,但确实没有渐渐改良的意思,而有一种从方向上转换的意思。林毓生自身的立场并不是主张政治革命和思想革命,创造性转化观念的提出正是针对思想革命而提出来的。所以墨子刻对这个概念的反对并不能针对林毓生的思想。但墨子刻提出"转化"这个概念是不是过强,是值得我们思考的一个问题。由于墨子刻对"转化"与"调适"的分别,主要用于政治思想史的主张,而不是文化态度,所以这里就不再多加讨论了。

三、傅伟勋"创造的发展"

与林毓生等不同,20世纪80年代初,傅伟勋由哲学思想史的研究而提出"创造的诠释学"的方法论。其创造的诠释学应用于文化传承发展,是"站在传统主义的保守立场与反传统主义的冒进立场之间采取中道,主张思想文化传统的继往开来"。他强调,继往就是"批判的继承",开来就是"创造的发展",所以他的文化口号是"批判的继承,创造的发展"。这个口号较林毓生的单一口号"创造的转化"要合理,可惜没有得到充分的关注和推广。尤其是,傅伟勋与林毓生不同,不是只从政治改革着眼,而是面对中国学术思想文化的重建发展,其文化的视野和对应面本来就更为广泛。而且,"创造的发展"这一观念,比起"创造的转化"来,也没有墨子刻对"转化"所提出的可能问题。在该口号中,"批判的继承"应是取自20世纪50年代以来中国文化界对待传统文化的普遍提法,而"创造的发展"是傅伟勋自己特别基于其创造的诠释学所引发出来的。其中还特别关注当代人与古典文本的"创造性对话",以体现"相互主体性"。由于他的诠释主张基于海德格尔和伽达默尔的诠释学理论,也曾被他应用于道家和佛教的典籍文本的解读,经过深思、实践而自得,故比较有系统性。当然,由于他的这一主张更具体化为五个层次的诠释阶段,往往被认为主要是针对思想文化文本的诠释而言,容易忽略了"批判的继承,创造的发展"具有的文化主张的意义。

应该说,就观念的历史而言,傅伟勋的"创造的发展"为我们今天提出"创新性发展"提供了基础。就其创造的诠释学的五个步骤而言,即"原典作者实际说了什么""原典作者说的意思是什么""原典作者所说的可能蕴涵的是什么""原典作者应当说出什么""原典作者今天必须说出什么",他强调"应当说出什么"的层次就是批判的继承,"必须说出什么"的层次就是创造的发展。这些说法对古代文化"创造的诠释"提供了具体的途径,从而也就如何面对古代经典文本进行"批判的继承、创造的发展"提出了具体的实践方法。但其中"批判的继承"是我们50年代的口号,不能不含有批判优先于继承的意义,今天应该予以调整。

四、当代中国文化方针的"创造性转化"

习近平总书记在党的十八大以来有关中华优秀文化的系列重要讲话在国内外引人注目,产生了巨大反响,其中一个提法就是"实现中华文化的创造性转化和创新性发展"。习近平总书记有关传统文化的系列重要讲话充分综合了党在历史上提出的古为今用、推陈出新、去粗取精、去伪存真的文化方针,又在此基础上吸收了学术界有关传统文化研究的成果,加以发展创新,提出"两有""两相""两创"的方针,为全面继承和发展中华文化指明了方向。两有即对古代的文化要有区别地对待、有扬弃地继承;两相即中华优秀文化必须与当代文化相适应、与现代社会相协调;两创即对中华文化要实现创造性转化、创新性发展。"两有"是讲继承的区别原则,"两相"是讲继承的实践要求,"两创"是讲继承和创新的关系。按照习近平总书记系列重要讲话的精神,继承是基础,创新是重点;结合时代条件赋予新的涵义就是转化,以古人之规矩,开自己的生面就是创新。强调要处理好继承和创造性发展的关系,重点做好创造性转化和创新性发展。讲话在这些方面提出的一系列新的思想观点,是对党以往的文化方针的新发展。当然,这不意味着对党的理论和实践来说,有关继承的理论难题都已经解决,事实上在继承的问题上还有很多人停留在以批判为主的思维,需要加以转变;而是说,面对今天治国理政的复杂实践需求,今后的关注应当更多地以理论联系实际的态度,集中于对传统文化进行创造性转化、创新性发展。

提出"两创"的基本前提是，中华优秀传统文化为中华民族生生不息发展壮大提供了丰厚滋养，蕴育了中华民族的宝贵精神品格，培育了中华民族的崇高的价值追求，培育了共同的情感和道德、共同的理想和精神，另一方面，中华文化与社会主义市场经济、民主政治、先进文化、社会治理等还存在需要协调适应、建立合理关系的地方。我们所说的"创造性转化"，就是要按照时代特点和要求，对那些至今仍有借鉴价值的内涵和表现形式加以利用、扩充、改造和创造性的诠释，赋予其新的时代内涵，激活其生命力。我们所说的"创新性发展"，就是要按照时代的新进步新进展，对中华优秀传统文化的内涵加以补充、拓展、完善，发展其现代表达形式，增强其影响力和感召力。

应该指出，我们需要把"对中华文化要实现创造性转化、创新性发展"放在习近平总书记系列重要讲话的整体中来加深理解。习近平总书记系列重要讲话中反复提到要继承和弘扬中华优秀文化，因此，继承、弘扬应当是转化、创新的前提，善于继承才能善于创新；在扬弃中继承，在继承中发展，在发展中创新。这些都是与林毓生或其他人的讲法有重要或根本不同的。就概念来说，由于"创造性转化"的命题本身没有表达出继承、弘扬的意思，"转化"中不仅没有包括继承和弘扬，而且突出的是改变、转变的意思，所以"创造性转化"的提法，是有其应用范围的。可见"两创"虽然是实践的重点，但毕竟还不能把党对传统文化的方针归结为"两创"，仅仅提"两创"还不能使我们全面掌握习近平总书记系列重要讲话的内容精神，按照习近平总书记系列重要讲话的精神，要处理好继承和创造性发展的关系，必须把"两有""两相""两创"的方针结合起来。继承是基础，转化是方向，创新是重点。只有这样，才能更加完整地理解、体现党的文化方针。

面向 21 世纪的中国文化

文丨刘云德

[刘云德（1954— ），山西人，吉林大学珠海学院教授。本文摘编自《理论参考》，2011 年第 11 期]

30 年前，中国改革开放伊始，西方学者中曾有人断言：21 世纪是太平洋的世纪，是中国的世纪。当时，国人并不以为然，似乎以为是人家恭维我们，想和我们发展关系，要我们的市场，说说罢了。如今，我们在 21 世纪已经走过了一个年代。恍然间，一幅清晰的东方画卷呈现在世人面前。回望十年，好像中国的国运真的和什么千禧年、世纪之交有某种必然联系，中国人为之奋斗多年的梦想突然都在这个时刻实现了：香港、澳门相继回归祖国，加入世界贸易组织，成功申办、举办北京奥运会和上海世博会，经济保持长期高速增长，政治和社会保持长期稳定……那些唱衰中国的预言家们对中国的悲观预言都未出现。东方世纪的帷幕终于拉开了。

回想一下"9·11"事件之前的国际政治环境。当时的西方政治家们从冷战结束、苏联解体和东欧剧变中受到鼓舞，把矛头直指中国。他们悍然轰炸我国驻南斯拉夫大使馆，在中国南海领空用侦察机撞击我国巡航战机，预谋在我国东部岛链布置导弹防御系统……他们大有胜券在握、一举成功之势。然而，就像一个巨人正当举起利斧砍向对手时，脚下的基石"坍塌"了。

"9·11"事件决不是一个简单的宗教冲突。早在1973年，英国著名历史学家阿诺德·汤因比先生（1889—1975）就在他的名著《历史研究》中预言到这种冲突的不可避免性。他还断言，西方文化不可能从这种冲突中自我解脱。解药只能在东方，在中国，在中国的文化。

汤因比先生绝不是一个武断的预言家。他倾毕生精力研究人类文明史，总结了人类史上存在过的33种不同的文明形态，指明了人类文明发展的规律和必然前景，写成了12卷的巨作《历史研究》（1961）。为了使人们方便了解，他在耄耋之年将其巨著缩写成两卷本的《人类与大地母亲》和《历史研究》。前者概述了人类的历史，后者则是对人类文明史的哲学判读，句句箴言，语重心长。尤其重要的是，汤因比先生祖承西方，却能超越文化的情感，立于哲学使命之高度，追随逻辑的轨迹将人类文明的希望之路指向东方。

今天，当我们跨人21世纪的第二个十年，面对机遇与挑战，重读汤因比的《历史研究》，有助于我们正确认识形势，把握命运，从而肩负起我们所应有的历史责任。

文化与文明

认识并厘清文化与文明这两个概念是非常重要的。

关于文化，学术界有无数个不同的定义。但其本质无疑是人类对自身周边世界认识和驾驭的能力。人类正是通过这种不断增长的能力摆脱自然界自己的原属族群，一步一步走向现代文明。从这个意义上来讲，人类的历史有多长，人类的文化史就有多长。到今天，至少也有三百万年了。

在这三百万年时间里，人类大多数时间是处在蒙昧时代，即一种原始文化状态。在这个阶段,人类文化的哪怕一点点进步,都会用去成千上万年的时间。直到有一天人类发现了火,人类的文化探索终于走出了漫长的黑暗时代。火将人类带出了蒙昧时代迈向进步的野蛮时代。将人类文化的这一个时间段命名为"野蛮"时代可能是由于在此阶段人类处理部落之间冲突时普遍采用暴力原则。

当部落生活方式发展到一定程度,由于工具的发展,开始有了剩余产品,对剩余产品的占有使部落内部产生分化。这时,部落内部必须有一种处理人与人之间不平等占有关系的规则。根据这种规则,一些占有剩余产品的人开始统治和管理另一些人,并形成了一系列逐渐被全体人所认可和接受的统治和管理模式,这就是早期的制度文化。如果说在此之前人类的文化内容主要是针对自然界的,那么制度文化却是针对人与人之间关系的。随着生活方式由游牧和园艺向农业定居的过渡,人类的制度文化日益丰富,直到全面确立。我们把这种制度文化称为文化的文明形态。人类从私有制开始到国家形式的出现,实现了从野蛮时代到文明时代的过渡。实质上是从普遍暴力向有限暴力的过渡。这种有限暴力在一个文化内部就采取了统治制度的形式,如法律、监狱、政府统治和权力等,而在外部便成为以一系列谈判、条约为前提的战争。人类的文明史就是一部战争史。在文明时代,人们习惯上把那些不遵守文明规则的人叫做野蛮人。

相对于三百万年的文化史来说,人类的文明史还很短暂,用汤因比的话说"充其量也不过五千年"。文明的制度还很不成熟,人类还没有摆脱野蛮,这也可能就是人类今天文明冲突经常演化为暴力的主要原因。

东西方文化的并立

东方和西方的分界概念是由西方人提出的。早期的希腊人和后来的罗马人都把地中海东岸地区称为东方(orient)。随着征服的不断扩展,他们发现了更远的东方,于是就有了近东、中东和远东的概念。而在古代的中国,九州即天下,即世界。因此,中国文化几乎是在一个封闭的地理环境中自我生成。从文化的对立形态来看,西方文化以地中海为其摇篮,涵盖了整个欧洲和西亚大部分地区。而东方文化则是由中华文化圈和印度文化所构成。汤因比先生在《历史研究》中也是这样划分的。而在亨廷顿的《文明的冲突》中则把整个伊斯兰教地区都从西方文明中划了出去。

本文无意回顾全部人类文明的历史,而只是从历史的重要线索中列出东、西方文化对立的主要元素,从而寻找当代文化发展的历史脉络。

——文化起源的并立

西方文化发展为文明形态,大约在公元前3000年,由当时古埃及的尼罗河文化和两河流域的苏美尔文化形成其源泉。到公元前1000年前后,古希腊人在爱琴文化的基础上,吸收了两河流域的文化和埃及文化,创造了古希腊文明,形成西方文明的主体,贯穿至今。

几乎与此同时,在东方中国的黄河流域地区,以黄帝为代表的华夏部落集团统一中华,继承了有巢氏、女娲氏和燧人氏的早期文化元素,形成中华文化的源泉。后经夏、商、周三代的制度文化建设,一个与西方文明全面对立的文明形态——中华文明在东方形成。

东西方文化在其早期的孕育成长中并不相关,独立发展,自成体系。以致后来成为两种全面对立的文明形态。

——轴心时代的并立

当一种文化中出现一批试图摆脱神话的束缚、探求世界的本原和人生价值的终极真理的思想家时,人类的制度文化就开始向精神文化升华,这是文明的真正始元,是思想和哲学的启始。

有一个令人惊讶的巧合,公元前500年前后,在古希腊、波斯、印度和中国同时出现了一大批思想者群体。他们都是用观察、体验、推理和冥想的方法试图回答宇宙的本源、人生的价值、社会的意义和万物运行的规律这种至高命题。无论他们各自做出的答案有何不同,他们都对各自的文化进行了一次思想总结，并形成了一个指导各自文化后来发展的思想体系。德国哲学家卡尔·雅斯贝尔斯把这个时代称为"轴心时代"。这个轴心时代的最突出成果就是以亚里士多德为总结者的希腊思想体系和以孔子为代表的中华思想体系。它们各自成为东西方文化的精神核心。

——文字发展道路的并立

西方文化和东方文化在文字上都发源于象形符号。当古埃及人面对七百多个象形符号时，他们找到了一种抽象表达的方法，摆脱了象形符号的具象意义，从七百多个象形符号中抽象出一部分抽象符号，用其组合表达出新的符号意义。后经腓尼基人和希腊人改造和演进，形成西方今天的拉丁语系拼音文字。也许正是因为这种文字的形成过程和长期使用这种文字的习惯形成了西方人超强的抽象能力。

而在东方，同样是象形文字，我们的祖先在面对使用上的困扰时，尽管也对其进行改造、简化，形成了象形、形声、会意、转注等手法，但始终没有实现抽象的跳跃。中国古人十分勤劳地朝着同一方向不断造字，以至于把汉字发展成一个由近三万个方块字符的庞大体系。可惜的是，我们汉字的最初原始状态的象形符号体系没有保存下来，我们现在看到的甲骨文已经是通过改造的非原始形态的象形文字。所以，我们无法推演我们祖先的文字变更的心路历程。找不到为什么我们在这个过程中没有走向符号的抽象，从而在文明发展的道路上把我们拨向了一条和西方人完全不同的思想轨道的原因。

应当指出，这个道叉非同小可。它在东西方文化对立中，尤其是东西方人精神层面的对立意识中起到关键作用。正是因为我们的文字没有实现抽象，以致于中国人天生的抽象能力差。这方面的一个极端的例子表现在中国的科技发展史上。不管我们古代的科学家们有多么丰富的思想内涵，但由于缺乏抽象符号的表达，无论怎样的复杂运算，都只能使用方块字繁复表达。读过《九章算术》的人都会感到这种表达方式多么严重地束缚了前人抽象思维的发展。

更惊险的是当人类进入信息技术时代之时,国内外的科学家们都曾惊呼在这个由小小键盘决定命运的时代,方块汉字怎么能跳过这个快速输入和信息化处理的致命难题。面对这个难题,我们要么放弃方块文字,要么被历史的快车抛下。值得庆幸的是,在我们的科学家的努力下,这个难题还是用科学的方法解决了。

——信仰体系的对立

在人类文化实践中,人们对那些不可认识但又对自己生活和生产实践产生巨大影响的自然力量产生了莫名的恐惧。长期处于这种恐惧的压力迫使人们对其做出理性的必然反应就是崇拜心态。这是对压力的一种屈从。万物有灵的原始崇拜曾经伴随着人类文化长期发展过程。随着人类的思维能力特别是抽象能力的提高,人类使自己从一种与自然力对立的崇拜心态上升为一种与自然力融为一体的信仰状态。在这种信仰状态下,原有的崇拜压力彻底消失了,自己因为与对象融为一体而感觉到了一种保护力。同时,因为与对象融为一体,自我便消失了。自由成为信仰和保护的代价,这就是所谓的皈依。

从人类的信仰实践看,从多神信仰到一神信仰是一种进步。西方文明在其发展中,再次展示了其抽象精神能力的威力,实现了从多神教的原始宗教到一神教的现代宗教的转化。而因为同样的原因,我们中华文明没有实现于这一跨越,一直把原始多神信仰体系带进了现代社会。

文明的冲突

文化的对立产生矛盾、斗争,而一旦到了文明的程度,就必然产生冲突。冲突的解决方式有时是暴力的,有时是非暴力的,这取决于冲突中文明的性质。

在西方文明中,最早诞生的一神教是犹太教,距今有近三千年的历史。这是西方文明的一个重要转折点。在犹太教诞生的一千年后,脱胎于犹太教的基督教在遭受了犹太教的早期迫害和长达三百多年的罗马帝国的压迫后,终于在公元392年被罗马皇帝提奥多西宣布为国教,并逐步确定了其在西方世界的独尊地位。

相对来说,伊斯兰教是一个年轻的宗教。在穆罕默德出生的公元570年之前,整个阿拉伯半岛还是一个松散的游牧部落民族居住地,处于早期多神宗教信仰中。穆罕默德在早年经商时游历了地中海东岸各地,接触到犹太教和基督教的文化。在他四十岁时成功地创立了伊斯兰教,继而建立了阿拉伯帝国。他的继承者又把这个宗教帝国的版图迅速地扩展到阿拉伯半岛及西班牙、北非、印度和东亚的大片领土,一个庞大的伊斯兰帝国就这样诞生了。

在西方文明的发源地,三个一神教先后诞生,同时并存。一神信仰的本质特征就是把自己在精神上皈依于惟一的万能的创造了万物的神。这种惟一性就决定了排他性,视一切异己信仰者为异教徒,成为仇恨的对象。而这种仇恨会因为各种原因爆发为战火和屠杀。

不同的一神教,如果在地理上能互相隔离,在经济利益上互不交叉,那么,它们之间还可以相安无事。问题是这几个宗教从一开始就结下仇怨,都把位于巴勒斯坦的耶路撒冷当做自己的宗教圣地。这种冲突终于导致了长达二百年(1095—1291)、多达十次的十字军东征,这是人类历史上规模最大、时间最长的一次真正的宗教战争,造成几百万人的死亡,圣城被多次血洗,一命不留,片瓦无存。

十字军东征的结束,伴随着西方的文艺复兴和黑暗的中世纪的终结。之后的地理大发现,又使西方基督教找到了自己向更大的地理空间布道传教的机会,也为后来西方资本主义发展找到了市场和殖民目的地。在随后的几百年,西方基督教经过新教改革使整个西方文化从理性走向科学,从科学走向工业化和现代化,并把这种新文化作为普世价值推向世界。西方基督教文明在自身的人权、自由、平等等价值观方面采取开放进取的同时,似乎对异教也采取了宽容的态度。

然而，在西方文明的整体列车上，伊斯兰教的部分地区并没有得到同步发展，一些国家和地区在经济和社会发展上仍处于极端贫困状态，从而为伊斯兰教的极端主义提供了滋生的土壤。这便是造成西方文明内部新形势下文明冲突的死结。20世纪80年代和90年代，穆斯林和基督教社会的相互容忍急剧下降。"9·11"事件就是这种冲突的必然结果。十年过去了，问题并未解决。这期间，我们看到了西方文明为应对这种战争而出现的文化倒退。

汤因比的预言

西方文明内部的这种冲突，早在1973年就被英国历史学家汤因比先生预见到了。他在《历史研究》一书中明确指出：当人类进入到20世纪中期以后，世界形势发生了重要的变化：（1）科学的进步把世界拉入了一个统一的大市场；（2）核技术的利用，尤其是核武器的出现，使人类面临严重的威胁；（3）世界的资源走向枯竭；（4）环境受到严重污染。这四大变化使人类进入一个不可逆的全球化时代，进入一个命运与共的境地。这时候，人类面临一个选择："要么一个世界，要么全体毁灭。"

显然，世界需要大一统及大一统的政治文化。但这种大一统不是要通过消灭异己来实现的，而是要通过接纳、容纳异己，形成一个多元共存、和平共处的局面。而这种宽容和多元共存的文化精神，在西方一神教文化基础中并不存在。这就是西方文化在新世纪面临的不可摆脱的困境。

根据汤因比的推理，能适应新世界的文化只能来自于东方，能适应新形势的宗教只能是佛教，能为人类在新世纪寻找到新的文化起点的基础只能在中国，并寄希望于中国共产党人。

他说："如果要使被西方搅乱的人类生活重新稳定下来，如果要使西方的活力变得柔和一些，成为人类生活中依然活跃但不具破坏性的力量，我们就必须在西方以外寻找这种新运动的发起者。如果将来在中国产生出这些发起者，并不出乎意料之外。"

他还说:"如果共产党中国能够在社会和经济的战略选择方面开辟出一条新路,那么它也会证明自己有能力给全世界提供中国和世界都需要的礼物。这个礼物应该是现代西方的活力和传统中国的稳定二者恰当的结合体。中国姗姗来迟的而又风险极大的社会试验究竟会产生什么结果,依然取决于非西方的神灵。"

汤因比为什么要将希望之光指向东方的中国,并寄希望于中国共产党呢?

他的解释是:"超工业化的西方生活方式和中国的生活方式都潜伏着自我毁灭的因素。西方方式是爆炸型的,中国方式——传统的中国方式——是僵化型的。但是,这两种方式也都提供了让人们安居乐业所必不可少的东西。爆炸型的西方方式是充满活力的,僵化型的中国方式是稳定的。根据历史上类似的发展情况看,西方目前的优势很有可能被一种混合而统一的文化所取代,那么西方的活力就很有可能与中国的稳定恰当地结合起来,从而产生一种适用于全人类的生活方式——这种方式将不仅使人类得以继续生存,而且还能保证人类的幸福安宁。"

想象一下在1973年,中国刚刚同西方接触,汤因比就指出这一前景。它决不是一种无端的猜测,它是对33种人类文明七千年历史综合考察的结果。同样是共产主义意识形态的国家,他并没有将这种希望指向当时的苏联和苏联共产党,原因就在于苏联在文化上仍属于西方文明圈,在宗教上属于基督教的东正教范围。

今天的世界正在沿着汤因比的预言精确地演绎着,日甚一日。

中国文化在 21 世纪的历史使命

21 世纪向世人展现的是一个全球化的蓝图。在技术上它正在走向全球化、一体化、地球村和统一大市场;在文化上它正在走向多元化,多种文化共存,互生互长。一个文化综合、融合的时代已经来临,这已经成为东西方学者们和政治家们的共识。

而这正是中国文化的机遇。中国文化的本质特点是多元性,这是在我们文化的形成过程中多民族通过互相交流、竞争和斗争,而达到互相融合的过程中形成的。

这种多元化一方面使得它具有宽容性,极大限度地接受外来文化要素,另一方面又能较容易地遗弃许多过时的文化要素。这种本质就使中国文化的弹性、柔性突出表现出来了,从而也展现了较强适应性。总之,正是中国文化的多元性质,使它在今天世界呼唤多元精神价值的时代迎来了自己的发展机遇。

尽管我们的文化潜力已经把我们推向21世纪人类命运的前沿阵地,但要迎接这种挑战,仍需要我们努力去搞好文化建设。

其中最重要的就是要重塑我们的信仰体系。中国改革开放证明,我们成功地进行了一场社会改革或转型,但这一过程还没有完成,因为我们的文化建设还未跟上。这主要表现在人们在精神领域中的信仰缺失、道德弱化和物欲主导等。

重塑我们的信仰体系需要我们认真地总结历史,深入研究现实文化生活,在人民群众中间寻找文化创造的活力之源。我相信,我们重建的信仰体系应该是一种多元成分有机结合的集合体,它应该包括:

——马克思主义

马克思主义作为科学,它为人类世界的历史进程指明了方向。没有马克思主义就没有西方后来的福利社会、工会力量。今天,我们仍然要用马克思主义认识和解决我们社会的冲突和矛盾。而且,从更高一层意义来说,共产主义理想和世界大同的信仰作为趋势是不可动摇的。

——儒学

以孔子为代表的儒学思想是中华文化中最具影响力的精神元素。它的中心思想是通过个人修养,实现社会秩序和谐的理想状态。儒学成功地为社会成员的日常行为方式和维护个人尊严提供指导。

——佛学

佛学传入中国已有近两千年历史。在与儒学与道学的交流互融中被中国化了，成为中国民间信仰的重要组成部分。它为普罗大众的精神世界终极命题（生与死）提供了可以接受的答案。汤因比先生指出："在一个物质上统一起来的世界里，如果佛教是惟一传教的宗教，那么个人的选择自由将能得到保障。不幸的是，基督教和伊斯兰教并没有佛教那种宽容传统。"

——西学

中国人对西学的态度是"拿来主义"，为我所用。它填充了我们文化中缺乏的刚性的一面。西学东渐三百年，尤其是近三十多年的改革开放，西方文化已经浸入我们生活的方方面面。所以，西学应该成为我们文化中的合理部分。

——道学

天人合一的道学是中华文化处理人与自然关系的伟大思想，是对人类思想史的伟大贡献。在今天的时代，它显得尤其重要。实际上道家思想的精髓远不止此，它还为我们提供了一种超凡的人生观和宇宙观。它对于我们认识世界与人生的终极真理尤为重要。

结 语

历史的长河将中华文化推到了21世纪世界文明的中心舞台。五千年文化的锻造，使中华民族必然肩负起建构人类未来新文化的责任。但我们必须清醒地认识到，历史逻辑的指引，只能表明我们的文化特质具有建构新的人类文明的潜能，而要真正担负起这种历史责任，实现人类文明新的飞跃，仍需我们做出巨大的努力来建设好我们的文化。

首先，我们要将中国从一个文化大国变成文明强国。一个现代文明强国，是靠制度文化而不是行为文化来支撑的。而制度文化的最高层面就是政治制度或政治文明。今天，西方世界的有识之士已经认识到，将西方的文明和政治制度作为普世范式向东方推广是不可能和不可行的。我们必须综合世界文明的各种政治智慧，创造出一种崭新的适合中国国情和世界大趋势的民主政治体制。这应是我们政治文明建设，也是我们迎接21世纪文化挑战的核心任务。

其次，文明强国建设必须全面提高全民素质，加强普通大众的文明意识教育。人的素质是多方面的，而其核心是对个人价值、人的基本权利和人格尊严的认识。一个漠视他人价值和环境价值的人，首先是因为他无视自身的价值，这是一种自我人格的贬低。21世纪是全球各种文明互相交流、交融、学习和促进的时代，我们必须在这种过程中尽快完成从文化人向文明人的全面过渡。

最后，我们必须建立起一种新的世界观，站在全人类新文明的高度来审视我们所面临的任务。一个崭新的世界文明将借助我们的文化躯壳在东方诞生。未来的世界既不是西方文明在东方的移植，也不是东方文明的简单复兴，而是两种文明以及更多其他文明的高度融合，集世界上一切文明的优点，建立一种全新的人类文明。让我们以一种更宏大的历史胸怀去拥抱21世纪的文化新时代。

怎样进一步增强文化自信

文 | 杨金海

[杨金海（1955— ），河南林县人，中共中央编译局秘书长、研究员。本文摘编自《辽宁日报》，如11年11月29日]

党的十七届六中全会提出建设社会主义文化强国的战略和号召，令人鼓舞，催人奋进。这标志着中华民族的文化自觉提升到一个新高度，标志着中华民族的文化自信提升到一个新高度，也标志我们党对文化战略的制定提升到一个新高度。

以这次会议为标志，中华民族将大步迈向现代文化强国之路，告别自近代以来由于内外反动势力的压迫而形成的文化弱国历史，迎接中华文化的复兴乃至中华民族的全面复兴！

建设文化强国，要做的事情很多，但进一步增强全民族的文化自信需放首位。怎样才能增强全民族的文化自信？需要大力破除文化自卑心理、文化弱势心理和文化防御心理，科学把握中国文化建设所处的历史方位，在文化建设实践中不断增强民族文化自信。

需要大力破除文化自卑心理、文化弱势心理和文化防御心理

在当前形势下，增强全民族的文化自信有着十分重要的意义。文化自信问题是针对我们民族的文化不自信而提出来的，即针对文化自卑心理、文化弱势心理、文化防御心理等提出的。

大家知道，中华文化有五千多年的历史，曾经几度领先于世界，培养了中华民族胸怀天下的豪迈自信精神，但近代以来情况发生了逆转。鸦片战争之后，在外部帝国主义和内部封建势力的重压下，我们民族的文化逐渐衰微，长期处于弱势状态。我们的人民包括知识分子在内，由于长期落后挨打而形成了严重的弱势文化心理。不仅我们的普通人民常常在外国人面前抬不起头来，即使是学界精英也鲜有自信。从清朝末年以来一直在争论的"中体西用""西体中用"，等等，尽管争论的具体内容不同，但背后都隐含着同样的弱势文化心理。

这种文化自卑心理、文化弱势心理、文化防御心理直到今天还不同程度地、自觉不自觉地存在着。比如，有的人崇洋媚外，总觉得外国的月亮比中国的圆，于是照抄照搬，食洋不化，误国误民；有的人封闭保守，不敢接触外来文化，死抱传统不放，甚至想用传统的某种思想改造中国；有的人表面上很强势，批判西方文化言辞激烈，以中国文化特殊论否定世界文化共同性，实际上是不敢面对世界文化，不敢参与国际文化对话，这仍然是一种文化弱势、防御心理的表现。凡此种种文化自卑心理，都严重地影响着我们的文化建设，特别是影响着我们文化"走出去"战略的实施。

为激发我们民族的文化自信心，一百多年来，有识之士一直在努力。孙中山提出要"振兴中华"，毛泽东提出要创造我们的新文化，改革开放之后以邓小平为代表的中国共产党人提出建设中国特色社会主义文化，特别是近三十多年来，我们在取得经济建设、政治建设辉煌成就的同时，也取得了一系列文化建设成果，引起国际社会越来越多的关注，这极大地激发了中华民族的文化自信。

我们应当以这次会议为动力,更加自觉地反省我们的文化理念,从根本上清除一百多年来留在我们民族心灵深处的文化自卑,增强我们的文化自信,昂首阔步地建设我们的新文化,迎接中华文化的伟大复兴。这是我们建设社会主义文化强国的重要思想保证。

需要科学把握中国文化建设所处的历史方位

增强文化自信,不是盲目乐观,而是要深入分析我们的文化建设所处的历史方位。不论从国内还是国际看,我们的文化建设都处于一个极其重要的历史转折关头,正在发生质的飞跃。

从国内看,中国文化的现代化进程正在发生而且必将继续发生质的重大变化。中国文化从传统形态向现代形态的转变始于五四新文化运动。五四时期马克思主义文化传入中国,在中国共产党的推动下,中国文化逐步超越传统文化,形成了以马克思主义为核心的中国现代文化。中国现代文化体系包括现代话语体系、哲学思维方式、哲学社会科学、社会思想文化、大众文化等。由于历史原因,过去我们在文化体系建设中吸收借鉴外国经验特别是苏联经验较多。改革开放之后,我们逐步探索出中国特色社会主义文化发展道路,特别是进入新世纪后,我们党大力实施马克思主义理论研究和建设工程,推进马克思主义理论创新,同时,全面加强社会主义文化建设,完全依靠自己的力量,逐步创造性地形成了有中国特色、中国气派、中国风格的社会主义文化体系。例如,我们正在推进的一百五十多种大学哲学社会科学教材建设,将充分反映中国特色社会主义理论和实践,其中有很多能够引领人类社会发展的先进思想,不仅会深刻影响中华民族的子孙后代,也会影响世界各国人民。同时,随着我国经济社会的快速发展和人民群众生活水平的提高,文化生产和消费在经济社会发展中所占比重越来越高,人民群众的文化生活需求越来越旺盛,我国人民的文化理念将发生变化,文化创新动力将快速增加,文化产品将日益丰富,文化创新体系将日益完善,一句话,我们建设文化强国的条件日益成熟。

从国际看,中外文化关系特别是中西文化关系正在发生而且必将继续发生质的重大变化。近代以来,文化西强我弱的情况长期存在。中华人民共和国成立以来,特别是改革开放以来,随着我国经济社会的快速发展和国际地位的不断提高,我国的文化越来越受到世界的关注。我国的对外文化交流正在发生一个质的变化,开始从封闭走向开放,从被动走向主动,从表层走向深层,从引进文化转向输出文化,一句话,就是逐步地从弱势走向强势,从世界文化舞台的边缘走向中心。

中国文化发展的这种质变,将从根本上触动并深刻改变我们民族传统的文化心理、文化理念和思维模式。一般而言,当一种文化处于强势状态的时候,文化主体常常有一种文化自信心理,例如常常把自己的文化说成是具有普遍意义的文化而张扬其影响力;而当一种文化处于弱势状态的时候,文化主体常常有一种文化自卑心理,常常以自己的文化特殊化而拒斥强势文化。中国文化发展的质变,将极大地提高全民族的文化自信,并由此带来一系列的文化发展理念和发展方式的转变,促进文化发展和文化国际交流的大繁荣。

然而,也需要防止矫枉过正。既要看到我们文化发展的机遇和优势,也要科学分析我们文化发展所面临的挑战和不足。要清醒地认识到,我们的文化建设还远远不能满足人民群众的需要;文化西强我弱的状况在短期内还不会改变;尽管我们的经济社会发展取得了骄人的成就,但毕竟与发达国家还有很大差距,况且要把我们的经验总结好,升华为引领当代世界的先进文化,包括先进的话语体系、哲学思维方式、人文社会科学等,并获得世界各国人民的广泛认同,还有更长的路要走。只有时刻保持清醒头脑,才能准确把握我们文化发展所处的国内外历史方位,制定科学的发展战略和策略。不论就国家来说,还是就地方来说,抑或就文化企业来说,都是如此。深入开展调查研究,准确判断文化发展的趋势,敢于承认我们文化发展的差距,积极学习世界各国的先进文化，主动参与文化的国际交流，科学应对各种挑战，不断做强自己的文化，都是文化自信和文化理念成熟的题中应有之义。

在文化建设实践中不断增强民族文化自信

增强文化自信，不是坐而论道，而是要用科学发展观作指导，大力推进文化强国战略的实施。用文化自信促进文化建设，又在文化建设实践中不断增强我们民族的文化自信。

增强文化自信，要做到心中有数，充分认识和坚定实施文化强国战略。党的十七届六中全会比较完整地对此进行了论述，这就是要走中国特色社会主义文化道路。要坚持社会主义文化发展的方向，不能走资本主义文化道路，更不能回到封建主义文化老路。文化建设的目标就是要推进科学发展，满足人民群众不断增长的文化需求。文化建设的核心任务是要建设社会主义核心价值体系，为我们的人民营造一个美好的精神家园。党的十七届六中全会还对文化强国战略的实施进行了科学部署，提出了许多具体的措施，包括脚踏实地地推进文化事业和文化产业的发展，维护我们的文化安全，推动中国文化"走出去"，等等。

党的十七届六中全会为我国未来文化发展描绘了宏伟蓝图，但要把这一理想变为现实，还需要全民族的共同努力。文化领域各个门类所要做的工作很多，也各有特点，但以下几个方面应当是必不可少的。一是要高举马克思主义旗帜，特别是中国特色社会主义旗帜，并继续大力推进马克思主义理论研究和建设工程，这是我国文化建设的龙头，到任何时候都不能放松。二是要加强社会主义核心价值体系建设，这是铸造中华民族精神支柱的工作，也是锻造人类先进文化的根本，有着特别重要的意义。三是要加强我国现代话语体系的建设，这是锻造文化之砖，争取话语权的基础。四是要加强科技教育、哲学社会科学的建设，这是文化硬核建设，对文化的长远发展有重要作用。五是要加强社会思想文化建设，包括新闻出版、电影电视、网络信息等，这是文化软体的建设，决定着文化的吸引力和感召力。六是要加强大众文化建设，这是活生生的日常生活中的文化建设，决定着社会风尚的走向。七是要加强文化载体建设，包括文化馆、教育基地等，为人们终身受教育提供场所。八是要加强文化"走出去"工作，争取国际文化话语权，参与和引领世界文化发展潮流，这在最终的意义上决定着中华文化的复兴和文化强国目标的实现。

总之，只有通过全民族的共同努力，我们民族的文化自信才能不断增强，中国文化才能不断发展壮大，不仅造福中国人民，而且引领世界文明的发展，为和谐世界建设作出中华民族的新贡献。

从儒家思想看文化自信的内在意蕴

文 | 景海峰

[景海峰（1957—　　），宁夏贺兰人，深圳大学文学院院长、国学研究所所长、哲学系教授。本书摘编自《孔学堂》，2017年第4期]

文化自信源于一个文明的悠久绵长，它的发展经历了千回百转的曲折，它的历史积蕴了丰厚博大的内容，它的精神呈现出独具特色的气质。中华文明经过不断的冲击与改造，却能初心不变、一往无前，历经五千年风霜雨雪而能一脉相延，这个文化，因其久远的历史记忆和灿烂的典章文物，而孕育出自立自强的意识和自信自守的品格，独立遗世，风骨高洁，为世界贡献了独特的人文精神和道德范式。

从中华文化发展的历史长河来看，其文化自信的涵育和建树经历过一个探索和选择的过程，也经历了无数的磨砺与挑战，几千年下来，一些人生的理想信念和社会的基本价值仍然为这个群体中的绝大多数人所认同与持守，以之为中国文化的优长，视之为做中国人的根本，从而表现出了强大的凝聚力和生命力。这一文化自信，除了族群之历史兴衰和现实的风云际会之外，在其思想的内里有着一股强大的支撑力量，是一种高度凝聚的共识和百折不回的信念，是一个民族精神引力的感召和发自内心的认同，是普遍的价值选择和人心所向。在中国历史上，儒学为这一文化自信奠定了基本的范式，注入了最为重要的内容，也提供了相应的评判尺度，并且在一代又一代的先贤大哲们的不懈努力下，不断地加固着它的内核和丰富着它的内涵，使这一观念具有了非常深刻的意义。

一、自信依于天道

中国文化是道的文化，"形而上者谓之道"，道是最高的准则，是一切思想意义的枢机，掌握了道也就拥有了文化的阐释权。所以，求道、见道、得道就为各种思想流别所关注，成为先秦学术各家各派源头处或隐或显的中心内容。殷人之"天命"，以为得道，靠冥冥中之"上帝"的眷顾，得享永年。到了周代，鉴于殷纣暴亡的教训，统治者考虑如何维持天下的安宁和治理的长久，改变"天命靡常"的宿命，走出天之降命于夏、继而降命于商，而皆不得永固的周期，以求周之部族的统治长久，能够代代延续其宗祀。在周人的政治实践中，渐渐地形成了一套新的思想意识，即重视人文而不依赖于"天命"，崇尚德业而不诉诸暴力，这就逐渐地成为了华夏各部族的共识，也成了其后先秦诸子学派所凝思致力，以进行哲学创作的基本方向。在先秦各派中，诸子都考虑"可久""可大"的问题，如墨家言"尚同"，以期冀一律不变；道家老子讲"天长地久"，庄子讲"长生久视"，皆寄望于永恒；但影响最大、也最为现实的理论创造当数儒家。孔子以继承周代礼乐文化为志业，在对三代文明之精华进行淘漉与筛拣的过程中，实现了"哲学的突破"，将传统之"天命"观念改造成了具有人文意义的天道观。从儒家的"天人合一"思想来看，天之德性色彩的彰显，在周代虽已启动，但是到了孔子，方继而扩之得以完成。子曰："大哉尧之为君也，巍巍乎！惟天为大，惟尧则之。荡荡乎！民无能名焉。巍巍乎！其有成功也。焕乎！其有文章。"（《论语·泰伯》）所谓"天何言哉？四时行焉，百物生焉，天何言哉？"（《论语·阳货》）"天之历数在尔躬，允执其中。"（《论语·尧曰》）这也就将依赖于天命的意识转向了如何发挥人能的问题，因为"人能弘道，非道弘人"，即"不怨天，不尤人，下学而上达，知我者其天乎！"（《论语·宪问》）到了孟子，讲君子"过化存神"、上下与天地同流，"反身而诚"、万物皆备于我，推演尽心、知性、知天的天人相感之逻辑，进一步强化了天人统一的德性纽带。通过对天人关系的全新阐释，儒家学说中的德性之天与自然之天结合为一，成了一个人文精神和理性主义丰沛的"道"（天道）。这个道本体便成了儒家思想的核心内容，也为中国文化的后续发展奠定了德性基础。

因为"道"所具有的形而上的根本意义，使明见道而阐发之、持守道而践履之的理想成为中国文化的核心，而这个文化也就有了一种根源于本体意义的自信，它不但是整个族群之文化认同的标识，也成了每个生命个体之内心坚守的信念。所以孔子讲："朝闻道，夕死可以。"（《论语·里仁》）孟子说："居天下之广居，立天下之正位，行天下之大道。得志，与民由之；不得志，独行其道。富贵不能淫，贫贱不能移，威武不能屈。"（《孟子·滕文公下》）才显得是那么的掷地有声、气壮山河，让人感觉到一种凛然正气。这种高度的认同感所造就的发自内心的自豪和实践活动中全力以赴的追维，使得这种文化自信呈现出了终极性的意义，它虽不是宗教信仰，但具有了安顿生命价值的意味。在历史上，无数的儒家先贤都表现出这种守死善道的精神和矢志不渝的信念，从而展现了高度的文化自觉与自信。据吕大临的《横渠先生行状》载，张载"少孤自立，无所不学"，出入诸子，泛滥于释老，"嘉佑初，见洛阳程伯淳、正叔昆弟于京师，共语道学之要，先生涣然自信，曰：'吾道自足，何事旁求！'乃尽弃异学，淳如也"。张载的"涣然自信"，是一种脱胎换骨式的自悟，是历经千难万险之思想探索后的自觉，一旦有了这种根本上的自觉自悟之后，则其自信便油然沛然、不可摇夺。正像他本人所说的："学不能自信而明者，患在不自勉尔。当守道不回，如川之流，源泉混混，不舍昼夜，无复回却，则自信自明，自得之也。《易》曰'继之者善也'，惟其能相继而不已者，道之善也。"这就清楚地表明了一种文化自信是渊源有自的，而形上之道是其根本的源泉。

二、因担当道义而自信

文化自信是慧命的接续，只有和文明的大传统有了血脉相依的联系，才能够获得一种恰切感和稳定性。故自信是内心的充实，而不是盲目自大，自信一定有自信的依据。就儒家思想而言，其所认为的自信是本之于一种历史的文化担当，"《易》之兴也，其于中古乎？作《易》者，其有忧患乎？"生当"礼崩乐坏"之世，孔子忧文明之堕退，以复兴周礼为志向，"周监于二代，郁郁乎文哉！吾从周"（《论语·八佾》）。其"吾从周"之志，是以阐扬人文精神为宗旨、以文化担当为己任的，在整理三代文明遗典，确立以"仁"为基础的新哲学思想之后，就有了以天下为己任的自觉。"子畏于匡，曰：'文王既没，文不在兹乎？天之将丧斯文也，后死者不得与于斯文也；天之未丧斯文也，匡人其如予何？'"（《论语·子罕》）这种承续文化慧命的自信，到了孟子就表现得更为突出了，所谓"当今之世，舍我其谁也"。这一满满的自信完全是植根于华夏文明之深深的根脉，与数千年的文化传统紧密地联系在一起。于儒者而言，谁自觉地认同和延续这一文化血脉，肩荷起传承之责任，谁就有理由拥有这种自信。宋代理学家吕大临在总结儒者何以有自信时，举出了三点理由："儒者之自信，有义理存焉。人有知不知，吾所恃者，尚论古之人而有合也；时有遇不遇，吾所守者，不丧乎本心也；志有行不行，吾所存者，不敢忘天下也。三者，义理之所在，故儒者信之，至于穷不悔、达不变，自信之笃者也。"在他看来，延续文脉，尚友千古，是传承文化的责任；不忘初心，坚守良知，是堂堂正正为人之本分；志存高远，胸怀天下，是作为儒者的情怀。有了这些，理当自信，也没有理由不自信。

儒家理直气壮地讲自信，是本之于一种以天下为己任的公义，而不是集团利益或局部利益获得满足之后的志满意得，更不是个人私欲膨胀发泄后的获得感与踌躇满志。所以，"惟其以天下之重为己任，自信之，必刚正不疑，虽有危疑流谤之患，亦所不恤。至于事定功成；然后其心乃见也。"这种自信完全是来自于内心的坚定信念，是良知之召唤，正义凛然，浩气长存，具有"虽千万人，吾往矣"的大无畏气概，不因个人之利害得失而计较，不以他人之毁谤赞誉为转移，惟道是从，惟义是举。正因为这种自信的背后是数千年浩浩荡荡的文化脉流，是依赖于天下之公义，所以也就最终能够获得天下人的理解与襄助，张载在解《易》之文句时说："君子自知自信，了然不惑。又于出处语默之际获与人同，则其志决然，利可断金。"故自信是一种来自道义的力量。

三、自信成为一种道德品格

由对华夏文明的衷心热爱与自豪感而生发出来的文化自信，表现在个体的身上，便是一种不疑不惧、"不怨天，不尤人"、泰然自若的君子品格。《易经》曰："君子以成德为行，日可见之行也。"张载解之谓："成德为行，德成自信而不疑。"(《横渠易说·乾》)也就是说，君子"成身成性以为功"，日见其成，怀德而行，则无所疑惧，心地坦荡；反过来，自信也是修为成德的一种必然之表现。故明代大儒薛瑄就说："所见既明，当自信，不可因人所说如何，而易吾之自信。君子取人之德义，小人取人之势利。疑人轻己者，皆内不足。"因为修身立德，内心才有了道德的衡准，故做人、做事便有原则与定力，就不怕别人的毁誉，不为外力所左右。所以，他力倡"人当自信"，谓："人当自信、自守，虽称誉之、承奉之，亦不为之加喜，虽毁谤之、侮慢之，亦不为之加沮。"这种独立遗世的品格，完全是因为个人的内心有了定准，胸怀天下，浩气畅然，有坚定的道德理想信念，八风不动。

这样的自信是和中华文化的大传统联系在一起的，受华夏文明雨露的滋养，每个个体之情志的养成、品行的函育、识见的积累，乃至健全人格的完型，无不和这个传统联系在一起，都受到其观念的影响和文化的熏陶。所以，民族之文化自信必然有赖于个体生命之自悟与自信，没有自信的人格，便没有自信的文化。宋儒王宗传说："夫君子以自信为本，不能自信而汲汲焉以求人之我信，则末矣。世之庸人浅夫，中无所得，人之见信则以为喜，或不之信则歉然也，夫岂知君子有自信之学也哉！"在儒家看来，做自信之人，习自信之学，则能养成自信之德。而真正做到自信，对于每个生命个体来说，都是一件极不容易的事情，所谓"士非见信于人之难，自信为难，能自信，其志则虽举世非之不能阻也，权利诱之不可移也，白刃临之不可屈也，此信道笃而自知明者也。"这样的自信所透显出的品节是令人景仰的，也是一种崇高的人格境界，需要每个人不断的努力与实践。

四、自信根源于内心的道德自觉

如何才能获得这样的自信？除了不断地充实自我，得到更多的成就，体会欲求满足的快乐之外，更为重要的是道德境界的提升和心灵世界的安顿。所以，儒家在知识和道德的两途中，更为看重德性，认为自信的源泉是在内而不在外。这种内在性就是道德的自觉和道心（本心）的澄明。心学家杨简说："盖人虽皆有道心，而自知者寡，自知则自信，自信则自善，目正自神自明，自无所不适，此非告语之所及，自知而已矣。"此自知自觉，不是靠外缘的知识，也不是在量上不断增扩，而是本之于道德的觉悟，是在于生命的体验，是一种"生命的学问"。从内心的觉解到行事之有方寸，其自信心的树立是一个不断磨砺的过程，可能终其一生，都处在道德的实践活动中。明儒罗钦顺在《困知记》一书的序中说："近年以来，乃为有以自信。所以自信者何？盖此理之在心目间，由本而之末，万象纷纭而不乱，自末而归本，一真湛寂而无余，惟其无余，是以至约。乃知圣经所谓'道心惟微'

者,其本体诚如是也。故人心道心之辨明,然后大本可得而立;大本诚立,酬酢固当沛然,是之谓'易简而天下之理得'。"到了这种豁然贯通的境界之后,则大小、精粗皆无不然,本末、体用之际,众碍皆消,自信便油然而生。这个自信不是依傍外物,更不是从物欲的满足中得来;而是一种内心之充盈与情感之慰藉,是心灵的安宁与精神的愉悦,就像王阳明所说的,"君子不蕲人之信也,自信而已;不蕲人之知也,自知而已"。他在《传习录》中谓:"君子学以为己,未尝虞人之欺己也,恒不自欺其良知而已;未尝虞人之不信己也,恒自信其良知而已;未尝求先觉人之诈与不信也,恒务自觉其良知而已。是故不欺则良知无所伪而诚,诚则明矣;自信则良知无所惑而明,明则诚矣。明、诚相生,是故良知常觉常照;常觉常照则如明镜之悬,而物之来者自不能遁其妍媸矣。何者? 不欺而诚,则无所容其欺,苟有欺焉而觉矣;自信而明,则无所容其不信,苟不信焉而觉矣。"也就是说,良知是本具的,不欺而诚,自信而明,后天的持守与充扩只是自家的事情。所以自信与不自信,其根本是在己而不在人。王门后学邹颖泉在论及"本心安妥"时也说:"学能常常如是,本心时时用事,久之可造于诚。世有以真实见羡者,吾因之以加勉,有以迂阔见诮者,吾不因之而稍改。何也? 学所以求自信而已,非为人也。"所以,儒家所讲的自信是一种道德的自觉自悟,是完善自我的长久的精神修炼,自信因人格丰满而生发,"为己之学"就是求自信的过程,自信便成为了道德自我之成长的标志。

全球化背景下的中国文化走向

文 | 邴　正　王明华

[邴正（1957— ），吉林长春人，吉林省社会科学院院长；王明华，江苏新沂人，中国国际广播电台原副台长。本文摘编自《学习时报》，2010年11月8日]

当20世纪帷幕即将落下时，一种新的意识正在成为日益流行的术语，这就是全球化。

从文化的角度讲，全球化就是人类社会的整体化、互联化、依存化。

全球化的文化效应

全球化在经济、政治、文化诸方面，产生了广泛的社会影响。

首先，全球化拓宽了文化的视野，推动人们从全球的视角来重新构造文化活动，突破了传统文化局限于民族和国家的狭隘视野，使人们真正作为世界公民来思考问题。

其次，全球化凸现了文化精神中的整体精神，即人类意识。

再次，全球化创造了当代文化的多样性。文化，就其本意来说，就是一种创造性的存在，文化的就是非自然的，是人创造出来的。这种创造性必然体现为个体的多样性，不同的民族会创造出不同风格的文化。文化的生命力首先就在于它是作为个性的多样性而存在的，因而人类社会才如此丰富多彩。

全球化进程中的文化冲突

全球化并不意味着全球趋同。全球化是一种全世界普遍的相关性，全球趋同是指普遍的一致性。相关性是强调相互影响、相互制约、相互依存的明朗化，相关并不排除矛盾、对抗和冲突。

全球化也不意味着全球一体化。一体化是指质的单一性，体系的同一性。全球化追求统一性，但仅仅出现全球化，并不必然导致全球统一到一种体系上来。

如同科技发展一样，全球化也有它对文化发展的负面效应。

首先，全球化会造成文化更新强于文化承传，进而引起传统文化的危机与失落。

其次，全球化会造成大众文化重于精英文化，在文化快餐中失落了崇高与英雄主义气质。

再次，全球化会造成外来文化冲击本土文化，也会导致某种文化入侵与文化殖民主义。全球化意味着各民族文化的全面开放与交流。然而，在文化交流中，存在着传播中心与边缘，传播优势与劣势的悬殊差距。全球化并非全球平等。发达国家可以借助雄厚的物质财富与先进的技术手段，使自己居于文化传播中心。

当代中国文化的发展方向

全球化是一种无法回避的客观事实，是中国走向 21 世纪必须面对的严峻挑战。

自 1980 年代以来，邓小平审时度势，提出了关于在全球化背景下如何建设有中国特色社会主义文化的理论。

邓小平大力倡导开放精神,是当代中国文化对全球化的积极反应;他所强调的建设有中国特色社会主义的历史任务,为当代中国文化的发展选择了一条正确的道路;他所提倡的共同理想和坚定信念,就是我们建设有中国特色的社会主义文化的灵魂。认真学习和领会邓小平的文化建设理论,是当代中国文化得以健康发展的前提和保证。

一方面,我们应该弘扬邓小平倡导的开放精神,以海纳百川的胸怀,去接纳跨世纪的文化融合。另一方面,当代中国文化应该努力挖掘传统文化中适应于时代精神的文化传统,主动参与全球化进程。

当代中国文化发展的六大趋势

世纪之交,全球已迈向信息社会,中国正在改革开放中走向现代化的社会主义市场经济。飞速的发展把中国社会卷入四大社会转型之中:一是从农业社会转向工业社会;二是从工业社会转向信息社会;三是从匮乏型社会转向发展型社会;四是从计划经济转向市场经济。

这四大社会转型深刻地改变了中国文化的面貌,加速了文化更新过程,形成了以下六大发展趋势:

一是多重的社会跨越造成了文化的多重结构与过渡性的发展趋势;

二是现代化的进程导致文化创新大于文化传承;

三是社会开放程度的提高促使文化融合大于文化净化;

四是大众文化与精英文化的冲突将随着市场经济的发展逐步走向兼容与综合;

五是多重的文化变迁与新旧冲突日益加大了社会对体现市场经济需要的新价值和新道德的呼唤;

六是跨世纪的挑战呼唤民族精神的再塑造与更新。

全部的当代文化发展趋势,最终都凝聚到民族精神的跨世纪创新这一基本点上。在这个意义上，我们应该以优秀的民族传统文化和革命战争中形成的优良传统为基础，兼收并蓄先进的外来文化和现代社会创新的文化内容，形成一种属于21世纪的、保存了优良文化传统的、具有现代化内容的、适应社会主义市场经济的、新的中华民族文化。这就是走向21世纪的中国文化的崇高使命。

论中华民族文化自信的三种根基

文丨韩 震

[韩震（1958— ），山东阳谷人，北京外国语大学党委书记、教授，北京市中国特色社会主义世界影响力研究协同创新中心主任。本文摘编自《北京日报》，2017年2月13日]

中华民族的文化自信奠基了中华文明绵延不绝的自主发展历史，反过来，中华文明绵延不绝的自主发展史进一步凝聚了中华民族的文化自信。我们的文化自信，一方面给中华文明的历史发展提供了一个有丰富文化内涵的起点。有了这个起点，我们的任何努力都是在丰富壮大自己，使中华民族和中华文明不仅得以延续，而且一旦时机成熟就会激发出勃勃生机。有了这个起点，作为中华民族的"我"在变化之中是变成一个更新、更丰富、更强大的"我"；缺少了这个起点，"我"在变化之中就可能成为"非我"，成为"他者"。另一方面，中华文明绵延不绝的自主发展历史，也给当代中国社会的时代性发展提供了丰富的可借鉴的文化资源，从而开辟了民族复兴的广阔空间。

中华文明曾经有过古代的辉煌，因而中国被称为"文明古国"。可是，由于近代的落伍,中国人的自信心受到极度摧残。那时,偌大的中国,不仅在西方的坚船利炮面前一时间茫然不知所措,而且也被往日的周边"蛮夷"欺凌。法国人佩雷菲特称中国是"停滞的帝国",更有列强把中国人看作"东亚病夫",他们似乎把中国看成是永远逝去的落日,再也不可能成为世界历史舞台的主角。但是,这些人显然不理解中国文化内在自强不息的生命力,看不到中华民族与历史命运相搏的顽强韧性。实际上,近代不堪回首的漫长"心酸"岁月,在大历史的刻度里只是文明演进的瞬间片段。在"中华民族到了最危险的时刻"之警醒下,我们通过几代人前赴后继、不屈不挠的奋斗,开启了实现中华民族伟大复兴的新征程,重新回到世界舞台的中心。由此,习近平同志指出:"当今世界,要说哪个政党、哪个国家、哪个民族能够自信的话,那中国共产党、中华人民共和国、中华民族是最有理由自信的。"这是何等的民族豪迈,这是何等的文明气魄!中华民族的文化自信是有深厚的历史根据、有坚实的现实基础、有稳定的制度保证的。在中华优秀传统文化之中,可以找到中国改革开放和经济社会成功发展的根据;反过来,中国改革开放和经济社会成功发展也在确证和巩固着我们的文化自信心。

自信的历史根基:我们的自信是基于中华民族在历史中形成的坚如磐石的自主意识,无论碰到什么风浪,无论遭遇什么样的挫折,我们都不会动摇坚持独立自主、走自己的路的意志。中华民族独立自主的意识来自何处?其答案就在悠久的文化传统之中,这是我们自信的历史根据。正如习近平同志指出的,"在几千年的历史流变中,中华民族从来不是一帆风顺的,遇到了无数艰难困苦,但我们都挺过来、走过来了,其中一个很重要的原因就是世世代代的中华儿女培育和发展了独具特色、博大精深的中华文化,为中华民族克服困难、生生不息提供了强大精神支撑。"历史已经证明,中华民族是一个有创造力的民族。早在商周之际,我们的前辈就有了礼制的创设,随后有春秋战国时期诸子并起的百家争鸣,随后而来的是秦朝统一、两汉雄风、大唐盛世，再到两宋时期的文化繁荣……习近平同志说过，站立在九百六十万平方公里的广袤土地上，吸吮着中华民族漫长奋斗积累的文化养分，拥有13亿中国人民聚合的磅礴之力，我们走自己的路，具有无比广阔的舞台，具有无比深厚的历史底蕴，具有无比强大的前进定力，中国人民应该有这个信心，每一个中国人都应该有这个信心。习近平同志在哲学社会科学工作座谈会上的讲话中指出："我们说要坚定中国特色社会主义道路自信、理论自信、制度自信，说到底是要坚定文化自信。文化自信是更基本、更深沉、更持久的力量。"正是这种文化自信，保证了中华文明穿越历史的风风雨雨，数千年绵延不绝；正是这种文化自信，给了中国人不屈不挠的精神气质，总是能够在困难中保持光复旧物的勇气；正是这种文化自信，给了中华民族开放包容的恢弘气度，勇于在文化交流互鉴过程中不断扩展自己的文化视野、拓新自己的文化内涵。有了这种文化自信，即使有历史的起伏、有暂时的挫折，中华民族都不会自暴自弃，而是永葆自强不息的精神意志。这种文化自信，不仅造就了中华民族的辉煌历史，而且也奠定了当代中国改革开放事业的成功基石。

中华民族的文化自信奠基了中华文明绵延不绝的自主发展历史，反过来，中华文明绵延不绝的自主发展史进一步凝聚了中华民族的文化自信。我们的文化自信，一方面给中华文明的历史发展提供了一个有丰富文化内涵的起点。有了这个起点，我们的任何努力都是在丰富壮大自己，使中华民族和中华文明不仅得以延续，而且一旦时机成熟就会激发出勃勃生机。有了这个起点，作为中华民族的"我"在变化之中是变成一个更新的、更丰富、更强大的"我"；缺少了这个起点，"我"在变化之中就可能成为"非我"，成为"他者"。也就是说，如果没有这样一个起点，我们就失去了自己的文化根基，甚至改变了自己的文化基因，我们的历史性努力可能就在做别的事情，甚至是做自我摧毁的事情。正如习近平同志指出的，"文化是一个国家、一个民族的灵魂。历史和现实都表明，一个抛弃了或者背叛了自己历史文化的民族，不仅不可能发展起来，而且很可能上演一幕幕历史悲剧"；"坚定文化自信，是事关国运兴衰、事关文化安全、事关民族精神独立性的大问题"。另一方面，中华文明绵延不绝的自主发展历史，也给当代中国社会的时代性发展提供了丰富的可借鉴的文化资源，从而开辟了民族复兴的广阔空间。中国有悠久的历史传统，这是我们的一笔财富。与美国文化相比，我们有历史的厚度；与许多小国家相比，我们的文化有空间的广度；中国文化在外来文化洪水般的冲击下仍然从容发展，说明了我们文化的深度。就文化形态而言，中国文化自主性之"我"，就不仅是能够保持为"我"，而且是内涵丰富、表现形式多样、有内在深度的"我"。

自信的成就根基：中华民族的文化自信是建立在坚实稳健的发展现实基础上的，中国特色社会主义事业的成功，中国改革开放所创造的"中国奇迹"，让中华民族的文化自信心得以确证、彰显和巩固同处在一个"地球村"，同处于"经济全球化"时代，为什么偌大体量的中国能够实现几十年的快速发展？在百舸争流的经济全球化大潮中，为什么中国人能够有"中国奇迹"？原因就在于，中国不仅有自己一脉相传的文化传统，而且能够自信地面对其他文化的竞争。这就是说，中国的发展给了中国人文化自信的理由，而中国的文化自信本身又是中国发展的根源之一。实际上，中华文明绵延不绝的自主发展历史，同时就成为中国社会不断进步发展的不竭动力。这是因为中国文化多元一体，其内在的丰富性与统一性相得益彰，本身就构成一个具有内在发展活力的共同体。早在十几年前，面对中国令人眼花缭乱的发展变化，美国企业战略家库恩·劳伦斯·罗伯特就告诉世人：中国"经济上的变化只是我所看到的第二个最大变化；中国真正最大的变化是人民的思想和精神——他们的看法和见解、开放性的思维、对自己国家和人民的自信、他们走上世界舞台时所表现的那种热情，还有他们现实生活中所拥有的个人自由"。另有学者在美国2008年5月号的《亚洲研究》中指出："中国在改革起步阶段就致力于通过市场开放来提高企业的竞争力，而没有像其他东亚国家那样采取贸易保护主义政策。"敢于在开放中交流互鉴,敢于在竞争中一试身手,敢于在对抗中壮大自己,敢于大胆地改,敢于大胆地试,这就是中华民族文化自信的表现。

实际上,一部中国史就是与周边及不断扩大的其他文明的交流互鉴的历史。一方面,中华民族从一开始就是多元的,在漫长的发展过程中,汉族不断与周围的民族相融合,形成了由五十六个民族组成的大家庭。另一方面,中华文明和域外文明的接触,无论是与印度佛教文明的接触,还是对西方近代文明的引进,都促进了中华文明的发展。中华民族在相互交往中不断融合成长壮大,例如在汉唐之际就以包容的胸怀、恢弘的气势与周边民族交流互鉴,不仅造就了汉唐盛世,而且也扩大了中华文明的影响力。即使到明朝时期,郑和七下西洋的壮举,也展示了中华民族广阔的文化视野。相比之下,随后的闭关锁国、固步自封只是中国历史的末流枝节。中国人民为什么能够以开放的胸襟面向世界,这是因为中国的天下观本身就是开放的,其理想是不同文化之间的差异不影响和平共处,这就是"和为贵"的初衷用意,"和而不同"的方法途径、"协和万邦"的目标追求。可以说,"天下为公"的价值理念,决定了中国文化的开放性、公允性。这种文化发展到改革开放的今天,就演变成为"人类命运共同体"的理念,就成为中国"坚持主权平等、共同安全、共同发展、合作共赢、包容互鉴、公平正义"的外交政策。正是基于对自己文化的自信心,中国才能够为自己发展创造良好的国际环境。也正是这种自信心,让我们具有敢于学习外来文化优秀成果的博大胸襟,才有了把差异变成丰富自身构成、把不足变成与时俱进的动力的可能性。

自信的制度根基:中华民族的文化自信有着稳定的制度保证,当代中国经济社会的发展成就说明,绵延几千年的中华文化,是中国特色社会主义事业发展的深厚基础。

中国的发展是有原因的,一是中国本身的文化传统,二是中国找到了符合自己文化传统的发展道路、理论体系和社会制度。而问题的关键在于，中国的发展道路、理论体系和社会制度是有自己的历史根基的。有了这种文化根基，我们在学习外来文化时，也不会迷失自我；有了这种文化根基，我们的发展就不是无本之木、无源之水。中国的发展就像一棵根深叶茂的大树，树越长越高，根越扎越深。

面对中国的高速发展，曾经自以为是的西方人的傲慢心态开始动摇了。工业革命以来，西方人对亚非国家产生了优越感，他们把欧美的道路视为国际标准的发展路径。以西方为中心的世界观，让西方人习惯性地低估了非西方文明和发展中国家在以往历史发展中的作用，特别是在苏东剧变之后，有些人甚至认为"历史终结"了，即在逻辑可能性上只能是西式民主和自由市场经济，以后的历史演化只是这些模式在时间中的展开而已。英国著名学者马丁·雅克就指出："当时西方还有一个有失偏颇的观点，认为现代化只有一种模式，那就是西方式的现代化。"这显然是偏见，但是这种偏见却成为西方学术的集体无意识。"事实上，现代化的模式有很多种，中国不会按照西方所设定的模式走现代化之路，而将呈现出明显的不同，其原因就在于中国的历史及文化与西方迥异。因此，中国的崛起将是一种不同以往的新现象。"可以说，中国发展道路的成功，使西方中心论的历史观碰到了一个真正的历史性挑战。还有国外学者指出：过去，西方碰到的挑战大都属于"内部的危机"，"可现在，这种竞争来自于中国式的社会主义。在西方经济陷于困境之时，中国经济近期表现出色，已增强了制度吸引力"。显然，在当今世界，中国的文化自信不仅是历史的延续，而且是现实的确证，而这种确证则有中国特色社会主义的制度保证。

对于正处在实现中华民族伟大复兴中国梦征途中的中国人民而言，文化自信有着特殊的价值，因为这种自信是更基本、更深沉、更持久的力量。具体表现在：一是文化自信可以增强民族自信心，增强中华民族的文化认同，从而激发全体中华儿女为实现民族复兴的伟业而奋斗的激情和意志。二是文化自信可以破除某些人崇洋媚外的虚幻意识。有人曾经说：中国为什么发展如此之快，那是因为学习了西方；为什么中国还有许多不完善的地方，那是因为学习西方还不到家。实际上，完全学习西方的做法都不是太理想。中国在改革开放中即使参照西方的经验，也是"摸着石头过河"，而所摸的石头是作为中国发展问题的"石头"，因此能够有的放矢，做符合自己国情的事情，从而取得了成功。另外，什么是"学到家"，西方自身的发展都出现问题。实际上，之所以称为"中国奇迹"，就在于中国的发展规模和速度都是前无古人的。三是中华民族的文化自信可以给世界提供新的发展愿景和参照。在当今世界，任何发展道路，如果不能实现又好又快的发展，那就是无效率的和不可持续的；如果这种发展不能让绝大多数人获得好处，那就是无意义或不公正的。中国特色社会主义以人民为中心的发展理念，正是为了让这两个方面统一起来，并且已经取得一定的成效。在雄辩的事实面前，英国学者罗思义（John Ross）也认为，中国的社会主义模式优于资本主义模式，理由：一是"当前世界上增长最快的经济体并非遵循……'华盛顿共识'发展，反而是仿效中国的'社会主义发展战略'或深受其影响"；二是"仿效中国的发展战略或深受其影响的国家对世界减贫的贡献率为85%，而资本主义国家的贡献率仅为15%"。是的，中国不仅实现了快速的发展，而且让几亿人得以脱贫。联合国的报告指出，近三十年全球减贫成果的70%是由中国贡献的。中国人民有资格为解决世界问题提供"中国方案"。

总之，之所以中国共产党、中华人民共和国、中华民族"最有理由自信"，就在于当代中国人民基于中国的文化传统和现实实践，找到了一条中国特色社会主义道路，构建了中国特色社会主义理论体系，创设了中国特色社会主义制度，建设了中国特色社会主义文化。这种道路、理论体系、制度和文化，保证了我们能够一方面实现经济的高速发展，另一方面也能够让"以人民为中心"的理念规范我们的发展。对于人类文明而言，这两个方面都是不可或缺的。邓小平同志指出："贫穷不是社会主义，社会主义要消灭贫穷。"但邓小平同志所说的"消灭贫穷",是实现"共同富裕"。而共同富裕又需要经济发展作为支撑,这就是为什么他说"发展是硬道理"。正如马克思指出的:生产力的巨大增长和高度发展之所以是绝对必需的实际前提,还因为如果没有这种发展,那就只会有贫穷、极端贫困的普遍化;而在极端贫困的情况下,必须重新开始争取必需品的斗争,全部陈腐污浊的东西又要死灰复燃。马克思的话是十分深刻的,他告诉我们,只有物质文明的高度发展才能确证文化的理想、保障文化的自信。正是中国特色社会主义事业的成功,才让中国人民摆脱了近代以来自惭形秽的心态,真正恢复了文化自信心。中国经济社会发展良好,就说明:我们的道路走对了,我们的理论是正确的,我们的制度是合理的,我们的文化是值得为之骄傲的。

传统文化复兴助推人类文明进步

文丨万俊人

[万俊人（1958— ），湖南岳阳人，清华大学人文学院院长，中国伦理学会会长。本文摘编自《人民论坛》，2016年第51期]

最近，习近平总书记在好几个重大的场合都提出了一个重要观点，那就是文化自信是道路自信、理论自信和制度自信的基础。

没有文化自信，就没有"三个自信"。文化变得越来越重要，这不是一个偶然事件，而是中国走到今天这个历史时刻的一种自我的内在要求。所以，我今天要谈的一个议题是，中国优秀传统文化的伟大复兴既是地方的，也是国家的，更是世界的。

第一个层次，文化首先是地方的。没有所谓的一般文化或文化一般，尧治河村本身就证明了这样一个基本的判断。可以说，尧治河村这些年的变化和它所走的道路，恰恰见证了当代文化复兴的艰难启程。这还只是启程，还有漫长的路要走。走进尧治河，给我一种陶渊明笔下世外桃源的感觉。我觉得尧治河村是一个奇迹，并且见证了尧治河村人民的伟大。一个处在大山深处、如此封闭仄逼的小山村，一百多户人家，六百四十多人，能创造出今天这样的成就，真是件不可思议的事情。在这里，有着几千年的文化沉积和更久远的自然环境，古典与现代、山村与城市、中国与西方很巧妙地融合在一起，我们根本感觉不到它是一个乡村，更感觉不到它是一个边缘封闭的小山村。然而，在这既充满现代生活气息却又自然幽静的小山村中，更重要的不是某些粗扩的现代显摆，而是悉心温馨的古老文化元素的细节展现。在尧治河村，你可以从一个人、一件事、甚至一处细节上看到优雅文化的层次和境界。一句话，尧治河村这个地方我非常喜欢，在它身上我看到了真正的"美丽乡村""幸福中国"，看到了中国优秀传统文化复兴的希望。

中华文化与中华文明是世界上最古老的文明和文化之一，也是惟一绵延不绝、繁衍至今的文明和文化，这是美国前国务卿基辛格博士所感叹的、世界上惟一可以几千年来世世代代都能相互解读、相互理解的文化。然而，如今历史悠久的中国传统文化却受到了打击，这种文化打击，有的来自外国，有的来自我们自己。

在尧治河村的参观令我很感动。在农耕文化博物馆，我去推磨、击打民间乐器、观察传统的农耕器具，尤其是铺满各个景点的石磨更是令我惊叹不已。听说尧治河村几乎把附近村镇的石磨都收光了，这使我更加佩服不已。这是一个小小的细节，却反映出尧治河村人对历史、对过去那种坚定不移的记忆和信念，不仅是今天不能忘，子孙后代也不能忘。文化是很具体的，所以是地方的。尧治河村这样的一个地方文化典型，应该成为全国"美丽乡村""旅游乡村""幸福乡村"的卓越典范。

第二个层次，文化仍然是中国的。今天，我们所面临的很多问题已经不特属于某一个国家了，而是属于整个人类，然而怎么对待问题、如何迎接挑战，却是每一个国家需要面对的。必须明白，迄今为止，我们仍然生活在一个以"民族——国家"为独立政治共同体的时代，没有哪一个国家、哪一个民族能够真正完全被全球化。换言之，每一个国家或民族的文化都有它自身不可替代的独特特点或者特色，文化的冲突很可能是我们这个时代最复杂最深刻的冲突。建立人类命运共同体的意识，反过来更加刺激了每一个民族和国家自身的文化独立意识。只有面临全球化，才能思考国家所处的地位、前途和命运，才开始意识到世界越开放，国家意识、国家利益、民族文化的意义才会愈发凸显和显要，这似乎再一次印证了一句老话："越是民族的越是世界的"。

第三个层次，优秀文化是世界的。文化自信是"三个自信"的基础，持守、弘扬并创造性发展我们民族的传统文化，一个很重要的条件就是我们依然享有老祖宗创造的丰厚财富。在世界被翻译印刷和出版发行最多的三本书中，第一本是《圣经》、第二本是《道德经》、第三本是《论语》。由此可见，中国文化对现今世界和未来世界有着重大的意义，真正优秀的文化也必定是世界的。

重建儒学学科　提高文化自觉

文 | 舒大刚　舒　星

[舒大刚（1959—　），重庆秀山人，四川大学国际儒学研究院院长、教授。舒星，四川大学出版社原编辑（截止于2016年）。本文摘编自《国际儒学研究》（第二十一辑），九州出版社，2013年]

自近代"西学东渐"以来，如今全球一体化进程日益加剧，我国思想文化一直都面临着来自外界及自身的不断冲击和挑战。在这对于整个人类历史而言并不算长的两个左右世纪里，伴随着国运的兴衰变革，国人在文化思想上亦先后经历了自我怀疑、自我否定，再到自我反思和自我觉醒的曲折路程。在这场思想文化的争鸣中，即便遭遇最低潮、最冰点的时期，依然有一个声音、一种主张不绝于耳—中华文化的自觉和自信决不能消亡！而今，这个声音、这个主张正逐渐壮大。尤其在中国经济和物质文明建设获得重大突破的当下，文化自觉和文化自信的重要性正日益成为国家文化建设的基本国策，成为每个文化工作者所强调和力倡的内容。然而，我们要说文化自觉和文化自信，关键在于什么？在经历了如此长时间的自我否认和自我遗忘之后，我们应当如何充实自觉与自信？

首先,我们必须要了解自身的文化类型和形态,确立自身文化的主体意识,加强中华文化的主干地位,在学理和学科上发展和巩固自身的文化学术。中国作为一个多民族、多宗教、有着五千多年文明史的文化古国,其包容的文化类型、文化形态可谓多种多样。如果要以简练的语言来描述真正具有全国意义的"中国文化",当然是:以儒学和诸子百家(包括释、道)互补为结构,兼融各民族(甚至周边各国)文化的多元一体的庞大体系。这个海纳百川、兼容并包的庞大文化体系自来就是所有中国人所引以为傲的精神家园。然而,若一定要在这个庞大体系中确定一个核心主干,不容置疑,它将是儒学。以儒学为主导的中国传统文化,一直是中华文明的主干,中国历史及文化的方方面面无一不受到儒学的影响。而儒学本身也在这种影响中接受影响,不断地自我发展和自我完善。形成了具有自足的经典体系、博大的思想内涵、丰富的文献积淀和成熟的教育体制,以及实实在在的学科和思想文化体系。从而,研究和重构儒学影响中国的历史,就是提高文化自信的首要条件;重建儒学的现代学科地位,就是实现文化自觉的第一步。

从经典上看,儒家有所谓"六经""五经""七经""九经""十三经"和"四书"等组合提法。"六经"即《诗》《书》《礼》《乐》《易》《春秋》,是孔子继承中国上古以及夏、商、周三代历史典籍整理而成的经典教材,这些经典上记往古历史文化,下启后世思想智慧,它们既是此前历史的记录,也是此后新知的启蒙。老子云:"夫'六经'者,先王之陈迹也。"(《庄子·天运》)《庄子》也称之为"旧法世传之史","六"记载了尧、舜、禹、汤、文、武、周公等二帝三王亦即唐、虞、夏、商、周等历史文化,是"六经"者述古之"史"也。"六经"经过孔子整理和阐释后,又成为历史教科书,《庄子》曰:"《诗》以道志,《书》以道事,《礼》以道行,《乐》以道和,《易》以道阴阳,《春秋》以道名分。"(《庄子·天下》)道志者,文学是也;道事者,历史是也;道行者,规范是也;道和者,美育是也;道阴阳者,哲学是也;道名分者,政治学是也——"六经"综合反映了上古哲学、史学、文学、伦理学、政治学、社会学等内容,是"六经"者,又训世之"经"也。汉代儒者只传《易》《书》《诗》《礼》《春秋》,谓之"五经";东汉盛行"七经",在"五经"之外另加《论语》《孝经》;及至唐代,又将《易》《书》《诗》与《左传》《公羊传》《谷梁传》和《周易》《仪礼》《礼记》合称"九经"。五代后蜀政权在成都刊刻"蜀石经",在"九经"之外再加《论语》《孝经》《尔雅》《孟子》,合称"十三经"。宋儒又将《礼记》中的《大学》《中庸》析出,与《论语》《孟子》一道并称"四书"。中华五千年文明史,以"六经"为主体的儒家经典恰恰成为一个承上启下的中介,中华前此两千五百年历史因之以讲明,后此两千五百年智慧得之以点燃。宋人说"天不生仲尼,万古如长夜"(《朱子语类》)者,诚然。

从学术上看,儒学具有丰富多彩的学术思想,集哲学、政治、思想、伦理、社会、教育以及其他学术文化观念于一体,是中国文化精神的集中体现。其"太极生两仪,两仪生四象""天人合一"的命题,构成了中国人特有的宇宙模式和世界观。"过犹不及""中正""中庸"的辩证思维,形成了中国人高超的思维方式和处世哲学。"仁义礼智信"的五常之教,成了中国人做"新民"、立"新德"的指导思想。追求和平、讲究秩序的理论,成了中国人建立和і皆社会、实现文明生活的理想模式。"载舟覆舟"的君民关系论和"民为邦本""民贵君轻"的"民本"思想,成了历代志士仁人反对专制集权、追求"仁政德治"的思想武器。"士人、君子、圣人"和"内圣外王"的修身模式,构成了中国人终身向往的理想人格和修身之道。"立己、立人,达己、达人""己所不欲,勿施于人"的"忠恕"之道,成了中国人建立和谐人际关系的无尚法宝。这一切的一切,都经儒家的提倡、推广,逐渐融入了中国的民族精神之中,支撑着这个民族生存、发展、繁衍,创造和丰富着自己灿烂的文化和文明,至今犹闪烁出熠熠光辉。

从实践上看,儒学具有孝悌忠信的道德伦理、恭宽信敏的处世哲学和仁政德治的政治理念。儒学尤其是一门修身之学、实践之学,伦理道德学说构成了儒家学说的核心和灵魂。儒家重视教化即思想教育,注重个性修养和道德情操培养,提倡"孝悌忠信""礼义廉耻""舍生取义""杀身成仁""以天下为己任",强调道德责任感和历史使命感。它虽然上究"天人"之际,下探"心性"之微,形上无象,玄之又玄,但在讲究"博学""慎思"的同时,又特别强调"笃行"。它的"仁"便是要"爱人","义"便是要行而得宜,"礼"本身就是行为规范,"智"便是要知晓"仁义"之道而慎守弗失(孟子),"信"便是要言而行之(孔子)。儒家成功地将个人的品德修养与国家的治理安定紧密地结合起来,把道德主体的能动作用与社会的道德感化力量有机地融为一体,从而使道德规范的约束功能与知耻自觉的自律机制更好地相辅相成。儒学以其理论与实践结合、个体修养与群体利益结合、道德修养与政治事业结合的学术思想,形成了中华民族"自强不息""厚德载物""仁义道德""民胞物与""孝亲敬老""崇德尊贤""诚实忠信""见义勇为""文明理性""公平正直"等优秀品德,这是她有别于宗教神学的根本之处,也是其影响中国历史文化,乃至至今仍有旺盛生命的魅力所在。

从文化成果上看,儒学具有庞大丰富的文献载体。儒家是以经典教育为本位、文献创造为特色的学派,儒家在历史上产生的学术文献数以万计。自孔子修订"六经"而后有儒家文献;自孔子"以《诗》《书》《礼》《乐》教"而后有儒家知识群体"弟子三千";自《左传》提出"立德""立功""立言"三不朽的人生观后,形成了儒者以"著书立说"来实现自我价值的重要途径。放眼世界,传世的古典文献以中国为多;而考诸中华、传世古文献中又以儒家最盛。这些数量庞大的儒学文献,遍布经、史、子、集,内容包括儒家经典的注解和疏证,儒家诸子智慧的发挥和更新,儒学历史的记录和考订,以及儒家文化的推广和弘扬。它们是文化的载体,是智慧的记录,是中华文明的核心骨干。加强对它们的整理和研究,是认识中华古老文化的主要途径。

从信仰上看，儒学具有多元一体的信仰体系。班固说："儒家者流……助人君顺阴阳明教化者也。游文于六经之中，留意于仁义之际，祖述尧、舜，宪章文、武，宗师仲尼。"（《汉书·艺文志》）"助人君"是其政治功能，"顺阴阳"是其宇宙功能，"明教化"是其社会功能，"六经"是其经典体系，"仁义"是其理论核心，而尧、舜、文、武、仲尼的圣贤信仰，亦是其立教的道统体系。儒家正是以本民族的圣君贤士作为楷模，以尊天命、顺阴阳为其哲学依据和宗教情怀，以"六经"为之教典依据，以"仁义"为其理论基础的学术流派，这一整套理论体系和价值体系，是指导和引领中华民族数千年发展和生生不息的思想源泉，也是中华学人慧命永存、日新其德的精神家园。

从教育上看，儒学具有成功的教育经验。孔子是中华民族的"至圣先师"，开创了私人办学的先河，他是中国乃至世界上第一位职业教师，创造了"性近习远""有教无类""因材施教""启发""激励"等教学思想和教学方法，他有弟子三千、达徒七十二，形成了庞大的儒家学派。后世儒者如子夏、子思、孟子、荀子之徒，读其书，继其志，游说四方，传道授业，继承和弘扬了儒家学说，也积累和丰富了儒家教育经验。西汉文翁在成都设石室传授儒家"七经"，首开郡国立学传播儒学先例。汉武帝开太学，立五经博士，置弟子员，并在全国推广文翁经验，大兴郡国之学；还在全国举明经秀才，儒学于是成为全国教育的主体内容，也成为量士衡才的终极指标。后之继起者，无论是后汉三国，或是两晋南北朝，或是唐宋元明清，都毫无例外。历代王朝，继承和发展西汉以太学（或国学）、郡国府学为载体的传播儒学的教育设施，还创造和更新了以明经或科举选拔人才的选人制度，积累了丰富的教育、考试和选材经验，为中国古代社会培养和造就了众多的优秀人才，也启迪和影响了西方文官制度的产生。

儒学的这些丰富内涵，在中国历史上曾经产生过重要和积极影响，儒家经典是中华学人述古知新的知识源泉，儒家思想是中华学人的精神家园，儒家文献是中华文明的重要载体，儒家伦理是中华志士修身齐家的理想模式，儒家教育理论和实践也是中国人造就人才和选拔人才的成功经验。儒学在历史上作为天字第一号的学术，是维系"大一统"局面的重要精神力量，是实现中华民族广泛的文化认同的重要理论基础。在它的陶冶下，曾经造就了大批的哲学家、政治家、军事家、文学家、历史学家和科学家，为人类历史文化创造了辉煌灿烂的精神财富。在儒学指导下的中国社会，也曾出现过"大汉文明""大唐文明""大宋文化"等一个又一个太平盛世和文化高峰，在历史上多次担当起世界文化中心的作用。这些成就的取得，因素当然是多方面的，但是其中具有主导作用的儒家学说自然功不可没。

历史降至19世纪末，中国儒学一枝独秀的历史瞬间成为明日黄花，孔庙被拆、书院转型，尤其是民国初年全盘吸收西方学制，将儒家经学从教学计划中取消，从此在中国教育界再没有儒家的地位。中国儒学被虚化、被肢解、甚至被遗忘，"中国儒学"在自己的国度顿时成为游魂孤魄，无处庇身、寄托！现行的所有学科设置、图书分类和项目管理体系，均不见中国儒学的身影！

自兹往后，百余年间，在普遍的疑古批儒风潮之下，曾经是考古知新的儒家经典被疑为非伪即残的零篇断简；曾经是精神家园的儒家思想被批驳成腐朽落后的罪因祸源；曾经是修身齐家良言的儒家伦理被诬蔑为愚忠愚孝的害瘤毒草；曾经记载了中华数千年思想文化成果的儒家文献也被斥为封建落后的故纸残书；曾经是淑世济人的儒家教育经验也被不加判断地盲目抛弃和清除！在文化教育领域，甚至发展到惟西是信、惟西是崇的地步，对西方舶来品，曾经几乎完全不加辨别地模仿吸纳。一时间，消极与积极、宗教与迷信，沉渣泛起，谬种流传，各种稀奇古怪的理论和价值观充斥神州大地；重功利而轻操守，重技术而轻文化，更是泛滥教育领域。这样做的结果，虽对中国人接受新事物、传播新思想开辟了道路，但同时也导致中华民族信守了两千余年的核心价值观念大厦顷刻隳堕,中华民族固有精神家园随之破裂失守。连续近百余年历史里,中华传统遭到亘古未有的破坏,儒家学说也遭到史无前例的打击。此实思想学术的剧变,也属儒家文化的浩劫。在儒学诞生、流传并主导了两千余年的国度里,诸如"儒学在哪里""儒学为何物""儒学到底有何价值""儒学研究从何着手""儒学人才如何培养"之类本不应该存在的问题,此时却竟也成了十分棘手、不得不加紧进行研究和探讨的"问题"。实际上,这不仅是文化遗忘、传统失落的后遗症,更是精神空虚、思想混乱的恶果。

可喜的是,当一些短视之人尚迷失于一味追求国内生产总值简单拉升的歧途之中时,党和政府已清楚认识并指出:"一些地方和单位对文化建设重要性、必要性、紧迫性认识不够;一些领域道德失范、诚信缺失,一些社会成员人生观、价值观扭曲。"这种"富而不知礼,贵而不幸福"的现实,再次提醒全国人民:"物质贫乏不是社会主义,精神空虚也不是社会主义。"也使其清醒地意识到:"文化是民族的血脉,是人民的精神家园。在我国五千多年文明发展历程中,各族人民紧密团结、自强不息,共同创造出源远流长、博大精深的中华文化,为中华民族发展壮大提供了强大精神力量,为人类文明进步作出了不可磨灭的重大贡献。"(《中共中央关于深化文化体制改革的决定》)中国终于梦醒,国人终于自觉,这是好事,也是大事!在物质文明建设获得初步成功,而民族文化的建设、民族自信的树立仍然任重而道远的当下,党和国家适时提出了"加强文化自觉,提高文化自信"的号召,这无疑是斯民之幸,斯文之幸!

然而自觉从何始,自信从何来?鄙意以为,自觉应从认识自己的悠久的历史文化开始,自信当从继承和弘扬优秀的传统文化中来。我们中国具有悠久的历史,曾经创造了以儒家学说为主导的辉煌文化,研究好中国的历史文化,提炼其优秀的合理内核,就是增强文化自觉、提高文化自信的首要条件。如果说"学在学府,用在官府,行在士民,化成天下"的话,作为在高等学校执行教书育人功能的我等学者文人,正应当将影响中国文化至深的儒家学说加以深入研究和总结,加强儒学的学科建设、学术弘扬和人才培养,使儒学重回淑世济人的领域。而要达到此目的,必须重建儒家经典的阐释体系、重构儒家的精神家园、重倡儒家的实践伦理、精研儒家的文献典籍、重温儒家的教化理论,使当代中国大学生在经典上、思想上、伦理上、文献上、教育上,重新得到儒家的关怀和陶冶,同时也促进儒学的现代更新和转化,以适应变化发展了的当代社会。以上浅见,定有不妥之处,希请达人批评指正。

据专家统计,中世纪时期,中国的经济和科技也是相当发达的,相当一段时间占世界经济总量20%—30%,处于领先地位;宋代铁的产量已达125000吨,相当于四百年后17世纪整个欧洲的产量;中国科技在15世纪前一直领先于世人,有人统计自公元前6世纪至公元15世纪,世界重大科技成果,中国约占二分之一。从经济形势看,中国在南宋时期、明中叶以后,私人资本主义经济都曾有较大发展,出现向产业资本发展的倾向,两次出现了资本主义萌芽。只是由于北方游牧民族入主中原,受文化背景、价值观念和政策导向等非经济因素的影响,才中断了这一进程。

用文化自信塑造现代人

文 | 邹广文

[邹广文（1961— ），内蒙古赤峰人，清华大学哲学系教授。本文摘编自《光明日报》，2014 年 3 月 28 日]

21 世纪面对全球化发展格局，人类需要重新阐释文明的价值，重新定位本民族文化对世界的意义。随着中国经济影响力的提升，中国的文化自信心也在增强。费孝通先生曾认为，文化自信指的是生活在一定文化历史圈子的人对其自身文化的自我觉醒、自我反省和自我创建，对文化的发展历程和未来有充分的认识。就此来看，中华民族的文化自信，是在基于中华绵延不绝的悠久历史和灿烂辉煌的文化传统的基础上，对未来中国文化在与世界文化交流融合过程中如何健康发展的自觉。

文化建设重在"落地"，要和百姓的生活相对接，以彰显文化自信的践行性品格。中华传统文化历来强调躬行践履，倡导亲自去做，体现了重视实践、深入实践的精神。孔子主张"讷于言而敏于行"，认为人文教化单凭理论认识的提高是不够的，要成于内而形于外，人性修养的高低要付诸行动。今天，我们要把对民族文化的自信心自觉熔铸于中国经济发展、社会进步和民族振兴的每一个过程,通过具体的文化活动、文化实践来张扬和展现文化自信。

文化自信的实践,最重要的是坚守文化之"本",培育稳定的文化价值系统。文化自信的前提是要知道"我从哪里来?"即对我们民族文化传统的自知之明。中华民族在漫长岁月所形成的核心价值系统,是我们面向未来创建新文化的理由。全球化时代我们强调文化的主体性、本土化,其核心价值有着强大的凝聚力和向心力。守住文化之本,就是要在现象的复杂多变中保持清醒头脑,坚守中华文化的恒久价值。

在文化自信的实践操作上,我们需要解决以下三个层面的问题:

在宏观层面,要在中国的发展进程和世界发展格局的二元张力中,准确把握中国文化建设所处的历史地位。全球化时代我们要树立世界性视野,克服两极对立的思维模式。我们既不能一味固守传统,也不能盲目模仿别人,应大力破除文化自卑心理、文化弱势心理和文化防御心理,在比较中自觉吸收世界文明的发展成果,并逐渐找准复兴民族本土文化的发展路向。

在中观层面,要推动我国文化产品积极参与国际交流的策略设计,扩大中华文化的影响力。今天中国文艺家的国际交流日益增多,在世界文坛、舞台上自我发声展示的机会也日益增多,所以政府要着力完善跨部门协调机制,加强"走出去"战略的宏观指导和服务。要综合运用文化外交、文化贸易、政府对外文化交流项目、国际论坛等多种渠道,推动中华文化的国际传播。

在微观层面,文化自信最终的实践指向是现代人的塑造。我们常说,人创造文化,文化也创造人。文化自信的最根本的标志,就是每个中国人在走向世界中充满自信,从内心深处树立起对中国文化的认同感和自豪感,并不断激活自我的积极性和创造力,更为自觉地不懈努力去砥砺自我、改造现实、实现理想。每个人要自觉把对民族文化的传承上升到文化担当的高度,通过具体的践行将其转化为真正有影响力的文化软实力。

也谈文化自信

文 | 祝东力

[祝东力（1962—　），北京人，《中国艺术年鉴》副主编、研究员，中国艺术研究院副院长。本文摘编自《中国文化报》，2013年1月14日]

"文化自信"，就是一种对自身文化的优越性的意识——是处在两种以上文化相互作用，即交流、竞争的环境中，面对其他文化而形成的一种意识状态。对于近代以来的中国来说，文化自信，主要是针对西方文化领导权的压力和挑战而对自身文化优越性的自觉。

文化，作为观念形态的上层建筑，说到底，是政治、经济的折射，总是政治经济领域的实践走在前面，然后才有文化的提炼、升华和表达。近代以来，面对西方文化的压力和挑战，中国文化自信的确立，迄今经历了两次重要尝试。

西方现代文明的主流模式是资本主义。所谓"资本主义"，就是以"资本增值"为原则和中心而组织起来的社会制度。1914—1945年，资本主义全面危机导致两次世界大战爆发，在西方文明的半外围和外围地区，从俄国到中国，出现了克服西方文明主流模式的政治经济实践。现代中国由此走出

"半殖民地半封建社会"陷阱,在探索独特的中国革命道路的同时,也初步形成自己的文化,即为几代人所熟悉的那种刚劲、质朴、高亢的革命文化。"刚劲"是出于战斗性,这是长期军事斗争孕育的风格;"质朴"的背后是底层的阶级属性和长期的艰苦环境;"高亢"表达了理想主义,这种理想主义源于一套由哲学社会科学支撑的革命世界观和历史观。由此,中国也摆脱了自清末民初以来的殖民地心理,在面对西方世界时,表现出了一种建立在伟大的政治实践基础上的文化自信。20世纪50至70年代,这种文化曾大规模输出,不仅在亚非拉,也包括美日欧,从穷乡僻壤的游击区,到繁华都市的大学校园……

自五四时期起,到国民革命、土地革命、抗日战争……上述革命文化经历了从成长到高涨、鼎盛,最后泡沫化的过程。到20世纪70年代前期,一种民族失败主义情绪开始蔓延。向西方敞开国门后,处于前期工业化阶段的中国社会,特别是其日常民生的清贫简朴,与正进入后工业社会的美日欧国家,的确反差强烈。20世纪80年代,中国知识界反传统、反体制成为潮流,到冷战结束,在美国单极主导的全球格局下,由几十年政治实践建立起来的文化自信走向低谷。

冷战结束后,意识形态淡出,民族国家凸显。1996年,《中国可以说不——冷战后时代的政治与情感抉择》这本畅销书,集中表达了针对美国霸权的民族主义情绪和思考。该书除盗版外,据说销量超过300万册,标志着中国民间的文化自信开始触底反弹。

21世纪头十年,一方面,后冷战进入反恐时期,美国国力严重消耗于阿富汗、伊拉克。另一方面,全球化掏空了发达国家的中低端产业,其失业贫困人口造成大量借贷消费和政府支出,长期看必然危及财政—金融—银行体系,其结果就是2008年爆发的全球金融危机,由此导致世界经济全面衰退,欧美国家朝野上下的种种不良表现,给世人以深刻印象。

反观中国,自20世纪70年代开始,近代以来的"救亡"主题让位于"发展"主题，革命逻辑也被现代化逻辑所取代。从 70 年代末开始大规模经济实践，经 80 年代末 90 年代初的震荡和调整，从 90 年代起持续快速增长，先是幸运地度过了 1997 年的亚洲金融危机，然后又在 2008 年的全球金融危机和经济衰退中保持相对稳定。近年来，经济总量先后超越法、英、德、日，当年中西经济水平的强烈反差，已极大地缩小。以经济实力为支撑，从 20 世纪 80 年代到 21 世纪初，不过二十年左右时间，当年关于西方社会的各种不切实际的幻象迅速消失。

在长时间经济成长的经验基础上，学术理论界开始总结或关注"中国模式"的概念和理论，尽管争议很大，但这种探讨本身，就已经包含了中国社会的文化自信正在恢复的信息。另一方面，在思想界以外的流行文化领域——音乐、设计、建筑、服饰、动漫等，则出现了"中国风"现象，即大量使用中国元素进行创作的潮流和趋势。比较有代表性的是周杰伦的《青花瓷》（2007 年），此曲把古典中国的流风余韵汇入后现代语感，用一种很"潮"的时尚的吟唱风格表现古典的意境和韵味，传达出一种发自内心的对中国古典文明和文化的自豪感。这是近几年的一种新的现象。

确立中国的文化自信，必然以应对西方文化挑战，解除其文化霸权为前提。西方在冷战后宣传推行的一套价值观，包括所谓人权、自由、民主、宪政等内容，主要是在文艺复兴以来的历次思想运动和政治革命中形成的价值观，当然有其进步意义。

但问题在于，西方各国之所以在一定程度能在其国内实现这些价值，其一，是建立在必要的经济基础之上，而且是经过了长期社会运动的结果，并非一蹴而就。其二，更重要的是，自新航路开辟的五百年来，一直是西方世界的扩张史，其现代化的启动和完成，均以长期掠夺、奴役、榨取其他种族为前提。西方从外部汲取资源和财富，缓和了国内矛盾，也就向外部转移了贫困，以及总是与贫困相伴生的愚昧、动荡和暴力。可以设想，如果这个汲取体制瓦解，那么，其貌似运行有效的福利制度、民主政治、行政系统和公民社会也都将陷于危机。

总之,由于西方所宣传和推行的价值观是以全球汲取体制为前提,一旦停止汲取,这些"价值"的经济社会基础便不复存在。实际上,没有全人类的利益共享,任何"价值"都无法做到普遍适应。

为中华文明确认世界坐标

文｜杨朝明

［杨朝明（1962— ），中国孔子研究院院长、教授、博士生导师。本文摘编自《山东省社会主义学院学报》，如17年第3期］

中国曾经闭关锁国，在世界上被边缘化，而今，在世界舞台的坐标轴上，在全球政治经济的定位系统里，中国靠近了中心。当我们在全球政治经济系统中定位和确立发展坐标的时候，必须看到并继续书写中国文化的变化。政治、经济是文明土壤孕育的花果，当下，中国正逐步成长为世界经济的重要"动力源"和"稳定锚"，由中华文明自身的特质所决定，中华民族也将为世界文化贡献"定心丸"与"稳定剂"。然而，包括许多研究者在内的国人，对我们自身文明的认识还模糊不清，特别需要怀有更多的敬意与温情，走入我们自身的文化世界。

一、中华文明的高度与深度

今人认知世界文明，多提及德国哲学家雅斯贝斯的"轴心期"概念，认为公元前8世纪至公元前2世纪，尤其是公元前600年至公元前300年间，是人类文明的"轴心时代",各个文明都出现了伟大的精神导师,古希腊有苏格拉底、柏拉图、亚里士多德,以色列有犹太教的先知们,古印度有释迦牟尼,中国有孔子、老子……他们提出的思想原则塑造了不同的文化传统,也一直影响着人类的生活。

中国在春秋战国时期,进入了社会发展的特殊阶段,人们熟知先秦诸子"百家争鸣",认为是中国思想与中国智慧的繁荣与高峰时期,但我们需要知道的是,它远不是中华文明的初期,也不是所谓中华文明的"形成期"。

实际上,雅斯贝斯的所谓"轴心时代"理论,并没有关注中华文明在诸子时代以前的漫长发展,没有注意中国许多思想家何以那样尊崇古代"先王"。近四十年来,学术研究的重要进展与考古材料的惊人发现都一再证实,尧舜以来尤其夏、商、周"三代"时期,中华文明已经历了漫长的发展历程,有较高的发展水准。走在学术前沿的学者其实早已看清楚这一点,20世纪80年代,李学勤先生就呼吁人们"走出疑古时代""重新估价中国古代文明"。其实,无论是三千多年前甲骨文这一完备的文字形态,五千多年前良渚文化精美的玉器,还是八千年前舞阳贾湖遗址中的骨柄笛,都一次次地冲击了我们的固有思维,使我们重新认识古代文明的发展水平,理解我国先民的深邃智慧和文化创造,再也不能对上古典籍中那些丰富记载视而不见!

人们意识到,"百家争鸣"其实是对历史文化的继承、总结与反思,诸子思想的形成有广阔的文化背景。夏、商、西周"三代"已经是"有道"时期,已经是中国文化形成与确立的时期,只是到了春秋末年却变得"天下无道""礼坏乐崩"。如果孔孟老庄的年代是我们民族文明的初创期,那么中华文明、儒道学说的"价值"或"超越意义"就会打很多折扣。而事实是,在雅斯贝斯所说世界文明的"轴心"之前,中华文明已经有了漫长的发展历程,有了丰厚的文化积淀,有着自身深沉的精神凝结与创造。

中国的先民们认知世界,以天地为师,着眼古往今来,关注四方上下。"往古来今谓之宙,四方上下谓之宇"(《文子·自然》),在中华文化的早期典籍中,"天下""万方""四海"之词十分常见,这源于中华文明的天下观、世界观、整体观、系统论,在与世界的互动中,他们深刻理解"天道成而必变""道弥益而身弥损"之类的道理,讲究注焉不满,酌焉不竭,当位而行,允执厥中。

看清中华文明的绵延之路,探悉中华文明的深远辽阔,就会看到这样一个越来越清晰的事实,早在孔子以前数千年的"三代之明王"时期,中华文明就已经为人类确认了坐标。中华"先哲""先王"站在人类发展的中心点,思考"人心"与"道心"的关系,为人类谋福祉,系统而完备。如果更多地走近中国早期文明,更多地了解中华文明,看到它的高度,了解它的深度,那么,中华民族的伟大复兴之梦,就不仅是嘹亮的呼唤,更是洋溢的动力。孔子所创立的儒学是中国思想文化的代表,儒家文化是中国传统文化的主干。历代儒家之所以"宗师仲尼",其实是内在地决定于孔子学说本身,决定于孔子学说的特性与特质。孔子的思想学说不像世间有的智者那样依靠"面壁"或"顿悟"而来,也不是受到了哪个神灵的启示。孔子自幼好学,他的"好学"成就了他的"博学"。《礼记·中庸》中说孔子"祖述尧舜,宪章文武",他也自称"信而好古,述而不作"(《论语·述而》),那么,我们必须思考什么是"祖述"与"宪章",并理解孔子何以"好古"?为何"不作"?显然,孔子的"思想高峰"立于三代的"文化高地",所以柳诒徵先生认为"自孔子以前数千年之文化,赖孔子而传"(《中国文化史·孔子》),梁漱溟先生在《东西文化及其哲学》中说"孔子以前的中国文化差不多都收在孔子手里"。

我们不妨思考孔子儒家思想的"时空维度"。孔子考虑的不是"一时一地"的问题,包含了"天地之美""万物之理""古人之全",所以,《庄子》中才称"内圣外王之道"是"道术"而不是"方术"。可是,我们想到孔子,往往首先浮现的是孔子栖栖遑遑、到处奔走的身影,往往是那个驾着马车"周游列国"的形象。看起来,孔子为政没有成功,但他清楚"穷达以时"的道理。孔子信念坚定,也有充分的自信。孔子初仕,为中都宰,"行之一年,而西方之诸侯则焉"(《孔子家语》)。他治理中都仅仅一年时间,便成为样板,各地诸侯纷纷效仿学习。鲁国国君问孔子:用你治理中都的办法治理鲁国,怎么样?孔子对曰:"虽天下可乎,何但鲁国而已哉!"(《孔子家语》)孔子相信自己的为政方略有广泛的适用性。

孔子的自信源自他对礼乐本质的把握,源自他对人性和人的价值的思考,所以,有弟子问他"十世"以后的治世之道是否可知,孔子回答,别说"十世",即使"百世"也可以知道。孔子认为:"殷因于夏礼,所损益,可知也;周因于殷礼,所损益,可知也。其或继周者,虽百世,可知也。"(《论语·为政》)人组成社会,成为社会的人,就必须明于礼义。社会治理的根本,无非就是人心的端正,无非就是在人们的心中筑起道德的堤防。夏、商、周三代,礼的形式随着时代的变化而发生了"损益",但礼的根本精神永远不会变,这就是人人都应该按照个人的社会角色做好自己。由"中都"而"鲁国"而"天下",由"三代"而"十世"而"百世",显示的正是孔子思维的"时空维度",他的高度与宏阔由此可见一斑。孔子倡言"内圣外王之道",主张推己及人、修己安人、明德新民。他思考如何立身处世的问题时,往往从根本上着眼,从简单处着手。

孔子弟子请教有没有一个字可以终身奉行,孔子认为这个字应该就是"恕",孔子解释所谓"恕"就是"己所不欲,勿施于人"。子张请教"行",问如何才能使自己无论到哪里都能通达,孔子认为应当"言忠信,行笃敬",说话忠诚守信,行事庄重严肃。人如果时刻牢记,将"忠信""笃敬"装在心中,指导自己的行动,即使走到与自己文化不同的"蛮貊之邦",也一样顺畅通达。每一种文明都有它的精神气象,中华文明最为突出的精神气象莫过于它的"王者之风"。中华文化追求以为中华文明确认世界坐标王道行天下,孔子继承发扬三代文化传统,王道政治是孔子心中的理想政治。

孔子常谈"王天下之言",谈以"道"治国才能"致霸王";孟子则言及"王""霸"之别。霸道,靠的是兵甲之力,使人被动屈服,埋下隐患,自食恶果。王道,以德行仁,人们主动臣服,心悦诚服。《孔子家语》有《王言》篇,记述孔子的王道言论,孔子思考"王天下之道",希望听"王天下之言"。

王者气象使得中华文明有着多姿多元而又贯通如一的气质禀赋。中华文明崇尚礼让,源于礼让,使得许多矛盾不解自消。内心有王者情怀,才会能让则让,让于可让,同时还会在原则面前当仁不让,正如今天在走近世界舞台中心的过程中,中国不能以牺牲本国利益为代价。在风云变幻、纷争逐利之中,立足长远,谋划全局,正是中华文明气象的时代彰表。

中华文化气象使中国主流价值追求清晰而坚定。中国者,执中而立于天下,安定四海,天下大同。王者的终极追求是什么?是仁、义、礼、智根于心、见于面、盎于背、施于四体,当内在的美德丰厚盈溢之时,光辉灿然的生命就巍然耸立。

在王者气象的追求中,言念君子,温润如玉,"庶几夙夜,以永终誉"(佚名《振鹭》)。美国总统奥巴马表示他一直致力于学习"确定自我身份的时候,不以降低别人来显示自己与他人的不同,而应该以抬高他人来找到彼此的相同"。其实,几千年前,"和而不同""成人之美""立己达人"等准则就在中华厚土掷地有声,而且在斗转星移的千年过往中从未间断,至今回响,使得近者悦,远者来。

中华文明的王道精神经得起时空的检验,她从人心与人性出发,致力于满足人们的需求,向上仰望是深远历史经验的总结,是天地智慧的体悟;向下扎根,是对多方利益的兼顾与平衡,求得最大公约数,昭示未来的发展方向。在疑惑中超越,于不确定中憧憬。《诗》云:"自西自东,自南自北,无思不服。"中华文明的精神气象、气质禀赋、价值追求,夯实了中华文明在世界价值体系中心点的坐标。

二、中华文明的思维模式

思维模式标识，代表着价值取向，决定着行动走向。比如，以何为本，以何为末；以何为先，以何为后；以何为始，以何为终。在中华文明的思维模式中，荣誉与责任高于一切，兼顾多方利益；遵循并行并育，没有相悖相害；信奉"创造、分享、助给"，创造在自己，分享给他人，助给予弱者。中华文明价值取向清晰，更可贵的是，它以"一以贯之"的思维模式落地，思索古与今、我与世界、价值观与方法论。这样的思维模式，成为通往中心坐标的最优路径、至佳选择。

在"一以贯之"的过程中，关注根本，将个人的修养放于中心点，反求诸己，从而聚焦于发展，聚焦于成长。人们看重内在的功力，如火之始燃，泉之始涌，扩而充之可保四海，反之，甚至不能事父兄。这样的思维并不东张西望，没有左顾右盼，而有深邃的动力和发展的持续性。朱熹云："气至而滋息为培，气反而游散则覆。"（《中庸章句》）由"天地位"而"万物育"，致广大而尽精微，极高明而道中庸。源于一以贯之，自尊，尊人，被人尊；自敬，敬人，被人敬；自爱，爱人，被人爱；自知，知人，被人知；自信，信人，被人信。开放大度，和谐包容，智慧持中，踏实稳重。

与基督教的博爱精神与神圣观念相类似，儒家最重仁爱精神和敬畏观念。孔子和儒家十分看重"爱"与"敬"，《论语》说"孝悌也者，其为仁之本与"，孔子说"爱与敬，其政之本与"，又说"立爱自亲始""立敬自长始"。美国的爱默生说："我们确信，武力会招致另一种武力，只有爱和正义的法则才能实现彻底的革命。"对于爱与正义，几千年前的中华传统文明就已深刻全面地阐释。子曰："为政以德，譬如北辰，居其所而众星拱之。"（《论语·为政》）面对复杂多变的国际形势，面对纷纷扰扰的多元追求，有德之民族，有德之国度，有德之文明，会像北辰灿然居中，这就是中国的文化坐标。

文化自觉、文化自信与文化发展

文 | 孙熙国

[孙熙国（1965—　），山东安丘人，北京大学马克思主义学院教授、北京大学中国文化发展研究中心主任。本文摘编自《中国教育报》，2011年11月23日］

文化建设和发展需要文化自觉和文化自信。但是，自觉、自信的是什么样的文化？对中国古代优秀文化的自觉和自信无疑是文化自觉和自信的重要内容，但是，自觉和自信的对象首先应该是对当代中国文化的自觉和自信。

一种文化只有真正强大起来了，才会有真正意义上的自觉和自信。一种文化如果不能强大起来，我们对这种文化最多能做到自觉，不可能做到自信。当我们的文化不能自强的时候，去谈自信就是盲目的自信。盲目的自信是可怕的自信。只有实现了文化自强后的自信和自觉才是真正意义上的自信和自觉。

我们的祖先曾经创造了光辉灿烂的文化，这些文化中的优秀传统和合理内容对于我们今天的文化发展和文化建设是十分宝贵的资源和财富。但是，在和其他世界文化强国相比较的时候，我们不能总是用我祖上也曾阔过来炫耀，不能总是依靠老祖宗来实现我们的文化自觉和自信。问题的关键在于，我们今天能拿出什么来？在今天谈文化建设和文化发展，我们必须面对和考虑的一个问题是：我们能够给世界贡献什么？要解决这一问题就需要我们建设和发展当代的文化。

文化具有时代性。任何文化总是和产生它的那个时代紧紧地联系在一起，离开了一定的时代，就不会有这个时代的文化。不同的时代有不同的任务和要求，不同时代的人为了完成自己时代的任务，回答自己时代的问题，因而便形成了自己时代的文化。在今天这样的时代，我们面临新的世情国情党情，面临推进建设中国特色社会主义的伟大实践和光荣使命，我们如何进行这一伟大实践，如何完成这一伟大使命，需要我们在理论上作出正确的回答。这种回答就构成了当代文化的重要内容。因此实现文化自觉、文化自信的关键就是努力建设和发展中国特色社会主义新文化，把我国建设成为真正意义上的文化强国。

但是，究竟如何建设、怎样创新和发展中国特色社会主义文化？如何实现文化强国的目标？学界并未形成统一的认识，甚至在一些最基本的问题上还存在着模糊的观点和看法。张岱年先生在1980年代提出"综合创新"的文化发展观。学界大多承认综合创新是当代文化建设和发展的基本路径，但是在如何实现综合创新的问题上，大家又感到缺乏切实可行的具体操作手段。于是，方克立先生在2006年又提出"马魂、中体、西用"论，把张岱年先生"综合创新"论向前推进了一大步。但是，在如何认识时代实践，如何利用中西马三种不同文化资源建设和发展中国当代文化的问题上，还需要我们作进一步的思考。

我的基本看法是：当代的生活和实践是中国特色社会主义文化的真正源泉和发展动力。一切认识都来源于实践。时代的实践是任何思想文化的真正动力和源泉。中国特色社会主义文化是对我们正在进行着的中国特色社会主义实践的反映，我们必须立足时代的生活和实践建设和发展中国特色社会主义文化。

马克思主义是中国特色社会主义文化的灵魂和核心。任何一种文化都不能缺失其灵魂。当代中国文化的灵魂就是马克思主义。在文化建设和发展问题上坚持马克思主义，就是坚持中国文化的发展要为人民群众服务。群众观点要解决的是我们的文化建设为了谁的问题，实践观点要解决的是我们文化建设如何发展、怎样发展的问题。

中国传统文化是中国特色社会主义文化的载体。今天我们要建设民族的科学的大众的社会主义文化，就是要充分运用中国传统文化的范畴和概念，用中国老百姓所喜闻乐见和广为熟知的民族语言，把反映当今时代的生活和实践的思想内容融入到这些概念和形式中。一句话，就是要用旧瓶来装新酒，用中国传统文化这一载体来承载中国特色社会主义实践的新内容。

西方文化是中国特色社会主义文化的质料。建设中国特色社会主义文化也需要吸收外国文化的有益成果。正如毛泽东同志所说："中国应该大量吸收外国的进步文化，作为自己文化食粮的原料……但是一切外国的东西，如同我们对于食物一样，必须经过自己的口腔咀嚼和胃肠运动，送进唾液胃液肠液，把它分解为精华和糟粕两部分，然后排泄其糟粕，吸收其精华……决不能生吞活剥地毫无批判地吸收。"

因此，弘扬中华文化，建设中华文明共有精神家园，需要我们立足时代的生活和实践，从中国特色社会主义实践中开创出当代中国文化发展之源，从马克思主义基本立场、观点和方法中确立当代中国文化发展之魂，从中国传统文化中寻找当代中国文化发展之体，从外来文化中吸纳中国文化发展之具。简言之，就是以时代实践为本，以马克思主义为魂，以中国传统文化为体，以外来文化为具。只有这样，才能真正实现马克思主义同中国文化、西方文化之间的对话和融通，才能真正实现当代中国文化的综合创新和繁荣发展，也才能真正实现中国文化的自觉、自信和自强。

徐复观论文化自信与民族生命

文 | 干春松

[干春松（1965— ），浙江绍兴人，北京大学哲学系教授、北京大学儒学研究院副院长。本文摘编自《中国社会科学报》，2013年4月1日]

基于中华文明在五四运动以来所面对的空前凋零的状况，徐复观先生表现出一种对于文化的深厚责任感。他在教会学校东海大学教书时，对劝他信仰基督教的人答复说："七万万人的中华民族，对自己的文化真正有责任感的，只有我们少数几个人。我之所以不当基督教徒，不是为了旁的，只是要为中华文化当披麻戴孝的最后的孝子。"这便是"无惭尺布裹头归"的精神。徐复观对于基督教的拒绝并非出于仇视或误解，而是出于他对于中国文化的使命感。那种对中国文化之凋零有切肤之痛的体会，使徐复观呈现出一种强烈的孝子心态。

近代以来，许多人将历史和现实的罪孽全部投射到文化传统上，觉得只有通过咒骂侮辱自己的文化，才能减轻他们的"羞愧心理"，这也是五四新文化运动矫枉过正所留存的心理顽疾。为了破除这样的心理定势，徐复观认定只有重拾文化的自信，才有中国的未来。

文化上的自信并非来自盲目的信仰，而涉及一种民族的自觉，其中关键则是人格尊严的自觉。惟其如此，才是克服文化自卑的最重要的途径。"一个人，一旦能自觉到其本身所固有的尊严，则对于其同胞、对于其先民、对于由先民所积累下来的文化，当然也会感到一种尊严的存在。站在人类共有的人格尊严的地平线上，中西文化才可以彼此互相正视，互相了解。"

所以，文化虚无主义和文化上的崇古态度，都是徐复观所反对的。他对于胡适、吴稚晖等人将中国文化与缠小脚、抽鸦片等同起来的言论十分反感，多次进行驳斥。同样，他对视传统文化为万古不变的至上真理的看法，也加以反对。

徐复观认为，在当今社会，文化之间的互相交融和互相吸收，已经成为其发展的内在动力，因此，"中国文化应由与西方文化的接触而开一新局面，中国的历史应由与西方文化的接触而得一新生命。代表西方文化的科学与民主一方面可以把中国文化精神从主观状态中迎接出来，使道德客观化而为法治，使动机具体化而为能力。并以可视的可量的知识补不可视不可量的道德文化所缺少的一面。另一方面则由科学民主提供了我们以新的生活条件与方法，使我们可以解决两千年久悬不决的问题"。

徐复观的这种客观态度基于他对传统和文化的深刻认识。徐复观将传统分为"低次元传统"与"高次元传统"，所谓"低次元传统"即现实生活中的一些习俗，是百姓日用而不知的。而"高次元传统"则是具有反思、批判精神的、从习俗中抽象出来的文化精神；并因此认为文化也包含两个层面，即"基层文化"与"高层文化"，与不同层次的传统相对应。徐复观做这种区分的目的就是为了让人们对于中国传统文化的复杂性有更为深刻的认识，而不是简单的肯定和否定。要了解文化传统中易变的因素和稳定的因素，要认识到文化中有价值的内容和不适应时代的部分。这样的态度也就是对儒家思想的"同情"和"敬意"。

当然，对于儒家文化意义的认识，也来自现实的启示。这就是徐复观对西方文化的认识：西方文化的正面因素，如民主、科学等已经成为全人类的财富，但是，西方文化中的虚无主义和极端的个人主义、享乐主义也已经成为人类自我毁灭的因素，而儒家文化可以成为其清醒剂。这与徐复观对于西方社会发展缺乏一种道德自觉的认识有关。

"今日在科学与资本主义结合之下，形成了巨大的以机械及功利为主的世界。原始生命的冲动，受这种外在世界的冲击与凭藉，而扩大了范围，充实了气力，使知性之光，在原始生命冲动之前，显得黯然无光，怯然无力。此时只有以理性中的德性之力，将生命加以转化、升进，使生命的冲动，化为强有力的道德实践，则整个的人生、社会，将随科学的发展而飞跃发展。但西方文化中缺乏此一自觉……西方现代一切反合理主义的思想，以及假科学之名以否定人的理想性的逻辑实证论、心理行为主义、精神分析等，都是从这一根源中发生出来的。"现代性所导致的对于人类德性和善恶观念的否定，使人类的生存和发展失去了合理的价值范导，由此所造成的人性中恶的一面的澎湃，最终使人类走向了生存和毁灭的十字路口。

这些问题并非政治立场上的歧见所能掩盖，或许也因为如此，徐复观和殷海光等才既是论敌，又是朋友。殷海光面对西方危机也有同样的感受，虽然他并不认为儒家能救西方之弊，但是，在他眼里，美国也并非是民主政治的范本。

徐复观等现代新儒家对于中国文化的态度，是从现代性批判的维度，考量中国文化如何接引普遍的伦理原则和政治秩序。在唐君毅、牟宗三、徐复观和张君劢共同发布的《为中国文化敬告世界人士书》中，他们在肯定西方文化对人类文明所作的贡献的同时，也提出了传统西方的宗教战争和民族冲突的根由和近代以来出现纳粹和专制集权统治的文化因素。

由此认为，西方文化应该关注东方文化中对生命价值的尊重，以解除"知进而不知退"所造成的紧张。徐复观反复强调中国人文精神的独特性，并对于第二次世界大战之后国际上的冷战局势、人类生产活动的无限制扩张、人类精神层面的虚无主义有深刻的认知,因此,他主张一定要恢复人的权利和人的尊严,要使人与人之间建立起一种和谐的关系,并最终使人的生活正常化。

对于文化传统的同情和敬意,所呈现的不是墨守成规的心理,而是一种对于世界、对于民族的态度,在徐复观看来,这是中国在现有的世界格局中获得新生的基础。

文化自信的基点应确立在哪里?

文 | 沈壮海

[沈壮海(1971—),河南博爱人,武汉大学马克思主义学院教授、武汉大学社会科学部部长、武汉大学人文社会科学研究院常务副院长。本文摘编自《中国教育招》,2012年4月20日]

文化自信在当代中国日趋增强,正为社会主义文化强国的建设创造着不可或缺的心理准备和思想条件。然而,在充分认识增强文化自信深远意义之时,我们还应当思考,在当代中国,到底需要怎样的文化自信?文化自信的立足点是优秀传统文化,还是当代先进文化?

当代的中国,正为文化强国的理想所激励而奋力前行。当文化自信越来越成为人们关注的热点话题,当优秀的传统文化在当下的中国越来越受到人们的珍视,当中华文化"走出去"的步伐越来越坚定有力,当世人基于对中国经济崛起的惊叹而越来越瞩目于中国文化的魅力,我们真切地感受到文化自信在当代中国的日益增长。

作为一个国家、一个民族对自我文化的确信,文化自信既是一种文化传承创新的精神基石,也是一种从容应对不同文化间交流交融交锋的价值底气，是文化维护自身安全、彰显自身特性的第一道思想屏障。因此，文化自信在当代中国的日趋增强，正为社会主义文化强国的建设创造着不可或缺的心理准备和思想条件。

然而，在充分认识增强文化自信深远意义之时，我们还应思考，在当代中国，到底需要怎样的文化自信？文化自信的基点应当确立在哪里？

当下的文化自信主要以悠久辉煌的传统文化为指向

当下国人日渐增强着的文化自信的特征之一，便是以中华民族悠久辉煌的传统文化为重要指向。文化自信中的这种特点，早在20世纪90年代便出现于美国学者亨廷顿的笔下，他在《文明的冲突与世界秩序的重建》中，探讨了经济发展与文化自信之间的内在关联，认为"成功的经济发展给创造出和受益于这一发展的国家带来了自信和自我伸张。财富像权力一样也被看作是优点的证明及道德和文化优越性的显示"。亨廷顿以经济发展为文化自信与文化复兴的重要前提性条件，同时也努力从文化角度寻找经济成功的内在奥秘。在这两种视角的结合中，他从整体上描述了东亚人在其经济上获得成功之后对其文化独特性的强调及其文化自信的复兴，也具体论述了中国的情况。他以"赞美儒教是中国进步的根源"来描述当时中国复兴着的文化自信。

亨廷顿对20世纪后期中国经济社会发展政策的解读显然包含着他的误读，但是，他所点出的中国社会对传统文化自信心的恢复与增长则从一定程度上触及到了其时中国文化自信恢复中的重要特征。当前，随着中国经济的持续增长与更大成功，随着文化意识在当代中国更为普遍地觉醒，文化自信以对传统的自信为重要内容这一特征，已经更加明确地展现出来。诸如，对传统文化优秀资源的珍爱、回采与利用，正在赢得越来越多人们的认同、参与和投入，各类文化遗产的保护正受到越来越多的关注，文化大繁荣大发展的热潮中已经日益清晰地响起国学热的琅琅书声；不同区域在对文化优势和强势地位的追求中,文化传统越来越成为人们借助的历史资本和发展资源;在文化"走出去"的进程中,传统文化也往往作为"中国元素"的基本载体而盛装出行;对当代中国文化发展一系列重大问题如民族精神弘扬、核心价值提炼、精神家园构建、文化产业振兴等的探讨之中,如何深度开掘传统智慧的当代意义更加成为无法绕过的重要话题……

的确,对优秀传统文化的自信是文化自信的重要内容。传统既是孕育新生事物的母体,也是人们借以"演出世界历史的新场面"的重要资源。而对本民族优秀传统文化持以高度的自信,则是优秀传统文化得以承扬的认识前提,是新的文化建设能够立于文化发展已有历史高度之上的思想基础。中华民族在数千年的文明进程中,创造、积淀了独具特色的优秀传统文化,但也曾在不小的范围内出现过虚化历史和视传统为历史的包袱、前进的阻滞的现象,并将对传统的离弃奉为文化开新的门径,文化发展的进程也因之而留下了不少发人深思的经验教训。就此而言,当下人们对优秀传统文化自信心的重新确立,应是文化自觉的重要体现。

以当下为基点的文化自信尚未普遍形成

然而,应当看到的是,文化自信虽以对优秀传统文化自信为重要内容,但其基点却应牢牢地立在当下。在《新民主主义论》中,毛泽东强调"尊重自己的历史,决不能割断历史",但也特别指出,"这种尊重,是给历史以一定的科学的地位,是尊重历史的辩证法的发展,而不是颂古非今","对于人民群众和青年学生,主要地不是要引导他们向后看,而是要引导他们向前看"。可见,毛泽东明确提出了如何处理文化自信,文化发展中古与今、传统与当下的关系问题,其核心思想便是文化的发展既要尊重历史,更要立足当下。

将文化自信的基点立于当下,是文化创新发展的内在要求。增强文化自信,并非为了文化上的自我情感满足,而是为了更好地凝聚当下文化发展的精神力量，承古开今，推动新的文化创造，成就新的文化业绩。在文化发展中，只有现实的、生动的当下实践，才是惟一的活水源头，才是历史与未来、本土与外来的交汇点。优秀传统通过当下的转化而得以新生，美好未来通过当下的实践而得以奠基；外来影响通过当下的消化而得以择用，本土特性通过当下的创造而得以弘扬提升。只有立于当下的文化自信，才是核心性的文化自信。如果缺乏立于当下的文化自信，对优秀传统文化的自信将会流为思古之幽情，成为无力应对现实和外来文化冲击而只能暂避一时的"精神慰藉所"，创造未来新文化的自信与活力也将会因缺乏当下的根基而无以真正挺立和激活。古往今来，大凡处于文化强盛时期、立于文化发展制高点上的民族和国家，无不表现出对当下文化及其发展的高度自信。

当前，以当下为基点的文化自觉自信还未普遍形成。如，"现在讲中国传统文化，一些人只讲孔孟，或者大多讲到两汉唐宋明清文化，而对近现代历史文化、对红色革命文化，却视而不见或少有提及"；学术研究中，一些人"对本土思想资源的强调，往往只是对于中国古代思想资源的'回忆'……强调古代观念的超前性和对于现实问题的针对性"，"认为中国古代的思想潜在地蕴含着解决现实问题的真理性判断"而回避"中国当下的经验和对这种经验的创造性思考"。正因如此，在推动社会主义文化强国建设进程中，如何不断推动以当下为基点的文化自信的普遍增强，便成为深入研究的重大课题。

形成和强化人们对当代中国先进文化的自信

增强以当下为基点的文化自信，就是要形成和强化人们对当代中国先进文化成就、文化创新创造能力与文化发展前景的自信。迎着中华人民共和国成立的曙光，毛泽东曾经深情而又豪迈地宣告："近代世界历史上那种看不起中国人，看不起中国文化的时代应当完结了。伟大的胜利的中国人民解放战争和人民大革命，已经复兴了并正在复兴着伟大的中国人民的文化。"我们在文化建设中有过凯歌行进,也步入过误区徘徊,当下正以新的文化自觉推进文化强国的进程。六十多年来我们所取得的文化建设成就,是中国社会主义建设成就的重要组成部分,并作为发展进步的思想条件、精神动力和智力支撑,推动当代中国经济社会的整体发展,作为物质实践的精神成果深深地融入社会主义建设成就的各个方面。对这些文化建设与发展成就的自信,是以当下为基点的文化自信的重要内容。此外,还要看到,在当今世界文化发展的总体格局中,中国文化还并未处于强势地位,仍然面临着诸多发展难题。对此,提升中国文化在当今世界文化发展总体格局中的影响和地位,最根本的是要依靠生生不息的文化创新和创造。既看到我们在文化创新创造方面的任重道远,又对我们实现文化创新创造持有充分的勇气和自信,这同样是以当下为基点的文化自信的重要内容。

推动以当下为基点的文化自信的普遍增强,是一个系统、渐进的过程。在这一进程中,需要进一步加强对当代中国文化发展历史与现实的梳理和研究,从不同角度和层面充分展现中华人民共和国成立以来在文化建设领域所实现的新发展、取得的新成就;需要进一步加强对当代中国文化元素、文化形象、文化符号的研究和宣传,让当代中国的新文化得以借助贴切有形的载体获得精细的传播、明晰的展示;需要进一步加强社会主义核心价值体系的教育和践行,以高度的价值自信支撑文化自信。更为关键的是,需要以改革创新的精神推进文化的大繁荣大发展——因为只有文化创新发展的新实践,才能最终练就人们文化自信的新品质。